hanser**blau**

ROCKO SCHAMONI

DER JAEGER UND SEIN MEISTER

Roman

hanserblau

Dieses Werk basiert auf wahren Begebenheiten, ist aber teils fiktiv.
Handlungen und Dialoge sind teilweise erfunden. Ähnlichkeiten
der beschriebenen Figuren, einschließlich ihrer Vorgehens-
und Verhaltensweisen, mit historischen oder lebenden Personen
sind rein zufällig.

1. Auflage 2021

ISBN 978-3-446-26603-2
© 2021 hanserblau in der Carl Hanser Verlag
GmbH & Co. KG, München
Umschlag: Peter-Andreas Hassiepen, München
Motiv: © WIN-Initiative / Getty Images
Foto des Autors: © Dorle Bahlburg
Satz: Satz für Satz, Wangen im Allgäu
Druck und Bindung: CPI books GmbH, Leck
Printed in Germany

MIX
Papier aus verantwortungs-
vollen Quellen
FSC® C083411

HANDELNDE

Heino Jaeger – *Künstler und Scherbenzeichner aus Hamburg*

Joska Pintschovius – *Volkskundler und Heinos bester Freund*

Jürgen von Tomëi – *Zeichenlehrer und Pintschovius' Cousin*

Doktor Brandstädter – *Jaegers Psychologe*

Junker Jörg – *Heimathirsch 1*

Dietmar Breitschneid – *Heimathirsch 2*

Onkel – *Hehler und Kleinkrimineller*

Wolli Köhler – *Sexarbeiter*

Hubert Fichte – *Schriftsteller und bester Freund Wollis*

Wolfgang Pahde – *Chef Unterhaltung beim WDR Radio*

Wilhelm Prinz von Homburg aka Norbert Grupe – *Boxer*

Vaclav Jakubec – *Golem*

Hilka Franck – *Heinos erste Freundin*

Oma Ziegenfuß/Georg Schäfer – *guatemaltekisch-deutscher Künstler*

Maya – *Drogenforscherin und Tochter Schäfers*

Oscar Bonavena – *Boxer*

Petra oder Joy – *geheimnisvolle Gespielin*

Rainer Günzler – *Moderator des* Aktuellen Sportstudios

Reimar Renaissancefürstchen – *Drogenspezialist*

Mauli – *Nerzträgerin*

Linda – *Mädchen vom Lande*

Helmut Förnbacher – *Filmemacher*

Stefan Hentschel – *Zuhälter*

Dieter Bockhorn – *Weltreisender*

Uschi Obermaier – *Kommunardin*

Knut Kiesewetter – *Liedermacher*

Helga Feddersen – *norddeutsche Seele*

Fritz Raddatz – *Feuilletonchef* Die Zeit

René Durand – *Maître de Plaisir*

Renate Durand – *Chefin des* Salambo

Hexi Hegewisch – *Reedersgattin und Partylöwin*

Rudolf Augstein, Marcel Reich-Ranicki, Horst Janssen,
  Ernst Bloch, Paul Wunderlich, Hans Mayer – *Partycrowd*
Gerlinde – *Praktikantin aus dem Museum*
Karl-Heinz Schmieding – *Redakteur des Saarländischen
  Rundfunks*
Uschi Nerke, Mike Leckebusch, Manfred Sexauer –
  Macher der TV Show Musikladen

PROLOG

Anfang Januar lag mein Vater schon seit ein paar Wochen im Krankenhaus. Der Krebs war nach Jahren zurückgekehrt, obwohl sein Arzt damals gesagt hatte, dass er diesen für immer besiegt habe. Den ganzen Sommer über hatte mein Vater eine Chemoanwendung nach der anderen tapfer ertragen, sein Zustand verbesserte sich kontinuierlich, und zum Herbst hin hielten wir ihn für geheilt. Er schien dem Tod zum zweiten Mal von der Schippe gesprungen zu sein. Aber kurz vor Weihnachten machte sich die Krankheit erneut heimtückisch an ihn heran.

In den Jahren zuvor hatte Vater eine Reihe minimaler Schlaganfälle erlitten, von ihm selbst unbemerkt, irgendwann machten sie sich jedoch durch Gedächtnislöcher und Wortfindungsschwierigkeiten bemerkbar. Er schämte sich jedes Mal wahnsinnig, wenn ihm ein einfaches Wort nicht einfiel, aber er gab es offen zu und entschuldigte sich, also fanden wir das Wort für ihn. Dadurch war Vater noch langsamer geworden als ohnehin schon. Dennoch erkannte ich hinter diesen sprachlichen Perforierungen klar und deutlich seine Persönlichkeit, sie schien mir in ihrem Kern unbeeinträchtigt von den Krankheiten.

Immer wieder besuchten wir ihn im Krankenhaus, er lag in einem Zweibettzimmer mit wechselnden Bettnachbarn, deren Dramen jeweils hätten Bände füllen können. Was für Elendshorte sind bloß unsere Krankenhäuser, Sackbahnhöfe für so viele große Lebensbögen, deren strahlendes Sein nun ausgerechnet in Orten wie Oldenburg in Schleswig-Holstein zu seinem dümpelnden Ende kommen muss. Dabei sollte doch ein Krankenhaus ein Ort der Heilung, der Genesung, der Gesundung sein, oder etwa nicht?

Wir ließen – wie alle Angehörigen – von der Hoffnung nicht ab, vom Vertrauen in die Ärzte und die Technik und den Fortschritt der Medizin. Wenn man nur lange genug das Elend, die Tristesse und die Lieblosigkeit, die Abgewichstheit und den Durchlaufbetrieb eines derartig menschenfeindlichen Ortes aushalten könnte, dann käme am Ende mit allergrößter Wahrscheinlichkeit ein Wunder dabei raus. Wann wenden sie denn endlich das Wunder an, wann kommt die Wende, wann können wir unseren geliebten Menschen geheilt aus dieser Hölle befreien, hat er denn nicht bald genug gelitten? Alle Angehörigen geraten in diese trügerischen Hoffnungsspiralen – man verheddert sich darin wie Fische in Reusen –, und die Ärzte werden unsereins gegenüber zumindest eine Möglichkeit auf Rettung aufscheinen lassen, um ihre Betten bezahlt zu halten.

Vater wurde immer weniger, er aß nichts mehr und trank nur sehr wenig, der Krebs hatte sich in seinen Nieren festgefressen. Wenn wir den Raum betraten, lag der einst so starke Mann meist auf dem Rücken im Bett und betrachtete mit vom Leid entleertem Blick die Zimmerdecke, wie ein Kind, das eingesehen hatte, dass es an seinem Zustand nichts verändern könne, weil die Erwachsenen es nun mal so beschlossen hatten. Lesen konnte er nicht mehr, das Fernsehen interessierte ihn nicht, die Teilnahmslosigkeit des endgültig Ausgelieferten eroberte sein Wesen: leiden und warten auf Erlösung, darauf, endlich nach Hause zu können oder aber zu sterben. Einmal am Tag kam eine Schwester und brachte ihm ein paar Tabletten, die er wenn überhaupt nur sehr schwer schlucken konnte. Er verdorrte vor unseren Augen, seine Substanz schmolz dahin, die Kraft verdampfte buchstäblich. Schließlich verweigerte er den Ärzten die Dialyse, ohne genau begründen zu können warum, seine Wortfindungsschwierigkeiten hatten in dieser Krankenhauszeit stark zugenommen. Sein Wille aber war klar und entschlossen, er würde sich das nicht länger gefallen lassen, diese ganze Tortur. Ohne die Dialyse allerdings würde er keine zwei Wochen überleben, so sagten es die Ärzte voraus, da seine Nieren kaum noch funktionierten.

Wir beschlossen, ihn aus dem Krankenhaus zu holen. Ich weiß noch genau, wie ich ihm unseren Entschluss eröffnete und er darauf ganz erstaunt meinte: »Nach Hause? Wirklich? Ja, wenn ihr das erlaubt.« In dem Moment konnte ich meine Tränen nicht zurückhalten. Er hatte sein Schicksal in unsere Hände gelegt, hatte nur unseretwegen all die Wochen an diesem unseligen Ort ausgehalten, weil wir als seine Familie es so beschlossen hatten, damit wir dadurch hoffen konnten, ich kam mir unendlich schuldig vor. Nachdem ihm der Dialyseschlauch aus der Halsschlagader gezogen worden war und wir seine wenigen Sachen zusammengepackt hatten, wurde mir ganz froh zumute, endlich konnten wir ihn befreien, und niemand würde uns aufhalten können.

Vater wirkte lebendiger, auch wenn er kaum noch gehen konnte. Es war später Nachmittag im Januar und schon dunkel draußen, als wir ihn mit einem Rollstuhl zum Auto transportierten und aus der Stadt über die Landstraße zurück nach Hause aufs Dorf fuhren. Ich steuerte den Wagen mit der linken Hand, er saß neben mir auf dem Beifahrersitz und hielt die ganze Fahrt über in der Dunkelheit meine rechte Hand. Er beobachtete konzentriert die dunkle Straße, als ob er diesen letzten Weg noch einmal ganz bewusst erleben wollte. Als wir das Wohnzimmer betraten, sagte er: »Das hätte ich nicht gedacht, dass ich noch mal nach Hause komme.« Wir waren alle für einen kurzen Moment erlöst.

Zehn Tage später starb er. Es hat mich viel stärker getroffen, als ich erwartet hätte. Wie schon Jahre zuvor bei Mutter. Man weiß, dieser Moment kommt unausweichlich, man geht gemeinschaftlich in der Familie darauf zu, begleitet den Sterbenden. Was ziemlich grotesk ist, so als ob man einen Lebenspartner im Alltag zur Exekution begleiten würde und nebenbei noch den Haushalt verrichten müsste. Das, was als »würdevolles Abschiednehmen im Kreise der Familie« beschrieben wird, hat im Kern etwas grausam Banales, dem man sich ohnmächtig ausgeliefert sieht, denn die Entscheidung, wer auch immer sie gefällt hat, lässt sich nicht aufhalten.

Nach seinem Tod dachte ich: Jetzt bist du Vollwaise. Dieses Nicht-mehr-Zurückkönnen ist einer von vielen Effekten, die man nach dem Tod der Eltern erlebt. Nicht mehr zurückkönnen ins Kindsein. Denn auch als Erwachsener bleibt man ja Kind seiner Eltern. Es ist schön, ein altes Kind sein zu dürfen. Auf eine gewisse Art und Weise tröstlich. In letzter Instanz könnte man bei unüberwindlichen Problemen immer noch die Eltern anrufen. Aber irgendwann sind sie dann tatsächlich verschwunden, versunken im Loch der Zeit. Dann sind auf einmal die alten Kinder an der Reihe. Ich bin der Nächste in der Familie, der gehen muss. Wenn alles nach dem normalen Ablaufplan der Natur geht.

Alle Fragen, die ich Vater noch stellen wollte, werden für immer unbeantwortet bleiben. Seitdem weiß ich: Wann auch immer man brennende Fragen in sich trägt, sollte man sie stellen – die Leute verschwinden irgendwann einfach. Mit seinem Tod sind mir auch die Fragen an Mutter wieder eingefallen. Fragen, die ihr zu stellen ich vergessen hatte. Die ebenfalls für immer unbeantwortet bleiben werden:

Mama, wann genau waren wir eigentlich in Guatemala?

Welche Kinderkrankheiten hatte ich, welche nicht?

Wie viele Wochen war ich im Kinderkrankenhaus in Quarantäne, als ich mit drei Jahren Hirnhautentzündung hatte? Ich erinnere mich daran, wie ihr durch eine Glasscheibe auf mich blicktet, aber nicht zu mir kommen durftet. Ich glaube, ich war verzweifelt. Ist in diesem Moment mein Urvertrauen zerbrochen?

Warum, Papa, hast du mich in Norwegen einfach vom Steg in die Nordsee geschmissen? Weil ich so genervt habe? Das Wasser war eiskalt, mir blieb die Luft weg. Du hast gelacht und bist weggegangen. Und ich war unglaublich zornig. Bis zum Abend habe ich mich in einem niedrigen Gebüsch neben unserem Wohnwagen versteckt, ich hatte eigentlich geplant, dort für immer zu bleiben, als Strafe für dich und Mama, das habt ihr jetzt davon, euer Sohn ist bei einer erzieherischen Maßnahme ertrunken! Pah! Irgendwann hat der Hunger meine Wut beschwichtigt. Da hatte ich bereits vergessen, worum es eigentlich gegangen war. Im Nachhinein vermute ich, dass dein Handeln gerechtfertigt war. Die Streitereien zwischen meinem Bruder und mir müssen unerträglich gewesen sein.

Familien sind Schutzräume und Kampfzonen zugleich. Ich weiß gar nicht genau, was in einer normalen Familie überwiegt, das Schöne oder das Schreckliche. All die Liebe und all der Hass geboren aus der Kollision von Freiheit und Sicherheit.

Immer wieder muss man das Verschwinden und den Verlust eines nahen Menschen erneut realisieren. Das Gehirn braucht lange, bis es das als Selbstverständlichkeit akzeptieren kann. Die sich täglich schmerzhaft wiederholende Erkenntnis der von nun an ewigen Abwesenheit einer geliebten Person ist wie ein scharfer kleiner Eisdolch, der sich einem permanent aufs Neue ins Herz rammt. Dann tauchen Bilder wieder auf. Wie Vater dort im Wohnzimmer auf der Seite lag und ganz leise sagte: »Ich glaube, ich muss jetzt sterben.« Was für ein schockierender Satz! Und wie wir dem alle nicht widersprechen konnten, weil wir wussten, dass er recht hat. Du hattest immer recht. Was du sagtest, stimmte, war gewissermaßen Gesetz. Wie hätten wir also dieses Mal zweifeln können?

Jetzt ist das Haus meiner Eltern zu einem Museum ihrer selbst geworden. Es steht da auf dem Dorfhügel, vor dem weiten Urstromtal, wie es immer dastand, groß, alt, schön, voll eingerichtet und gleichzeitig ausgekühlt und menschenleer. Drinnen ist die Zeit stehen geblieben, in dem Moment, als auch Vater verstarb. Der Esstisch, das Klavier, das Sofa vor dem Fernseher, der riesige Kamin, die Küche, der gusseiserne Herd, die Ofenbank, der Schreibtisch meines Vaters, sein Laptop, der Schmuck meiner Mutter aus Guatemala, ihre Makrameewandbehänge, ihre Messingdosensammlung, die beiden leeren Eheringe: Alle diese Dinge warten in angespannter Stille und Sehnsucht auf ihre Benutzer. Manche Dinge wurden häufig gebraucht, die zehren noch von dieser Zugewandtheit, andere kamen nur selten zum Einsatz oder schon lange nicht mehr, die sind jetzt der Verzweiflung nahe, weil sie kurz davor sind, endgültig in Vergessenheit zu geraten, die Liebe und der Stolz, die ihnen einst galten, sind schon lange dahingeschmolzen. Dinge, die nicht mehr geliebt werden, von denen niemand mehr weiß, die gibt es gar nicht, fürchten die Dinge.

Unendlich zart und langsam rieselt der Staub dieser sich

zersetzenden Welt auf alles und bedeckt es in ewigem Schlaf. Die Decken, die Wände, die Bilder an den Wänden, die Vorhänge, die Lampenschirme zerbrechen und zerbröseln, eine schleichende, stille Kapitulation.

Das Haus ist ein Museum ohne Besucher, so gut wie nie betreten Menschen diese Räume. Nachts, wenn ich wach in meinem Bett in der fernen Stadt liege, muss ich häufig an diesen Zustand denken: an die Ruhe, an die Dunkelheit und das Unveränderte im ganzen Ensemble. Ich erschauere dabei, wenn ich an das Ehebett meiner Eltern denke, an die Punkte an der Decke, die sie erblickt haben mögen, wenn sie morgens erwachten, Tausende Tage, den Bogen ihres ganzen Lebens entlang, und jetzt: unbetrachtet. Das Merkwürdige ist: Nichts weist in diesem Haus auf den Tod hin. Und dennoch gibt es hier kein Leben mehr. Der Tod ist die maximale Abwesenheit.

Wenn ich vor dem Schreibtisch meines Vaters sitze und seine Hinterlassenschaften durchgehe, seine Ausweise, Zeugnisse, Fotos, Briefe, dann blitzen mich Momente seines Lebens an, Sekunden, in denen ich zu begreifen meine, wie er sich gefühlt haben mag. Wie es ihm ergangen ist. An welchem Punkt seines Lebens er sich gerade befand.

Irgendwie war mein Vater mir immer fern, er war eine Art Eminenz für uns. Bei aller Wärme und Offenheit, die er mir und meinem Bruder gewährte, blieb er mir doch verborgen, es gab eine undurchdringliche Wand zwischen uns, aus Respekt und gleichzeitigem Desinteresse, aus dem männlichen Unvermögen, wirkliche Nähe herzustellen, und auch aus Legendenhaftigkeit. Eltern haben etwas Legendenhaftes an sich, etwas Übergroßes, was nicht von dieser Welt scheint. Das rührt daher, dass sie für uns Kinder immer schon da waren, ewige, gigantische Monolithen, deren Augen aus dem

Himmel unserer Kindertage wohlwollend oder streng in unsere Wiegen blickten. Aus dem Bild der Eltern wurde unser Glaube an Gott geboren, an das Ewige, Große, Weise und Unvergängliche. Aber unsere Eltern waren selbst einmal Kinder. Hatten ihre eigenen Götter. Die manchmal gar keine Götter waren, sondern nur Götzen. Abgötter. Säulenheilige. Oder Teufel. Die sie ignorierten oder missachteten, die sie malträtierten und schlugen. Wie gut waren dagegen – zumindest in meinem Fall – meine Eltern als unsere Götter.

Wenn man sich mit den eigenen Eltern nach ihrem Tod beschäftigt, sich ihnen annähert und versucht, sie zu verstehen, dann fällt diese Wand der Unnahbarkeit. Sie werden zu ganz normalen Menschen, zu Gleichaltrigen, die man kritisieren und sogar belächeln kann. Vor allem: die fehlbar sind.

1965, als mein Vater fünfundzwanzig Jahre alt war, als er Deutsch, Geschichte und Philosophie auf Lehramt studierte, als wir Kinder noch nicht geboren waren, schrieb er in sein Tagebuch:

24.4.1965

Was ich erstrebe und wonach sich meine geheime Sehnsucht richtet, das ist ein reiches, geistiges und künstlerisches Leben. Was ich mir ersehne, ist eine Aufgabe, die mich hinreißt, weg aus meinem apathischen Dämmern, die mich mit jeder Faser meines erlahmenden Wesens gefangen nimmt, leidenschaftlich und brennend wie eine Liebe.

Immer deutlicher wird mir, wie sehr ich doch eigentlich ein haltloser Spielball meiner Anlagen bin, die so sehr denen meines Vaters gleichen, ein Melancholiker mit einem gehörigen Schuss Phlegmatik. Schwermütig, zeitweise äußerst träge und zäh im Denken, manchmal spüre ich förmlich eine Abneigung gegen jede gedank-

liche Betätigung. Dabei kann ich mich aber stundenlang irgend-
welchen Tagträumereien hingeben, meist vollkommen utopischen
Erfolgsträumen, die sich mein Unterbewusstes ausspinnt in
Ermangelung wirklicher Erfolge, mehr eine Reaktion auf eine
kontinuierliche Kette von Misserfolgen und daraus resultierendem
Mangel an Selbstbewusstsein. Diese Misserfolge selbst wiederum
sind eine Folge meiner Trägheit und Langsamkeit, meiner
bewundernswerten Fähigkeit, alles bis auf die letzte Minute hi-
nauszuschieben.

Stimmt, solange ich denken kann, warst du langsam. Du
warst langsam und Mutter schnell. Das Aussehen habe ich
von dir geerbt, auch die Gründlichkeit und wohl auch die
Depression. Aber zum Glück bekam ich von Mutter die
Schnelligkeit. Deine Langsamkeit nahm mit fortschreiten-
dem Alter deutlich zu. Wenn du einen Satz begannst, hatte
ich ihn schon zu Ende gedacht und wartete nun ungeduldig
darauf, dass sich in deinem Mund die mir bereits bekannten Worte formten. Dabei habe ich mich immer schuldig gefühlt. Und dann kam der Satz doch genauso raus, wie ich ihn
erwartet hatte, und die Schuld verpuffte. Als wenn wir beide auf unterschiedlichen Zeitebenen mit unterschiedlichen
Tempi nebeneinanderher gefahren wären. Aber ich hätte nie
gedacht, dass du unter deiner Langsamkeit leidest. Ich ahnte
nicht einmal, dass sie dir bewusst war, und erst recht nicht
bereits in deinen frühen Jahren. Dass sie für dich ein Lebens-
problem war, mit dem du letztendlich gelernt hast zu leben,
geliebter alter Elefant.

Manchmal muss ich an mir zu meinem Erschrecken einen Zug von
Starrheit feststellen, zum Beispiel macht es mir Freude, mir für
einen Tag eine ganze Reihe von Aufgaben zu stellen, häufig eher

banaler Natur, sie schriftlich zu fixieren und anschließend Punkt für Punkt zu erledigen, wobei jede erledigte Aufgabe mit einer gewissen Befriedigung sorgfältig durchgestrichen wird. Aber wehe, es gelingt nicht, ganz gleich, durch welche Umstände das verhindert wird. Dann kann ich nicht einfach den Rest auf morgen verschieben. Dieser Gedanke bereitet mir größte innerliche Qualen, denn die Punkte warten darauf durchgestrichen zu werden! Schließlich kann ich diesem Drang nicht widerstehen, streiche sie durch und setze sie am nächsten Tag wieder an den Anfang. So kann man in meinem Notizbuch die eigenartige Beobachtung machen, dass Punkte manchmal über Wochen durchgestrichen werden und tags darauf wieder auftauchen, bis sie dann irgendwann endlich einmal erlöst werden konnten oder, wenn nicht, endgültig gestrichen wurden.

Das kenne ich von mir genauso, Alter! In meinen Jahresbüchern finden sich auch unendlich viele Einträge, die immer und immer wieder durchgestrichen und um Tage verschoben neu eingetragen werden! Bis sie irgendwann verschwinden. Genau wie bei dir, ohne dass ich davon gewusst hätte, ohne dass ich deine Notizbücher je gesehen hätte. Prokrastinationswalzen. Wellen von Unerledigtem, die ich vor mir herrolle wie ein Mistkäfer seine Kugel. Ich dachte immer, du würdest alles sofort erledigen, du hättest alles fest im Griff. Wie ähnlich wir uns doch sind, denke ich, während ich deine Aufzeichnungen lese, in denen du davon schreibst, wie ähnlich du deinem Vater seist.

Ganz fasziniert bin ich immer noch von Dürrenmatts Roman Der Richter und sein Henker. *Aber es fehlt mir die Formkraft, um so etwas zu gestalten. Jedenfalls fehlt sie mir noch, wenn ich auch immer das Gefühl in mir habe, dass ich eine Antwort auf diese Welt*

geben müsste, als forderte sie diese Antwort von mir, so vermessen
das auch klingen mag, denn ich spüre bis jetzt noch in keiner Weise
ein besonderes Schriftstellertalent in mir. Aber ich durchschaue
immer mehr die Hohlheit und Attrappenhaftigkeit unserer moder-
nen Gesellschaft.

Ja, das Gefühl, eine Antwort auf die Welt geben zu müssen,
habe ich auch. Schon immer. Ohne dass wir je darüber geredet hätten. Was ist das für ein merkwürdiger Reflex? Als
wäre es unsere Aufgabe, Zeugnis abzulegen in Form einer
Antwort auf den großen Chor. Wenn wir nicht schöpferisch
tätig geworden sind, haben wir unsere Lebensaufgabe verpasst. Also steck die Ziele nicht zu hoch, geneigter Leser, es
geht beim Bezeugen nicht in erster Linie darum, Meister-
werke zu erschaffen, es geht vielmehr um die Vielfältigkeit
und die Eigenheiten des Beobachtenden. Nur unser aller Blicke zusammen ergeben ein Bild dieser Welt, denn wir sind
Gottes Augen. Oder besser: Wir sind Gott.

23.9.1965

Es besteht jetzt kein Zweifel mehr: wir werden ein Kind bekom-
men!!! So überwältigend diese Tatsache auch sein mag, habe ich bis
jetzt kein richtiges Verhältnis dazu. Doch glaube ich, dass sich die
Freude mit dem wachsenden Leben steigert. Je mehr dieses kleine
Lebewesen heranwächst, je mehr es menschliche Gestalt annimmt
und menschliche Zeichen von sich gibt, desto unmittelbarer ist
sicherlich auch das Erlebnis und die Freude darüber.

Dieses Kind war ich. Und mittlerweile bin ich genau doppelt
so alt wie mein Vater damals. Ich lese seine Zeilen also aus
einer vaterhaften Position, als wäre ich wiederum sein Va-

ter, viel älter und welterfahrener. Schon damals scheint er in einer bestimmten Weise beziehungslos zu mir zu sein, er entzieht sich der Beurteilung über mein Herannahen, diese Distanz zwischen uns ist geblieben, auch wenn ich sie im späteren Verlauf eher als »herzliche Distanz« umschreiben möchte.

Wenn ich noch einen weiteren Schritt zurücktrete, gelange ich in nahezu göttliche auktoriale Sphären, denn ich weiß tatsächlich alles über dein Leben: Wie es von dem Punkt meiner Geburt an weitergeht, was dir und uns die Jahre bringen werden, jedes Detail kenne ich, die Geburt meines Bruders, von dem du an diesem Punkt noch nichts weißt, den Fortgang deiner beruflichen Karriere als Lehrer an der Gesamtschule, ein guter und beliebter Lehrer warst du. Ich weiß von dem Haus, das du und Mutter in dem kleinen Dorf im Norden kaufen und renovieren werdet, eure ganze Liebe und Kraft steckt ihr in dieses Haus. Und ich weiß von all den Reisen um die Erde, mit uns und ohne uns, von der Dritte-Welt-Arbeit, von euren Erfolgen und Niederlagen, und schließlich weiß ich um euer beider Ende. Ich, hier in der fernen Zukunft, ich weiß alles davon. Leider kann ich daran nichts ändern, das wäre wahre Göttlichkeit, denn ich hätte euch unsterblich gemacht.

Soeben lese ich bei Jung, dass Menschen neurotisch werden müssen, wenn sie der Natur entfremdet werden <u>oder wenn sie aufhören, schöpferisch tätig zu sein.</u> Der Mensch ist zur schöpferischen Tätigkeit geschaffen und verdorrt seelisch, wenn er dies nicht mehr weiß.

Den Teilsatz hat mein Vater dick unterstrichen. Damals war er noch auf der Suche nach diesem Schöpferischen, ohne es je gefunden zu haben. Das Einzige, was er in dieser Hinsicht hinterlassen hat, sind die wenigen Seiten seines Tagebuchs, das nicht einmal zu einem Viertel gefüllt ist. Das kurz nach meiner Geburt endet, die er mit keinem Wort erwähnt. Wahrscheinlich beginnt mit meinem Erscheinen auf der Welt ein derartiger Stress, dass so etwas wie Tagebuchaufzeichnungen nicht mehr möglich sind. Entschuldigung, ich wollte nicht stören. Du warst musisch, spieltest Piano, allerdings nach Noten, nie etwas Eigenes. Ich habe nie nach Noten gespielt, ich kann sie nicht lesen, vom ersten Ton an habe ich nur Eigenes gespielt, zu anderem war ich nicht in der Lage. Da ich das Lernen nicht gelernt hatte, trotz oder grade weil meine Eltern beide Lehrer waren, war ich vom ersten Moment an – sui generis – ein Erschaffer von eigenen Gnaden, wenn auch die Qualität meiner Kreationen zur Disposition steht.

Weihnachten steht vor der Türe, doch mir ist gar nicht weihnachtlich zumute. Im Gegenteil: Ich habe momentan wieder einmal mit einer dieser Perioden des seelischen Zusammenbruchs zu kämpfen. Es kommt mir so vor, als ob sich in meinem Inneren eine Inflation vollziehen würde. Ich bin so müde und allem so überdrüssig.
Ich fühle mich so unendlich einsam, allein, entwurzelt, keine wirklichen Freunde, niemand, der wirklich verstehen könnte oder wollte. Günther und Trudel ziehen sich anscheinend auch von uns zurück. Das kränkt mich zutiefst und verletzt meinen so unglaublich leicht verletzbaren Stolz. Meine allgemeine Kontaktarmut nimmt bedenklich zu, und ich spüre, wie ich an einem inneren Abgrund entlangbalanciere.

Es schien immer alles sicher, ausgeglichen und beständig zu sein, in dir und um dich herum, Vater. Nur einmal hast du mir davon berichtet, in der Mitte deines Lebens, als du so alt warst wie ich jetzt, dass du in deiner Jugend auch – so wie ich – mit Depressionen zu kämpfen hattest, dass sie dich gequält haben. Aber du meintest: Halt aus, das geht vorüber, man darf sich nur nicht allzu sehr auf die dunklen Gedanken einlassen, dann übersteht man diese Zeit, und danach kommt eine bessere. Was jedoch diese bessere Zeit in dir ausgelöst hat, habe ich leider vergessen zu fragen. Ist es einfach nur das Altern, das einen sich selbst finden lässt, weil man jeden Tag in den Spiegel schaut und irgendwann glauben kann, dass es diese merkwürdige Person, die man dort erblickt, tatsächlich gibt? Weil man sie und ihre Bedürfnisse und ihre Marotten kennengelernt hat, vielleicht sogar gelernt hat, sie zu akzeptieren? Fest steht, dass ich mit fünfundzwanzig Jahren auch noch nicht wusste, wer ich war. Und diese Suche war genauso schmerzhaft und erschreckend, wie sie auch lustvoll und schöpferisch war. Denn ich habe mich in Ermangelung meiner selbst, weil ich mich selbst nicht kannte und nicht werden wollte wie von euch gewünscht, schließlich selbst erfunden. Ich bin über den Umweg der Kunst zu meiner eigenen Kreatur geworden und zu meinem eigenen Kreator. Schöpfer und Schöpfung in einem. Ich habe mir so lange überlegt, wer ich sein könnte, so lange an mir, meinem Image, meinem Äußeren und meinem Benehmen herumgemacht, bis es mir förmlich zu langweilig wurde, mich immer neu zu erfinden. Vermutlich von dem Moment an wurde ich zu dem, der ich heute bin.

Weil ich dich so selten zu Gesicht bekam, weil du immer in deinem Arbeitszimmer gesessen hast, um »Hefte zu korrigieren« (wie viele Hefte kann ein Mensch in seinem Leben korrigieren?), habe ich dich in gewisser Weise verpasst. Nicht wirklich kennengelernt. Du zogst dich von der Familie zurück, wie auch dein Vater sich zurückgezogen hat, nur dass er sich im Fernsehzimmer mit billigem Rotwein besoff, während du »Hefte korrigiertest«. Du hast mir erzählt, wie dein Vater im Fernsehzimmer saß mit einem großen Topf mit Rotwein, der mit einem Bierdeckel abgedeckt war, damit niemand sehen konnte, was und wie viel noch darin war. In der Linken hielt er die Fernbedienung, in der Rechten den Topf. Darüber mussten wir beide sehr lachen. Er saß alleine mit seinem Topf im Wohnzimmer, und ihr Kinder habt euch mit eurer Mutter am Küchentisch unterhalten.

Du aber hast es genauso gemacht wie dein Vater, du saßt in deinem Arbeitszimmer, und wir waren in der Küche bei Mutter. »Hefte korrigieren« war deine Ausrede für alles, deine Auszeit, dein maximaler Rückzug aus der Welt. Während sich das Leben deiner Familien um die Mütter abspielte, waren dein Vater und du abwesende Schemen, mit denen schlimmstenfalls gedroht wurde, denn wenn es hart auf hart kam, wenn der Kinderstress zu groß wurde, dann drohten eure Frauen, euch aus den Höhlen zu lassen (»Ich hol gleich Papa!«), und sofort war jeder Streit geschlichtet.

Die Initiation ist in allen Kulturen ein wichtiger Ritus, um die Heranwachsenden in den Kreis der Erwachsenen aufzunehmen. Wenn ich mich nach männlichen Vorbildern umsah, nach Rollenmodellen, nach Idolen, die man als Jugendlicher sucht, um sich etwas abschauen zu können, dann fand ich diese reichlich in eurem Umfeld, unter euren Freunden. Wilde Männer, eigenartige, laute, starke, komische und beeindruckende. Sie tauchten bei uns zu Hause auf, um zu trinken, zu essen, mit Mutter zu flirten, zu rauchen, zu tanzen und mit dir zu musizieren, in der Jazzband. Darunter waren immer einige, die mich besonders beeindruckten: Freaks! Außergewöhnliche, die gut reden konnten, fantastische Angeber, Gockel, Posierer, Hervortuer, Hasardeure, sie tauchten da bei uns um den Küchentisch auf und führten ihre Kunst-stückchen auf. Zeigten, wie gut sie sich auskannten mit der Kunst, der Musik, der Literatur und der Politik. Und mit der Liebe natürlich. Das sind die großen fünf. Und der Maître de Plaisir ist derjenige, der sie alle beherrscht oder zumindest über sie parlieren kann. Natürlich immer unter der Zuhilfe-nahme des Raketenmittels Alkohol, das zu allen Eventuali-täten effektvoll und in Mengen eingenommen wurde. Lämm-leinliebe Biologielehrertypen wurden unter Zuhilfenahme des Raketenmittels zu brennenden Revolutionären, sogar zu rasenden Mordbrennern, die dem System mit Hammer und Sichel an den eisernen Adlerhals springen wollten. Am nächsten Tag im Biologieunterricht war davon meist nichts mehr zu spüren.

Vater wurde von allen geschätzt, er war der Gastgeber, der Zuverlässige, der Spender der Situation. Aber der Hahn war er nicht, das Krakeelen übernahmen andere. Ich be-obachtete dieses Posieren aufmerksam. So lernte ich die Freaks und ihr Benehmen kennen. Sie waren meine Ersatz-väter. Alles, was Vater persönlich nicht übernehmen wollte, die ganzen Albernheiten, Affigkeiten, Affektiertheiten, das schaute ich mir von den anderen ab. Gespräche über den tieferen Sinn von Kunst, Dissidenz, Radikalität und Exzess inspirierten mich. Das war es, wonach ich gesucht hatte: Wildheit, Leidenschaft, Selbstaufgabe. Immer wieder fand ich solche inspirierenden Männer in meinem Leben, die meine Lehrer wurden. Die mich vorantrieben und mir als meine Meister dienten, denen ich etwas abgewinnen konnte, die mich kritisierten und gängelten, aber auch lehrten und erbauten. Und ich schäme mich dafür, dass ich davon nicht genug bekommen konnte und dass das, was du, Vater, mir zu geben hattest, mir nicht ausgereicht hat. Aber so war es nun einmal, ich habe mir meine Wesensart nicht ausgesucht, das Hungrige kam ganz von selbst, das Suchende, das Idiotische und Prahlerische, das Grüblerische und Melancholische, das Himmelhochjauchzende und das Kleingeistige – all das fand mich ganz von selbst.

Ich habe sie verehrt, meine Idole, in ihrer extraordinären Eigenheit, nicht nur beeindruckte mich, was sie erschufen an Kunst und Musik, sondern vor allem ihre Art zu sein. Und sie wiederum erzählten mir von anderen Merkwürdigen und Eigenbrötlern, die ich aufsuchte, um zu lernen, was für absonderliche Möglichkeiten es gab, Mensch und Mann im Abseits zu sein, Individuen, die aus sonderbaren Spalten des Daseins ihr Wesen erbastelten, scheinbar unverbunden mit dem Rest der Welt und somit nahezu einflusslos, ganz verwachsen und zerplustert.

Solche Menschen gibt es heute kaum noch, da alles verbunden ist, da jeder Haushalt und jede Person mit unsichtbaren Leitungen an die Matrix angeschlossen ist, die sozialen Netzwerke, durch die die immer gleichen Informationen fließen, die von den immer gleichen Pumpen angetrieben und von den immer gleichen Sieben gesiebt werden, wir werden uns alle immer ähnlicher unter dem alles durchdringenden Auge von Alexa.

Wenn früher einer von uns im Dorf es geschafft hatte, eine ganz besondere Platte (zum Beispiel die erste Pork-Dukes-Single) aus England zu besorgen, so blieb er mit diesem Heiligtum im Umkreis von fünfzig Kilometern manchmal auf Monate allein, beneidet und vorneweg, da die Kanäle und Möglichkeiten, an ein derartiges Heiligtum zu gelangen, im Dunkel verborgen lagen. Dann saßen wir stundenlang in kleinen Haufen um solche heiligen Kälber herum und meditierten darüber, ließen den Stoff immer wieder erneut aus den Boxen quellen, inhalierten den Duft des Covers, entzifferten jeden Buchstaben und suchten nach Ritzungen im Vinyl der Auslaufrille, wo manchmal Geheimbotschaften enthalten waren, da es beim Presswerk die Möglichkeit gab, dort etwas Spezielles eingravieren zu lassen (ich tat das später dann auch mit meinen eigenen Platten). Wir verleibten uns das geliebte Kunstwerk also komplett ein, es füllte uns aus.

Heute reicht dazu eine Bewegung des rechten Daumens, das Objekt der Begierde taucht auf einer kleinen Matrix mit mangelhaftem Klang auf, nicht berührbar, ohne Geruch, wird einmal unaufmerksam überflogen und meist danach vergessen. Ein Großteil der Popmusik und der Grafik von heute werden speziell für Smartphones konzipiert. Was für eine andere Art, Kunst wahrzunehmen! Dabei geht es der dissidentischen Kunst eben nicht um die maximale Verbreitung, sondern eher um das wirkliche Einlassen auf ein Werk. Heute scheint das kaum noch möglich, die neuen Techniken und ihr aberwitziges Tempo zwingen uns, anders auf die Kunst zu blicken, oberflächlich, unaufmerksam, hastig und gierend. So moralisierend das auch klingen mag.

Von den Freaks aus dem Umfeld meiner Eltern übernahm ich also die Vorliebe und den Blick für das Merkwürdige und die Außergewöhnlichen. Und später, als ich längst in der großen Stadt wohnte, suchte ich immer weiter nach solchen Menschen, und wenn ich sie fand, hielt ich begeistert inne, um ihre diffusen Impulse wie kostbaren Weihrauch zu inhalieren. Auch verrannte ich mich dabei, denn es waren solche darunter, die bleierne Schatten in sich trugen, und einige Male musste ich erschreckt feststellen, dass ich Psychopathen aufgesessen war, schwer alkohol- und drogenkranken Spinnern, deren Freaktum einzig darin bestand, komplett aus der Spur gerutscht zu sein, und die sich nun wie siechende Ameisenlöwen krampfhaft an jedem Forschungsreisenden festhielten, der ihrem Loch zufällig zu nahe kam.

Die Blütezeit der Freaks waren die Endsechziger und die Siebzigerjahre, eine Zeit, in der es zum guten Ton gehörte und State of the Art war, sich nonkonform zu geben, es war normal, unnormal zu sein; Normalität galt schon fast als obszön, man könnte sogar behaupten, dass die letzten Normalen richtiggehende Drop-outs waren. »Bah, schau mal der Typ da vorne mit den kurzen Haaren und dem sauberen Anzug!« – »Ja, abstoßend, und rasiert ist der auch und geht ganz gerade, ohne zu torkeln. Lass uns mal lieber die Straßenseite wechseln, ich habe Angst, dass man sich da was wegholen könnte!« Das maximale Gegenteil von heute.

Viele Jahre später, 1991, als mir der »Meister« das erste Mal angeraten wurde, von meinem damaligen Plattenproduzenten Ulf Krüger, da war ich noch nicht ganz bereit für die ganze Weite von dessen Universum. Ich war fünfundzwanzig Jahre alt, so alt wie mein Vater, als er Hermann Hesses *Peter Camenzind* gelesen hatte, Hesse übrigens war ebenfalls fünfundzwanzig, als er dieses, sein erstes Buch schrieb. Ulf Krüger überreichte mir eine Maxi-Single des »Meisters« mit weißem Cover ohne Aufdruck und forderte mich auf, dieses Werk, an dessen Produktion er beteiligt gewesen war, aufmerksam durchzuhören, Inspiration sei garantiert, der Erschaffer sei ein ganz besonderer Typ, ein wirklicher Drop-out, einer der letzten großen Freaks aus der Blütezeit derselben, in den Siebzigern ein angehender Star, jetzt allerdings heruntergekommen und halb verrückt einsitzend in einem Pflegeheim für geistig Verwirrte, sein Name:

Die Platte stieß bei mir auf empfangsbereite Ohren, auf ihr waren vier Hörspiele enthalten, allesamt von jenem Heino Jaeger persönlich eingesprochen, trockene kleine Miniaturen von Menschen aus der bundesdeutschen Arbeitswelt, die vor allem durch ihren grotesken Fachjargon auffielen. Mir schien diese merkwürdige pointenlose Art von Humor als eine Offenbarung, anscheinend hatte da ein Unbekannter, Jahre vor mir und meinesgleichen, versucht, deutschen Humor neu zu definieren, anders, als man es beispielsweise aus dem deutschen Fernsehen gewohnt war. Eigentlich konnte man kaum unterscheiden, ob das, was Jaeger da präsentierte, noch Humor oder nur noch Abbild einer ins Groteske übersteigerten Realität war. Je mehr ich mich auf die Welt Heino Jaegers einließ, als desto weiter und tiefer empfand ich sie, es gab nicht nur Schallplatten, sondern auch Zeichnungen, Malerei und Texte, die mir allesamt fast noch interessanter erschienen als die Tonaufnahmen.

Wir alle suchen eine Zeit unseres Lebens nach unserer Herkunft genauso wie nach unserem Zuhause, das häufig ganz woanders liegt als unsere Heimat. Wir suchen nach Traditionen, auf die wir uns berufen können, was deutschen Künstlern aufgrund der jüngeren deutschen Geschichte und ihrem abgrundtiefen Riss eher schwerfällt. Im humorkargen Gefilde der deutschen Kunst bot Heino Jaeger einen Ankerpunkt in einem unbekannten kleinen Hafen, den ich freudig anfuhr. Ich besorgte mir alle seine Tonträger, immerhin veröffentlichte der Schweizer Verlag Kein und Aber gerade alle vergriffenen Platten aus den Siebzigern erneut. Zudem wurden mir unveröffentlichte Aufnahmen zugespielt, denn das Feld der Eingeschworenen um den Meister war größer und konspirativer, als ich zuerst angenommen hatte, immer wieder tauchten von irgendwoher neue alte Aufzeichnungen auf. Wiederholt forderte mich Ulf Krüger auf, dem Meister in seinem Heim einen Besuch abzustatten, wer weiß, wie lange der dort noch leben würde, aber ich traute mich nicht, wie hätte ich diesem Mann denn begegnen können, der dem Vernehmen nach schon halb aus der Welt gerutscht war.

Dann gab es die erste Heino-Jaeger-Ausstellung, an die ich mich gut erinnern kann, eine große Ausstellung in der Hamburger Galerie Zwang mit einem Querschnitt durch das Schaffen des Meisters, Hunderte Arbeiten sollten dort vertreten sein. Am Tag der Ausstellung mischte ich mich verschämt unter die Gäste, ich war erstaunt, wie viele Besucher von diesem Ereignis angezogen waren, ich hatte das Gefühl, als Letzter vom Meister mitbekommen zu haben, und musste anerkennen, dass der kleine Geheimhafen gar nicht so geheim war, wie ich es mir vielleicht erhofft hatte.

Die ausgestellten Bilder waren fantastisch, zahlreiche kleine Bleistiftzeichnungen, detailreich und akribisch, darauf erfundene, völlig abstruse Ackerbau-Werkzeuge, medizinisch fragwürdiges Arzneibesteck, bizarre Waffen, groteske Körperteile, fischhafte Penisse mit Flossen, Militärutensilien, alles in unabgesetztem, aber perfektem Strich gezogen, dann wieder große Blätter mit Straßenszenerien, mit Caféhausmomenten und unglaublich viele Porträts von Versehrten jeglicher Art, von Soldaten, immer wieder Soldaten, Menschen mit grotesken Verwachsungen, Zwitterwesen, halb Mann, halb Hummer, Tiere in Uniformen, alte Damen in Persianern, zwischendurch kühle Landschafts- und Architekturskizzen, natürlich auch größere »Ölbilder« (mit Plakafarbe gemalt). An vielen Werken prangten bereits rote Punkte, die Preise waren nicht gerade niedrig.

Im hinteren Teil des großen Ausstellungssaales entdeckte ich eine Gruppe von Männern, allesamt Eingeweihte aus dem engsten Kreis des Meisters, respektvoll umringt stand dort der beste Freund Heino Jaegers: Joska Pintschovius. Er schien das Zentrum dieser konspirativen Welt zu sein, ein älterer weißhaariger Herr in bestem Zwirn, der weihevoll schwadronierend den Kreis der ehrfürchtig Lauschenden unterhielt. Schüchtern umkreiste ich die Gruppe in gehörigem Abstand, niemals hätte ich gewagt, mich vorzustellen oder das Gespräch zu suchen, viel zu erhaben und ausgesucht erschien mir dieser Zirkel, also verließ ich nach Besichtigung aller Werke die Räume mit einem merkwürdigen Schamgefühl.

Ein paar Tage später rief ich den Galeristen an und fragte ihn, ob noch Jaeger-Kunst übrig geblieben und zum Verkauf vorhanden sei, was dieser bejahte. Unverzüglich kehrte ich in die Hallen zurück und hatte nun das Vergnügen, ganz allein die restlichen Werke begutachten zu dürfen. Die schönste Zeichnung, ein großes Blatt mit einer unterschwellig perversen Strandszenerie, erstand ich für gehobenes Geld. Nun gehörte ich dazu, ich hatte einen echten Jaeger zu Hause, das konnte mir keiner mehr streitig machen.

Ich weiß nicht mehr, wer mir den Kontakt zu Joska Pintschovius vermittelte, aber er kam zustande, etwa ein Jahr nach jener besagten Ausstellung. Pintschovius hatte ein Buch über Jaeger geschrieben (*Heino Jaeger – Man glaubt es nicht – Leben und Werk*, ebenfalls erschienen bei Kein und Aber), das es mir sehr angetan hatte, denn endlich erschloss sich das legendenumwitterte Leben des Meisters etwas genauer für mich. Anekdotenhaft, kurz und sehr pointiert wurden hier in der ersten Hälfte des Buches die entscheidenden Lebenssituationen Jaegers beschrieben, während die andere Hälfte mit Texten, Gedichten, Kurzgeschichten und Zeichnungen des Meisters gefüllt war, einzigartiges Material. Einen Film oder einen Roman sollte man daraus machen, verbreitet gehöre er, der Name des Meisters, endlich aus der Versenkung gehoben, in der er bereits ein ganzes Leben feststeckte, gehöre er. Das hatte sich auch der bedeutende Dokumentarfilmer Gerd Kroske vorgenommen und wollte einen Film über Heino drehen, zu diesem Zweck warb er beim NDR um Unterstützung, die briefliche Antwort darauf war eindeutig und perfekt zum Angstprofil des norddeutschen Haussenders passend:

»… die Dokumentation dürfte für das NDR-Publikum nicht von Interesse sein. Schließlich geht es um einen Mann, der vor knapp 25 Jahren alkoholkrank, psychotisch und verwahrlost bei einem Zimmerbrand in Hamburg ums Leben kam und an den sich heute kaum jemand erinnert und dessen zeichnerisches und kabarettistisches Schaffen längst vergessen ist. Es dürfte schwer sein, mit diesem Protagonisten eine ausreichende Zahl von Zuschauern zu begeistern.«

Dass es eben grade wichtig sein könnte, an einen vergessenen Hamburger Künstler zu erinnern, der einstmals für die Kulturszene vor Ort bedeutsam war, diesen wiederzuentdecken und einem breiten Publikum zugänglich zu machen, darauf kam beim NDR selbstredend niemand.

Pintschovius, der sich als äußerst großzügiger Spender von Informationen zu schlichtweg allem und speziell zum Leben Heino Jaegers herausstellte, bestärkte mich in meinem Anliegen, hatte er es sich doch zu seiner Lebensaufgabe gemacht, an seinen großen unbekannten Freund zu erinnern. Wir trafen uns einige Male in Hamburg, er erzählte und erklärte, zeigte mir Zeichnungen, Bilder, Dias und Filme, die er von und mit Heino Jaeger angefertigt hatte. Das Panoptikum einer versunkenen Welt eröffnete sich mir, die Gruppe um den Meister, die sich die »Altmodler« nannten, im Kern waren das Joska Pintschovius, Alexander Knispel, Johannes Vittek, Harald und Hilka Müller, Iris Schoop und in Saturnringen drum herum kreiselnd die legendäre Hamburger Kunstszene der Sechziger und Siebziger mit Horst Janssen, Peggy Parnass, Hubert Fichte, Leonore Mau und ihrem Sohn Michael, Knut Kiesewetter, Hannes Wader, Helga Feddersen, Peter Rühmkorf, Fritz Raddatz, Domenica, Norbert Grupe, Uschi Obermaier und Dieter Bockhorn, Ali Schindehütte und die Rixdorfer, Wolli »Indienfahrer« Köhler und seine Freundin Linda und viele andere.

Je näher ich jedoch Heino Jaeger kam, desto unbeschreibbarer erschien er mir, ja, er schaffte es, sich auch nach seinem Ableben jeder Beobachtung, Beurteilung oder Vereinnahmung zu entziehen. Diverse literarische Angänge habe ich über die Jahre probiert, immer glitt mir der Meister wie ein wendiger Aal aus den Fingern. Ich dachte wieder an die Fragen, die man stellen sollte, solange die Berichterstatter noch in der Welt sind. Nur die, die eine bestimmte Zeit, einen Ort, Personen oder Ereignisse noch persönlich miterlebt haben, können wirklich davon berichten.

An einem kühlen Herbstabend vor ein paar Jahren besuchte mich ein Bekannter, der mir ein weiteres Bild von Heino Jaeger zum Verkauf anbieten wollte. Es handelte sich um eine großformatige Bleistiftzeichnung, bereits gerahmt und in außerordentlich gutem Zustand, eine Zeichnung mit merkwürdigen, halbpornografischen Motiven. Ich war angetan und fragte meinen Bekannten, wo er diesen Schatz denn gehoben habe, schließlich war ein Großteil des Jaeger'schen Werkes bereits bekannt und an Sammler verkauft. Dieses sei von Wolli Indienfahrer, meinte mein Bekannter, von jenem berühmten Hippiepuffboss, den ich bereits aus diversen Büchern von Hubert Fichte kannte, speziell aus *Interviews aus dem Palais d'Amour*, den Gesprächen, die Hubert Fichte zwischen 1968 und 1982 mit Luden, Huren und Strichern auf Sankt Pauli geführt hatte. Dann aber auch aus dem Film *Der Boxprinz*, einem Dokumentarfilm von Gerd Kroske über den Halbschwergewichtsboxer Norbert Grupe, genannt »Prinz von Homburg«. In diesem Film war der alternde Wolli Indienfahrer zu sehen, wie er – augenscheinlich ziemlich angetrunken – über das Leben des Boxprinzen schwadronierte und es als mittelalterliche Heldensaga interpretierte. Seitdem ich diesen Film gesehen hatte, hegte ich den Wunsch, Wolli Indienfahrer einmal zu begegnen, etwas über seine Lebenswelt zu erfahren, als Freak, Kiezgröße, Pornokinobetreiber, Lebemann und Weltreisender, als Freund von Hubert Fichte und Norbert Grupe und vor allem von Heino Jaeger.

»Hast du Kontakt zu Wolli?«, wollte ich von meinem Bekannten wissen.

»Ja, ich besuche ihn ab und zu. Er lebt mit seiner Frau Linda ziemlich weit im Westen Hamburgs.«

Das klang mondän, ich imaginierte eine geräumige Villa an der Elbe in der, so wie in dem berühmten Klaus-Lemke-Film *Paul*, die wildesten Orgien stattfinden.

»Hat er da n Haus oder nen Landsitz? Wie lebt er? Ist er noch im Milieu?«

»Ach was, er ist fast achtzig, er lebt mit seiner Frau in ner winzigen Sozialwohnung und ist völlig abgebrannt, was glaubst du, warum ich die Bilder verkaufen soll?«

»Wie kann das sein? Wo er angeblich einer der großen Kiezbosse war.«

»Da geht doch keiner reich raus. Da gehst du entweder arm raus oder du wirst waagerecht rausgetragen. Groß bist du da nur n paar Jahre, bis die nächsten nachkommen, die jünger sind, stärker und vor allem skrupelloser.«

»Und warum verkauft er jetzt seine Heino-Jaeger-Bilder?«

»Weil er Geld braucht, für Dope. Er is immer noch ein engagierter Kiffer, aber er kann es sich eigentlich nicht mehr leisten.«

»Hat er noch mehr Kunst von Jaeger?«

»Ich glaube ja. Er war Sammler. Hat tolle Bilder gehabt, von allen möglichen Künstlern. Ich weiß nicht, was er schon verkauft hat, aber so langsam geht alles weg, auch seine Briefwechsel mit Fichte und Co. Er braucht die Kohle, das Pfeiflein muss glimmen.«

»Kannst du mich mit ihm zusammenbringen? Ich würde ihn gerne kennenlernen.«

»Ich muss ihn fragen, er hat kaum noch Kontakt zur Außenwelt, er lässt niemanden mehr in sein Leben hinein. Und er verlässt selbst die Wohnung nicht mehr.«

»Warum nicht?«

»Weiß nicht. Er hat mit der Welt abgeschlossen, glaube ich. Is mit allem fertig. Aber er ist dennoch ein wirklich außergewöhnlicher Mensch, ich kann dir nur wünschen, dass er einem Treffen zustimmt, solche Typen wie ihn gibt es heute nicht mehr. Ich werde ihn darauf ansprechen, und wenn er zusagt, bringe ich dich hin.«

Ich kaufte meinem Freund die Jaeger-Zeichnung ab und hängte sie an die Wand bei meinem Arbeitsplatz neben die andere, die ich bereits besaß, um mich von ihnen inspirieren zu lassen.

Die Jaegerschen Figuren zogen mich immer wieder in ihren Bann, sie erschienen mir wie Eruptionen ihres Erschaffers, einige von ihnen standen vielleicht für Ängste, bei anderen wiederum meinte ich, seine komprimierte Abscheu vor allem Menschlichen spüren zu können. Auf der einen Zeichnung erblickt man eine Strandszenerie, die Figuren sind nackt, grob gezeichnet, die Gesichter erscheinen eher unwichtig, detaillos, die Körper dagegen und speziell die Geschlechtsteile wirken holzig und unterschwellig dominant. Die Personen im Hintergrund gehen vermeintlich unschuldigen Strandaktivitäten nach, sonnen sich, spielen mit einem Nivea-Ball. Im Vordergrund steht eine merkwürdige Maskenlederfrau, halbnackt, die in der einen Hand eine kleine Pfeife hält und deren andere Hand sechs Finger hat. Das Bild ist mit nahezu kindlichem Strich gezeichnet, zeugt aber in seiner Gesamtkomposition von der klaren Übersicht und Vision seines Erschaffers.

Das andere Bild, laut Unterschrift zwei Jahre früher angefertigt, ist etwas feiner ausgeführt: In einer Art Fernsehstudio trifft sich eine Gruppe von Menschen, die wie im anderen Bild scheinbar beziehungslos und halbnackt herumstehen oder sinnlosen Handlungen nachzugehen scheinen. Auch hier im Fokus: die Geschlechtsteile und Objekte, die wie sexuelle Werkzeuge wirken, daneben ein Mann mit einer Fernsehkamera, der das ganze Ereignis mit heruntergelassener Hose aufzeichnet. Rätselhaft, pervers, trocken und lakonisch.

Einblicke in einen bizarren Gedankenkosmos. Bilder aus einer Zeit, in der es ihrem Zeichner bereits ziemlich schlecht ging, wie man unschwer an dem grober werdenden Strich erkennen konnte. Aber dazu später mehr.

Einige Wochen nach dem Kauf der Bilder rief mich mein Bekannter erneut an.

»Du, ich habe mit Wolli telefoniert, er ist bereit dich zu treffen, vorausgesetzt, du kommst zu ihm, denn er geht nirgendwo mehr hin.«

»Danke dir. Soll ich ihm was mitbringen? Seiner Frau? Ne Flasche Wein?«

»Bloß kein Alkohol! Dann dreht der durch. Wenn der erst mal n Glas getrunken hat, ist er nicht mehr zu halten. Wird immer lauter, schreit einen an, redet wirr, ruft irgendwelche Leute an, das is für seine Frau Linda echt zu anstrengend.«

Ein paar Tage später fuhr ich mit dem Auto nach Rissen. Raus aus der Innenstadt, durch Altona hindurch, ich kreuzte die Autobahn, die das Ende der eigentlichen Stadt markiert und hinter der die Schlafstädte beginnen. Ich fuhr durch die Villenviertel im Westen Hamburgs, unendliche Aneinanderreihungen von Prunk und Besitzstand. Während der Weiterfahrt sanken die Firsthöhen irgendwann langsam wieder, die Grundstücke und Paläste schmolzen dahin, wurden zu mittelgroßen Stadthäusern, und schließlich kam ich in einer vorstädtisch bebauten Gegend an, kleine Einfamilienhäuser mit winzigen Vorgärten zwängten sich in engen Seitenstraßen aneinander.

Vor einem mittelgroßen Wohnblock hielt ich schließlich an. Das Haus machte einen spießigen Eindruck, Achtzigerjahre Sozialwohnungsbau, Rotklinker, alles sehr ordentlich und piefig, ein unpersönlich glattes Treppenhaus, das nach Putzmitteln roch und an dessen letzter Tür im dritten Stock ich klingelte. Ich war aufgeregt, ich hatte das Gefühl, in wenigen Sekunden einer Gestalt der Geschichte gegenüberzustehen. Es dauerte eine Zeit, bis die Tür geöffnet wurde, vor mir stand eine etwa sechzigjährige blonde Frau, zierlich, mit einem hübschen, offenen Gesicht und einer brennenden Zigarette in der Hand.

»Hallo, ich bin Linda. Komm doch rein«, begrüßte sie mich.

Im Wohnzimmer der kleinen Wohnung, die vollgestopft war mit Büchern in Regalen und Bildern an den Wänden (ich identifizierte sofort einige original Jaeger!), in der es stark nach Tabak und nach Räucherstäbchen duftete, saß auf einem Sofa im kleinen Wohnzimmer: Wolli Indienfahrer.

Ich konnte es kaum glauben, ihm nun gegenüberzustehen, solange war es her, dass ich das erste Mal von ihm gelesen hatte, so viele Jahren schon tauchte er in meinen Gedanken auf. Beim flüchtigen Anblick wirkte er auf mich wie ein kleiner alter Herr, schmächtig, etwas zusammengesunken auf dem Sofa sitzend und ebenfalls rauchend.

Sobald er meiner aber gewahr wurde, sprang er auf und eilte auf mich zu, er reichte mir seine große warme, tätowierte Hand, und ich blickte in seine sonderbaren Augen, graue, gleißende, kleine Stromquellen, von denen unentwegt ein Energiestrahl auszugehen schien. Seine silbernen, halblangen Haare hatte er zurückgekämmt, mit einer leichten Tolle in der Stirn, er trug das, was einige einen Fu-Manchu-Bart nennen, also einen Schnurrbart, der von den Mundwinkeln bis zum Kinn hinunterwuchs, eine Bartform, die normalerweise auf eine härtere Gangart ihres Trägers schließen lässt. Er musterte mich interessiert, mit leicht zur Seite gelegtem Kopf und bat mich, auf dem Sofa neben ihm Platz zu nehmen, Linda setzte sich auf einen Sessel und goss uns Tee in bereitstehende Tassen, einen sehr starken schwarzen indischen Tee, wie ich nach einem ersten Schluck feststellen sollte.

Wolli berichtete mir über sein Leben, über seine Freundschaft zu Heino Jaeger, Hubert Fichte und Norbert Grupe, ein äußerst detailreiches Portfolio einer fernen Zeit eröffnete sich mir, die fehlenden Bindeglieder zu Pintschovius' Erzählung aus dem Leben Jaegers, dessen urbane und rauschhafte Seite bekam Konturen, Farbe und Tiefe. Ich ließ ein Tonband mitlaufen und besuchte nach diesem Treffen Wolli und Linda immer wieder in ihrem Sarkophag.

Irgendwann wurde mir klar, dass ich jetzt bereits viel wusste über das Leben Heino Jaegers, aber noch mehr über jenes Wolli Indienfahrers, und somit begann ich, zuerst einmal dessen Lebensgeschichte aufzuschreiben, das Buch werden einige von Ihnen kennen: *Große Freiheit.* Entschuldigen Sie diese kurze Exkursion, ich erzähle davon nur, damit Sie die ganze Geschichte verstehen, nun zurück zu Jaeger:

Im August 2011 lud Joska Pintschovius zu einer großen Heino-Jaeger-Ausstellung auf das Schloss Wiligrad am Schweriner See. Viele Wegbegleiter, Freunde, Verehrer und Fans waren an diesen magischen Ort angereist. Olli Dittrich hielt eine fantastische Eröffnungsrede, Jacques Palminger und ich verfolgten staunend, wie perfekt Olli sein persönliches Vorbild Heino Jaeger, den großen Imitator, imitieren konnte.

Später am Abend, nachdem die Ausstellungsbesucher längst abgewandert waren, saßen wir in kokeliger Atmosphäre bei alkoholischen Getränken gemeinsam mit einigen noch lebenden Freunden Heinos um den Kamin des Schlosses Wiligrad. Die alten Recken, vornehmlich Joska Pintschovius und sein Cousin Jürgen von Toměi erzählten lang und ausschweifend von der vergangenen Welt ihrer Jugend, nur unterbrochen von kurzen Zwischenfragen, Toilettengängen oder dem Nachordern weiterer Spiritualien. Sie erzählten vom Aufstieg und Fall ihres begabtesten Freundes, und erst jetzt, nach all den Jahren, erhob sich im warmen Strom der liebenden Erinnerung die ganze Figur des Meisters aus den Schattenfugen, in die er sich verkrochen hatte.

VERDUN

Der Hochsommer des Jahres 1967 lähmte mit irrwitzig heißen, gleißenden Tagen ganz Europa, und die Arbeit der Archäologen und Volkskundler im Helms-Museum in Harburg kam nahezu zum Erliegen. In den Sälen, Gängen und Arbeitszimmern stand die vulkanische Luft wie eine unsichtbare Substanz, jede Bewegung war eine Tortur. Besucher verirrten sich eher in das Museum, um sich abzukühlen, als um sich mit der geologischen Vergangenheit Norddeutschlands zu beschäftigen.

Pintschovius stand im Unterhemd vor dem Spiegel der kleinen Angestelltentoilette, betrachtete sein schweißüberströmtes Gesicht und wusch sich sorgfältig. Dann zog er sein Oberhemd wieder an und beschloss, seinen Freund Heino Jaeger in dessen Kellerräumen aufzusuchen und ihn spontan zu einer Reise zu überreden: raus aus dem Museumsmief, rein in die heiße Freiheit des Sommers. Im Bauch des Vulkans war die Luft etwas milder, und der Schweiß kühlte Pintschovius angenehm.

Jaeger saß wie an jedem Wochentag in seiner kleinen Kammer am Ende des Ganges, gleich neben dem großen Scherbensaal, den er die »Gruft« nannte, ein Kellergewölbe, in dem der »Herr des Staubes«, Professor Görde, das Sagen hatte, ein älterer Wissenschaftler, der schon zu Zeiten des Dritten Reiches als Scherbensammler gedient hatte.

Als Pintschovius den Raum betrat, schien Jaeger völlig erstarrt, er saß mit dem Rücken zur Tür und fixierte etwas vor sich auf dem Tisch. Pintschovius trat heran. Jaeger zeichnete, mit einer Feder bildete er eine kleine, bräunlich graue, unscheinbare Scherbe auf einem Stück Papier ab, mit angehaltenem Atem und traumwandlerischer Sicherheit umfuhr er die Konturen des Bruchstückes und hatte sie mit wenigen Bewegungen vollendet. Unter der Zeichnung vermerkte er ein paar Daten.

»Fertig, nächste.«

Er nahm eine weitere Scherbe von einem Stapel.

»Mein Gott, was für ein Leben«, flüsterte Pintschovius.

»Das kann ich Ihnen sagen, werter Freund …« Jaeger drehte sich auf seinem Bürostuhl zu Pintschovius und blickte ihn mit einem entwaffnenden Lächeln an. Grau sah er aus, müde, ein wenig wie ein Grottenolm, der nie das Licht des Tages erblickt hatte, aber anscheinend guter Stimmung. »So ist das nun mal, mein Freund, wir geben alles für die Wissenschaft, auch wenn es niemanden auf der Welt interessiert.«

»Wie wäre es, wenn wir die Wissenschaft ruhen lassen würden und uns auf eine Reise in den Sommer begäben, mit meinem Käfer, einfach los, ein paar Freunde besuchen, in Belgien, in der Schweiz?«

»Fantastisch, Pintschovius, eine wundervolle Idee, nur habe ich noch ein paar private Dinge zu erledigen. Wie wäre es, wenn Sie schon losfahren würden, und ich komme in etwa einer Woche hinterher, wir machen einfach einen festen Treffpunkt aus, irgendwo in der Welt.«

»Gut, treffen wir uns in einer Woche in Straßburg. Ich werde jeden Mittag um zwölf Uhr vor dem Münster auf Sie warten.«

Pintschovius reichte seinen Spontanurlaub ein, packte einige wenige Dinge in den verbeulten Käfer und ließ sich durch das Land und über die Grenze treiben, besuchte alte Freunde, die er schon lange nicht mehr gesehen hatte, bis er schließlich in Straßburg landete, wo er sich in einer einfachen Pension am Stadtrand einmietete. Er besichtigte die Sehenswürdigkeiten, betrachtete genussvoll die wunderbar erhaltene Bausubstanz der Altstadt und schrieb Karten an den daheimgebliebenen Freundeskreis, auf denen er schwärmerisch von seinen Entdeckungen berichtete (… fast nichts zerstört – meiste Architektur noch im Originalzustand erhalten, Bahnhöfe, Fabriken, bis jetzt in dieser Form ungesehen – man glaubt es nicht!).

Zur Mittagsstunde saß er in dem kleinen Restaurant *Muensterstuewel* dem Hauptportal des Münsters gegenüber und wartete geduldig auf seinen zukünftigen Mitreisenden. Er ließ seinen Blick immer wieder über das berühmte, gewaltige Portal der gotischen Kirche gleiten, deren rechter Hauptturm unvollendet geblieben war. Eine der vielen verkrüppelten Kirchen. Den Katholiken war am Ende des Mittelalters das Geld ausgegangen. Erst das Geld und dann der Glaube.

Jaeger ließ sich nicht blicken, war auch telefonisch nicht in der Heimat zu erreichen. Nach einigen Tagen, Pintschovius hatte bereits genervt beschlossen abzureisen, speiste er ein letztes Mal im *Muensterstuewel*, dessen Hauptgerichte er mittlerweile alle auswendig kannte: Flammkuchen, Schweinebäckchen, Cordon bleu, Bauernwürste, Piece de Boucher. Fleischerne Souvenirs, allesamt labbrig in der Konsistenz und von jenem leicht faden Kantinengeschmack durchdrungen, der alle Durchlaufküchen auszeichnet, also ganz nach Pintschovius' Geschmack. Währenddessen beobachtete er gleichmütig den endlosen Strom der Touristen, der an ihm vorüberzog, und ihm fiel eine merkwürdige Erscheinung auf: Unter all den adrett herausgeputzten normalen Passanten, die sich, ausgestattet mit Fotoapparaten und Reiseführern, um den pittoresken kleinen motorisierten Touristenzug drängten, taperte dort ein Mann in einem ausgeleierten, blau gestreiften Schlafanzug umher, nach dem sich die Menschen irritiert umsahen. Bei näherem Hinschauen erkannte Pintschovius Heino Jaeger auf der Suche nach Pintschovius.

Das Wiedersehen wurde freudvoll und lautstark bekundet, während der Strom der Reisenden in respektvollem Halbkreis an ihnen vorüberzog, die Blicke argwöhnisch auf den vermeintlich Heimflüchtigen gerichtet. Dieser nahm Platz am Tisch seines Freundes, bestellte eine kleine Mahlzeit und einen Apfelsaft und zog ein altes, abgegriffenes Buch aus der Tasche seines Schlafanzuges.

»Pintschovius, entschuldigen Sie meine späte Ankunft, ich hatte nicht genug Geld für die Bahn und musste mich anderweitig durchkämpfen. Schauen Sie, ich habe den perfekten Reiseführer für uns dabei, einen Baedeker von 1889!«

Pintschovius nahm das Buch in die Hände, es war tatsächlich ein Reiseführer des 19. Jahrhunderts, bereits ziemlich vergilbt und stockig, vor allem aber: Alle Grenzlinien und Angaben waren noch unbeleckt von den Auswirkungen der beiden bevorstehenden Weltkriege. Jaeger blickte Pintschovius begeistert an.

»Das ist eine Zeitmaschine. Verstehen Sie, Pintschovius? Wir reisen auf den Pfaden der Vergangenheit. So, als ob seit über siebzig Jahren nichts passiert wäre, abgesehen davon, dass die ganze Welt natürlich ausgetauscht wurde. Außerdem habe ich dabei: Stadtpläne und Ortsbeschreibungen aus

Meyers Reiseenzyklopädie von 1896. Ich habe auch einen Wehrmachtssprachführer dabei, ich kann ja kein Französisch. Übrigens, Sie ahnen es vielleicht: Unser erstes Ziel ist natürlich Verdun.«

Pintschovius war angenehm konsterniert von den Reisevisionen seines Freundes.

Die Fahrt mit dem alten Käfer ging durch die französische Provinz, die Seitenscheiben heruntergekurbelt, an die schepprigen Boxen im Heck war ein Tonband angeschlossen, aus dem laut rauschend Straußenwalzer leierten, die Stimmung der beiden Reisenden war gehoben. Sie vermieden die großen Straßen, fuhren über Dörfer, durch kleine Städte, immer mit dem Blick auf die Bauwerke der Vergangenheit, die zum Teil von den Verwüstungen der Deutschen im letzten Weltkrieg verschont geblieben waren. Fabrikgebäude, Werkstätten, Bahnhöfe wie kleine Kathedralen der Arbeit, Villen und selbst Arbeiterhäuser verziert mit nüchterner Schmuckornamentik und Brücken, Gitter, Zäune und Eisenarchitektur als filigrane Kunstwerke des Alltags. Ab und zu wurde gehalten zum Fotografieren oder Zeichnen. Jaeger schaffte es in Minutenschnelle, die Szenerien zu erfassen, er lehnte mit seinem Zeichenblock am Kühler des Wagens und sog die Kulisse in sich auf. Dann floss sein Strich über das Papier, er setzte so gut wie nie ab, alles schien in ihm klar angelegt, er brauchte den Stift nur noch gleiten zu lassen: ein leerer Bahnhof, eine halb verfallene Werkhalle, ein Vogel in einem abgebrannten Dachstuhl, kühl, trist, lakonisch und alles im von ihm so geliebten Blei. Pintschovius stand daneben und bewunderte das Talent seines Freundes.

Ab und zu verfuhren die Reisenden sich, da sie den aktuellen Weg auf den alten Plänen nicht mehr finden konnten, es hatte sich eben doch einiges verändert in den letzten siebzig Jahren. Hinter Metz, in einem kleinen Ort namens Saulny, hielt Jaeger den Moment für angemessen, um den Wehrmachtssprachführer zum Einsatz zu bringen. Am Marktplatz verließ er den Volkswagen und ging auf einen älteren Herrn vor einer kleinen Landschlachterei zu. Pintschovius beobachtete, wie Jaeger freundlich auf den Senioren einsprach, sein Büchlein öffnete und ihm etwas vorlas. Der Mann lauschte zuerst interessiert, stockte plötzlich, trat einige Schritte zurück, sein Blick sprang irrlichternd zwischen dem Buch und Jaeger hin und her, er sprach laut auf Jaeger ein, hob schließlich drohend seinen Spazierstock. Dann verschwand er äußerst erregt in der Schlachterei. Jaeger kam schulterzuckend zurück zum Auto.

»Komischer Typ. Hat immer gerufen ›Putään Allemoond‹ oder so was.«

Pintschovius, der des Französischen ein wenig mächtig war, schnappte sich den Sprachführer. »Welchen Satz haben Sie denn vorgelesen?«

»Diesen hier: Bonne journée, dites-moi le chemin –«

»Guten Tag – sag mir den Weg nach …«

»… Verdun … habe ich dann eingesetzt. Danach kam diese Stelle: ou vous serez tiré –«

»Oder du wirst erschossen – heißt das!«

Pintschovius schnappte sich den Sprachführer von Jaeger und las laut den Titel vor: *Französisch für den Landwehrmann.*

In diesem Moment öffnete sich die Tür der kleinen Schlachterei, und der Alte kam mit dem Stock fuchtelnd aus dem Geschäft, hinter ihm ein hagerer Schlachter mit strunkigen Haaren und tief liegenden Augen im zerfurchten Gesicht, in Gummistiefeln und mit blutbefleckter Schürze, die Ärmel hochgekrempelt, in der rechten Hand ein massives Schlachterbeil. Der erste Alte humpelte sofort auf das Auto zu, immer wieder ausrufend: »Putain allemands, comme ils sont, les porcs«, und winkte den Schlachter hinter sich her. Pintschovius versuchte nervös, den Wagen zu starten, aber dieser versagte filmreif seinen Dienst. Jaeger kurbelte das Seitenfenster hoch, als wenn ihn das vor der vernichtenden Kraft des Schlachterbeiles hätte retten können, der Alte erreichte den Wagen und begann, mit seinem Stock auf das Autodach einzuprügeln, während der Schlachter sich breitbeinig vor dem Wagen positionierte, das Beil mit der flachen Seite auf seine Hand klatschend. »Ils veulent nous tirer!« Der Alte schrie mit verzerrtem Gesicht.

Pintschovius war kreidebleich, hektisch fummelte er am Anlasser herum. Passanten blieben stehen, näherten sich langsam, glotzten, der Alte redete auf sie ein, immer wieder auf das Auto zeigend und ausrufend: »Les assassins allemands!«

»Dass wir Mörder sind, sagt er, deutsche Mörder!«

»Wir sind doch keine Mörder! So eine Frechheit, uns das zu unterstellen! Wie kommen die denn darauf?« Jaeger schüttelte den Kopf.

Stotternd startete der Käfer, und Pintschovius gab im Rückwärtsgang Vollgas, sie knatterten über den halben Marktplatz, überfuhren drei Blumenkübel unter dem Geschrei einer Marktfrau und verließen den Ort in entgegengesetzter Richtung, während die Alten Fäuste schüttelnd und schreiend hinter ihnen herliefen. Pintschovius, sichtlich geschockt und schweißüberströmt, steuerte den Wagen im Höchsttempo über die Landstraße, aus Jaeger aber brach ein hysterisches Lachen hervor.

»Sind Sie denn vollkommen wahnsinnig? Das hätte uns das Leben kosten können! Als Deutscher einem Franzosen – ausgerechnet in Lothringen – anzudrohen, ihn erschießen zu wollen, wenn er einem nicht den Weg – ausgerechnet nach Verdun – sagt, ja sind Sie denn vollkommen irre, Jaeger?«

Man fuhr weiter Richtung der Schlachtfelder von Verdun und erreichte diese schließlich über eine Nebenstrecke, die sich durch dichten Wald hindurchschlängelte. Die Bäume traten zur Seite und ließen den Blick auf eine merkwürdige Kulisse frei, ein pittoreskes Zwergenland der Zerstörung: Vor ihnen öffnete sich eine Ebene, in der es keine Gerade, keine Ruhe gab, die gesamte Oberfläche bis zum Horizont schien zerworfen von Hügeln, Senken, Löchern, Porben, Narben, Schmissen, Wällen, Kratern und Ruinen, gleichsam die Erinnerungen der Landschaft an weit zurückliegende eruptive Ereignisse, abgedeckt von einem dünnen Leichentuch aus grünem Grasflaum. Es lag etwas Süßliches in diesem Bild, etwas Kindliches und gleichzeitig unglaublich Grobes.

Pintschovius hatte den Wagen am Straßenrand geparkt, und die beiden Reisenden starrten über die in völliger Ruhe liegende Fläche. Kein Tier war zu sehen oder zu hören, alles nicht pflanzliche Leben schien in ewiger Erinnerung an jene finsteren Monate zwischen Februar und Dezember 1916 erstarrt, in denen hier eine Drittelmillion Franzosen und Deutsche ihr Leben gelassen hatten. Über allem thronte am Horizont zum ewigen Gedenken knochenbleich und spitz wie ein vorsintflutliches Raumschiff der Turm der Gebeine mit dem Beinhaus von Douaumont, in dem die Knochen von hundertdreißigtausend unidentifizierten französischen und deutschen Soldaten lagen. Davon zumindest berichtete Jaeger.

Am Rande von Verdun entdeckte Jaeger ein altes Hotel, das in einem kasernenähnlichen Gebäude untergebracht war. Die Bedienung wies den beiden Reisenden ein Zimmer im ersten Stock zu. Aus dem Toilettenzugang im Treppenhaus erklang ein freudiges »Bonjour«. Als Jaeger und Pintschovius in den engen Toilettenschacht spähten, sahen sie an dessen Ende im Zwielicht auf der Schüssel einen alten Mann sitzen, augenscheinlich ein Offizier a. D. in vollem Ornat, der dort gerade sein Geschäft verrichtete. Kaum hatte er sie als Deutsche identifiziert, nahm er sitzend soldatische Haltung an und ließ die Hacken ungelenk zusammenklacken, während er zwei Finger an die Stirn legte. In stetem Redefluss palaverte der Alte auf seine beiden unfreiwilligen Besucher ein, Pintschovius konnte dem Erzählten entnehmen, dass sie es mit einem ehemaligen Kriegsgefangenen der Deutschen zu tun hatten, der gleichzeitig ein großer Bewunderer des Kronprinzen Wilhelm war, ja ihm sogar einmal, anno 1917, begegnet sein musste. Der Alte zog an der Toilettenkordel, sprang auf, zog sich – ohne sich den Hintern abzuwischen – die Hose hoch und spielte nun die ganze Begebenheit nach. Am Ende der kleinen Vorstellung verbeugte er sich steif nach beiden Seiten, salutierte – Jaeger tat es ihm begeistert gleich –, und der Alte entfernte sich humpelnd.

Das Zimmer war äußerst spartanisch gehalten. Zwei französische Krankenhausbetten mit Rollen an den Füßen bildeten die Schlafstätten, ansonsten gab es nur eine einzige Deckenlampe mit einem Schirm in Röckchenform, an der Wand einen Zementblock mit Loch in der Mitte, der als Waschbecken dienen sollte, tatsächlich sogar mit dazugehörigem Hahn. Dieser Zementblock hing so niedrig und verströmte einen derart beißenden Geruch, dass die Vermutung nahelag, dass er auch als Bidet und Toilette herhalten musste.

Im Stadtinneren entdeckten die Reisenden wenig später eine große Ansammlung französischer Veteranen in dunklen Anzügen, ordensgeschmückt, viele weiße Häupter mit Baskenmützen bedeckt. Die Männer positionierten sich in militärischen Formationen um ein Denkmal mit steilen Treppen, Fahnen wurden entrollt und Kränze an Bajonette gesteckt. Auch viele Kriegsversehrte und Sieche hatten sich eingefunden, Bein- und Armamputierte, Männer mit grotesk entstellten Gesichtern, andere, die mit Blessiertenkarren herumfuhren auf der Suche nach einem Platz mit guter Sicht auf das Zentrum der Ereignisse. Der lange und schrille Trillerpfiff eines Sergeants brachte schließlich militärische Zucht in die Reihen, man sortierte sich, die Gespräche wurden ruhiger, Kleidung wurde stramm gezogen, Orden und Knöpfe gerieben, Bärte gezwirbelt. Ein motorradeskortierter Wagen fuhr vor, und das Empfangskomitee öffnete den Wagenschlag, dem ein betont würdiger älterer General mit grauem Walrossbart und Paradeuniform entstieg. Nach einigen salutierenden Begrüßungen ging dieser nun gemessenen Schrittes, begleitet von einigen Kranzträgern, am Spalier der Veteranen entlang zum Denkmal.

Man hätte erwarten können, dass nach all der Vorbereitung, nach all dem Aufpolieren und Zurechtmachen eine detailreiche Heldenrede des Generals die Situation auf adäquate Weise zum Höhepunkt trieb. Aber nach einigen quäkenden Trompetenstößen und wenigen unverständlichen, durch eine blechern klingende Verstärkeranlage herausgebellten Sätzen marschierte er schnurstracks zurück zu seiner Limousine, bestieg sie wortlos, mutmaßlich erleichtert, den jährlichen Torso der Tristesse hinter sich gebracht zu haben. Noch sekundenlang verharrten die ehemaligen Recken in stillem und gespanntem Gedenken, dann – ermattet und schweigend – zerstreute sich der Haufen nach allen Seiten.

Der nächste Tag galt der Geländeerkundung, dem Eindringen in die Schlachtfelder, der »zone de bataille«, an deren Eingang Schilder mit Totenköpfen warnten, wahrscheinlich vor noch verbliebenem und nicht entdecktem Kriegsgerät. Die Euphorie der beiden Reisenden war kaum zu zähmen, sie entfernten sich sofort von ihrer kleinen Reisegruppe, bei der erstbesten Möglichkeit schlugen sie sich in vermooste Seitengänge und wateten durch maximal unwegsames Gelände, durch halb zusammengefallene Gräben und Sappen, über verfaulte Holzbohlen und durch wirres Metallgestänge, das aus dem Boden ragte. Sie krochen durch alte Wehrküchen und kamen schließlich zu einem zugemauerten Raum, an dem ein Schild auf Deutsch, Englisch und Französisch verkündete, dass hier die Gebeine Tausend deutscher Soldaten ihre letzte Ruhe gefunden hätten. Als den beiden Entdeckern schon längst Ziel und Orientierung abhandengekommen und sie seit geraumer Zeit planlos durch die Versenkungen gestolpert waren, trafen sie auf einen alten Franzosen, der sich ihrer annahm und sich ehrlich über das Interesse der jungen Männer freute. Er führte sie den ganzen restlichen Nachmittag durch das Gelände. An einer Gedenkkapelle am Ausgang erfuhren sie auch den Grund des Aufmarsches der Veteranen. Am Vortag und ebenjenem Tage waren die Jahrestage einer großen Schlacht gewesen, auf einem Schild stand dort zu lesen:

Heeresgruppe Deutscher Kronprinz.
Großes Hauptquartier, 9. September 1917

Vor Verdun ist auf dem Ostufer der Maas erbittert gekämpft worden. Die ersten Wellen der zwischen Fosses-Wald und Bezonvaux angreifenden Franzosen brachen im Feuer unserer Grabenbesatzung zusammen. Den hinteren Staffeln des Feindes gelang es bei neuem Ansturm vom Nebel begünstigt im Chaume-Wald

und auf Orna zu Boden zu gewinnen. Hier traf sie der kräftige
Gegenstoß unserer Reserven und warf sie südwärts zurück. Abends
vervollständigte ein neuer Stoß Kampftruppen den Erfolg: In
hartem Ringen konnte der Feind im Allgemeinen bis in seine Aus-
gangsstellungen zurückgetrieben werden; kleiner Geländegewinn
blieb ihm im Südteil des Chaume-Waldes und auf dem östlich
davon streichenden Rücken. Von drei französischen Divisionen,
die blutige Verluste – nach Gefangenenaussagen fünfzig Prozent –
erlitten, sind mehr als dreihundert Gefangene in unserer Hand
geblieben.

Die beiden Reisenden ergötzten sich am gewunden steifen
Sprachstil des deutschen Militärs und lasen sich die In-
schrift immer wieder gegenseitig vor. Jaeger, der mit eidetischen Fähigkeiten gesegnet war und sich Orte, Situationen,
Personen oder auch Sprachstile sofort und für alle Zeit ein-
verleiben konnte, verinnerlichte diesen deutschen Kriegs-
depeschenstil und behielt ihn für die ganze Reise als jederzeit abrufbare groteske Kürzelform bei, um Sachverhalte
maximal komprimiert und lakonisch wiedergeben zu können.

»Werter Sappenkamerad, schlage kurzes Ausruhen und
dann Inspektion der Wehrküche nahe Hauptoffizierskasino
zwecks Lagebesprechung zur Einbringung von Nahrung in
die Truppen vor.«

Jaegers Fähigkeit, Sprachen von ihrem Klangbild her zu
erfassen und zu adaptieren, ohne sie zu verstehen, führte so
weit, dass er schließlich mit Franzosen auf Französisch sprach
und diese sich wunderten, warum sie ihn nicht verstanden,
obwohl er doch augenscheinlich ihre Sprache beherrschte.
Einige vermuteten in ihm einen Landsmann aus einem weit
entfernten Landesteil, vielleicht auch aus einer ehemaligen

Kolonie, deren Dialekte noch nicht bis ins Vaterland zurück-gedrungen waren.

Diese Technik wendete Jaeger später auch auf vielen wei-teren Reisen an, häufig zur Verzweiflung Pintschovius', der als Übungskandidat und Dialektwatschenmann für die Jae-ger'schen Sprachübungen herhalten musste.

PARIS

Das nächste Reiseziel hieß Paris, vor allem »Les Halles«, der damals noch existierende »Bauch von Paris« – wie ihn viele Pariser nannten, die alten Markthallen, die Napoleon III. nach Londoner Vorbild Mitte des 19. Jahrhunderts hatte errichten lassen. Vom Hotel *Pelican* aus, einem kleinen Hotel in einem fast schon mittelalterlich anmutenden Haus in der Rue de Pelican, aus nahmen die Erkundungsgänge durch die alten und teils heruntergekommenen Teile der Innenstadt ihren Anfang.

Das ausladende Bett in dem winzigen Zimmer der beiden Reisenden war durch seine sonstige Verwendung in der Mitte derart ausgebeult, dass an Ruhe und Entspannung nach der Ankunft nicht zu denken war, da sich ein ungewolltes Zusammenrollen in der Mitte nicht verhindern ließ. Aus den aufbrandenden Geräuschen der Zimmernachbarn konnte man schließen, dass das *Pelican* ein Stundenhotel war. Um der permanenten Penetration zu entgehen, zogen die beiden Reisenden also bereits am späten Nachmittag in das quirlige Treiben des Quartiers. Die Rue de Pelican war eine kurze Gasse, die für die Markthändler der Hallen als Ablageplatz für ihren Verpackungsmüll herhalten musste. In den Kartons und Kisten hatten es sich Ratten und Clochards gleichermaßen gemütlich gemacht, die merkwürdigen kleinen Wohngebilde der Penner aus Pappe in den Hofeingängen erinnerten an verkommene, stinkende Puppenstuben. Je weiter Jaeger, der schon einige Male in der französischen

Hauptstadt gewesen war, seinen Freund in Richtung der Hallen führte, desto mehr öffnete sich das alte Paris, so wie man es aus Büchern und alten Filmen zu kennen glaubte, sie sahen Prostituierte in schwarz glänzenden Gummimänteln, die Kaffee trinkend vor Bistros auf Kundschaft warteten, grobschlächtige Fleischträger, die, ihre Schweinehälfte neben sich stehend, Pastis tranken, Flics, Taschendiebe, schreiende Markthändler und wiederum die Bewohner der pappernen Puppenstuben, die Mülleimer, Kisten und Blechtonnen nach Essbarem durchforsteten.

Jaeger kannte sich bestens aus, und je weiter man eindrang in diese historische Welt, desto spannender erschienen Pintschovius die Entdeckungen, vor allem die der Baukunst der Belle Époque. Alles schien in einem unendlich langsamen, fast schon zarten Verfall begriffen und ließ so Geschichte und gelebtes Leben erkennen. Fantastische Gebäude gab es dort zu entdecken, groß, alt und an den Fassaden ausgeschmückt mit allerlei steinernen Verzierungen waren sie alle mit Patina aus Dreck, Staub und Ausdünstungen der Jahrhunderte überzogen, es blätterte der Putz, Steine brachen aus den Mauern, Dachziegel lagen geborsten auf den Dächern, und die Fenster und Türen hingen schief in den Angeln. Das alternde Gesicht einer Stadt, mit all den bizarren Erfahrungen der Jahrhunderte, gewinnt wie ein Menschengesicht durch jede Falte an Tiefe und Schönheit. Wenn die Fenster die Augen eines Hauses sind, so war es nur schwer vorstellbar, was diese Augen seit der Zeit Ludwig XIV. alles gesehen haben mochten.

Nach einigen Stunden des Stromerns gelangten die Reisenden zum Naturhistorischen Museum, das Jaeger in höchsten Tönen anpries. Das fast menschenleere Gebäude offenbarte sich als gigantischer Ort verschiedenster Sammlungen aus allen Zeiten. Schrank um Schrank barg Knochenteile, Fell und Stoffstückchen, Vasen, Teller und Tassenscherben, Metallsplitter, tierische Überreste, menschliche Konstrukte, Präparate absurdester Art; als ob man damit den Verfall der Welt abbremsen könnte, wurde jedes von ihnen akribisch präsentiert mit handbeschriebenen Täfelchen, ähnlich denen, die Jaeger anfertigte. Die Täfelchen erklärten genau, was es hier zu bewundern galt, mit dem einzigen Nachteil, dass diese Täfelchen ebenfalls bereits völlig verblichen waren und somit jeder Informationsgehalt auf alle Zeiten verloren war. De facto waren die Schildchen längst Teil der Ausstellung geworden, man hätte wiederum andere Schildchen mit der Erklärung der Schildchen vor diese stellen sollen.

Jaeger grinste: »Pintschovius, ist das nicht denkwürdig – wir Menschen können anscheinend nichts wegschmeißen: Erst stellen wir es her und nutzen es ab, dann schmeißen wir es in den Müll, dort liegt es Jahrhunderte oder Jahrtausende wertlos unter der Erde herum, und dann graben wir es wieder aus und stellen es als unbezahlbare Schätze in Museen aus. Die Müllplätze der Vergangenheit sind die Museen der Zukunft. Hätten wir es nicht gleich in Vitrinen stellen können? Ein ausgekratzter Joghurtbecher – ab in die Vitrine mit einem Schildchen mit genauer Erklärung: wo hergestellt – wo gekauft – von wem gegessen. Dann könnten wir uns später die aufwendigen und teuren Ausgrabungen sparen. Und unser Müllproblem wäre auch gelöst, wir bräuchten bloß Museen, die groß genug sind.«

Am Ende dieser unendlichen Schuttsammlung betraten sie einen merkwürdigen weißen Raum mit einer länglichen Vitrine, die, grell ausgeleuchtet, eine große Anzahl von Glasbehältern beherbergte, in denen lakritzfarbene Röllchen, in Formaldehyd eingelegt, ausgestellt wurden. Pintschovius wunderte sich eine Weile, mit welcher seltenen Art von Tier man es hier zu tun haben könnte, vielleicht ein merkwürdiger Maulwurf oder Grottenolm, infrage käme eventuell auch eine ausgestorbene schrumpelige Erdschlangenrasse. Diesen Objekten war ja immerhin eine besondere Bedeutung in einem Extraraum mit hellen Lampen zugemessen. Jaeger blieb in stiller Freude verzückt im Eingang des Raumes stehen, um seinen Begleiter bei der Lüftung des Geheimnisses zu beobachten. Schließlich fand Pintschovius durch das Entziffern einer verblichenen Blechtafel heraus, dass es sich um Männerpenisse handelte; über hundert Jahre alt, einige noch recht gut erhalten, andere bereits halb zerbröselt, waren sie hingerichteten Schwerverbrechern abgeschnitten worden, warum aber, das blieben die Museumsmacher ihren Besuchern auf alle Zeiten schuldig.

Jaeger musterte Pintschovius mit einem undurchsichtigen Blick: »Eine merkwürdige Vorstellung, wenn von einem nichts übrig bleibt als der eigene Penis, oder? Keine Erinnerung an das Leben, keine Würdigung der Taten, des Könnens oder Wissens, keine Erklärung des Schicksals, sondern nur, einsam, nackt, klein und verfallen – der Schwanz als Essenz eines Mannes.«

Pintschovius lächelte. »Das ist überhaupt das Beste an dem Ganzen, das Schildchen mit dem Namen – der ganze Rest des Mannes, der hinten dranhängt und der abgeschnitten werden kann wie ein lästiger Kropf, ist eh überflüssig, maximale Reduzierung: ein Schwanz, ein Name, das muss reichen. Ein fantastisches Museum, Jaeger, ich muss schon sagen!«

BASEL

Nach einigen Tagen und weiteren Exkursionen, bei denen wiederum gezeichnet und auch fotografiert wurde, beschlossen die beiden Reisenden, nach Hamburg zurückzukehren, nicht ohne vorher einen Abstecher nach Basel zu unternehmen, wo Pintschovius' Cousin Jürgen von Tomëi wohnte. Der Anreiseweg sollte auf den Spuren des geschlagenen französischen Generals Bourbaki stattfinden, der 1871 mit seiner Armee vor den Deutschen über die Vogesen in die Schweiz geflüchtet war und sich dort ob der aussichtslosen Lage das Leben genommen hatte. Auf diesen historischen Pfaden fand nun also der Übergang von Paris nach Basel statt, allerdings war von dem geschichtlichen Vorgeschehen weder etwas zu sehen noch zu spüren, man fuhr auf einer ganz normalen Landstraße eine zwar schöne, aber doch relativ unspektakuläre Route.

Im Herzen der Altstadt von Basel wurden die Reisenden von Jürgen von Tomëi und seiner Frau herzlich in ihrem großen alten Haus begrüßt und sofort in die Familie implantiert. Man wies ihnen ein schönes Gästezimmer im obersten Geschoss zu, das zum einen viel Platz und gute Betten, zum anderen aber einen wunderbaren Blick über Basels Dächer gewährte; die erste standesgemäße Unterkunft ihrer ganzen Reise, stellte Pintschovius befriedigt fest. Am großen Eichentisch in der Küche saßen die Museumsmänner abends mit Familie Tomëi zusammen, Heide von Tomëi servierte Raclette und hervorragenden Walliser Wein.

Nun musste die ganze Reise bis ins Detail erläutert werden, wobei die Vorteile der eidetischen Fähigkeiten Jaegers zutage traten. Bis ins kleinste Detail war er dazu in der Lage, Landschaften, Bilder, Situationen zu beschreiben und ganze Gesprächssequenzen in verteilten Rollen mit den dazugehörigen Stimmlagen, Haltungen und Mimiken wiederzugeben. Pintschovius lehnte sich zurück und genoss die leicht verzerrten Ausführungen seines Kameraden, der Begriff »Camerad Obscura« ging ihm dabei durch den Kopf.

In den folgenden Tagen überraschte Jaeger seine Gastgeber aus dem Stegreif mit verschiedenen Charakteren, die er irgendwann im Laufe seines Lebens eingesammelt hatte. Ansatzlos wechselte er zwischen den Figuren, verfiel in Stimmen, kehrte zwischendurch jedoch immer wieder zu sich selbst zurück, staunend beobachtet von Jürgen und Heide von Tomëi: So einer war ihnen noch nicht untergekommen, was war das für ein merkwürdig überbegabter Vogel, den Cousin Pintschovius da angeschleppt hatte? Tomëi, der selbst als Karikaturist und Rundfunkmoderator arbeitete, war so begeistert, dass er am zweiten Abend spontan einige Freunde in seine kleine Werbeagentur in der Baseler Innenstadt einlud, um ihnen Heino Jaeger vorzustellen.

Im Hintergrund ließ er durchgehend ein Tonbandgerät laufen, um nur keine der vulkanischen Spracheruptionen Jaegers zu verpassen. Die Schweizer Freunde der Familie waren begeistert, andere aber auch irritiert über den merkwürdig pointenlosen Humor, der sich so nah an der Wirklichkeit bewegte, dass die Übergänge fließend schillerten. Was war hier echt, was kopiert, was traurig und was lustig? Konnte man das Ganze als Satire verstehen oder als Kunst? Und dann die Sprache, teils so roh und bösartig, Anlass genug für einige der Besucher, unter terminlichen Vorwänden das Weite zu suchen. Jaeger indes blühte zur Bestform auf, ließ sich immer neue Bonmots einfallen. Da Jürgen von Toměi befürchtete, das Lachen der verbliebenen Anwesenden könne Jaeger auf den Tonaufnahmen überdecken, sperrte er diesen kurzerhand mit einem Mikrofon in eine Besenkammer. Was den Vortragenden nicht weiter störte, das sprachliche Charakterfüllhorn war geöffnet und sprudelte unentwegt vor sich hin, während die Zuhörer draußen vor dem Besenschrank die Luft anhielten, um alles, was der Meister sprach, über die kleine Box des Tonbandgerätes verstehen zu können, nur ab und zu unterbrochen vom entfernten Rattern einer Straßenbahn.

Jaeger lauschte in sich hinein, die Luft im Schrank roch fantasieanregend nach alter Kleidung, Staub, Schuhputzzeug und Mottenpulver, welche Gestalt könnte jetzt als nächste aus ihm hervortreten? Sie lagen in ihm verborgen, in den hintersten Windungen seiner Erinnerung, all die merkwürdigen Figuren, manchmal wusste er selbst gar nicht genau, wer sich dort alles versteckt hielt, blinde Passagiere seines Bewusstseins. Irgendwo und irgendwann hatte er sie im Alltag beobachtet, beim Schlachter, im Imbiss, in der Heißmangel oder bei Beerdigungen. Er hatte ihre Art, sich zu kleiden, ihre Frisuren, ihre Bewegungen, die Mimik und vor allem die Sprache in sich aufgesogen, sie durchdrungen und sich von ihnen durchdringen lassen, hatte ihre Wesenhaftigkeit verinnerlicht, denn er konnte Bilder, Situationen, Gespräche in höchster Auflösung begreifen, speichern und wiedergeben.

Jetzt musste er an eine ältere Dame denken, keine bestimmte, sondern eher einen Typus, wie er sie aus dem Nachkriegs-Harburg seiner Kindheit kannte, eine Dame mit O-Beinen, die diese altmodischen Persianerpelzmäntel und die dazu passende Ballonmütze trug, mit herabgezogenen Mundwinkeln missmutig die norddeutsche Welt um sich herum beobachtend. Er ließ sie sprechen, mit kehliger Stimme, breit, nordisch, fast ein wenig froschig, phlegmatisch und durchdrungen von der eigenen Starrheit.

»Ich muss sagen, ich hab mich mit meinem Mann, wenn Sie mich so direkt fragen, hab ich mich mit meinem Mann eigentlich immer sehr gut verstanden, und ich kann eigentlich aus meiner ganzen Eheerfahrung heraus, wir sind ja nun schon immerhin an die achtundvierzig Jahre verheiratet, und ich kann eigentlich sagen, mit meinem Mann hab ich nie Streit gehabt, ich mein, wir haben uns wohl auch mal gestritten ... aber wir haben uns nie ernsthaft geschlagen, und insofern bin ich eigentlich auch ganz glücklich, dass das alles so gekommen ist, auch mit der Wohnung bin ich eigentlich sehr zufrieden jetzt, der Lütte, der kommt jetzt auch grade aus der Schule raus, ich hab ja auch gesagt – was soll er eigentlich da auf der Schule, nicht? – da lernt er ja doch nichts mehr, denn er hat ja sein Gehör, hat er ja sowieso schon verloren und jetzt noch die Vereiterung, ich sach: Was soll er da noch, er wird ja doch nur vom Lehrer geschlagen, und ich sach auch: Haue kann er zu Hause noch genug kriegen, ja? Ich mein, is doch so, nich, und er hat es bestimmt gut bei uns, seit wir jetzt umgezogen sind – wir haben jetzt noch den Garten dazu, da hat er ein kleines Gitter gekriegt, dann kann er auch mal raus, nich, ich mein, auf die Straße – das soll er ja gar nicht, das will ich auch gar nicht, ich mein, das is ja auch nur gut für ihn, wenn er in dem Gitter bleibt. Mein Mann is ja auch nie viel rausgegangen, wenn, dann sind wir gemeinsam spazieren gegangen, mal ins Wentorfer Gehege raus, nich, sonst, ich bin sehr gerne hier, ich mein, ich wohn jetzt seit drei Jahren hier, und genau vor vierzehn Jahren hat ja meinen Mann ja das Geschick überrascht, nich, er is aber auch so friedlich hingeschie-

den, ich muss sagen ‚ich hab das gar nicht gemerkt, als er gestorben ist, ich hab noch gedacht – wer weiß –, er muss ja auch was geahnt haben, nich, er hat nämlich ein Jahr vorher gesagt – da war der Lütte ja schon begraben, da hat mein Mann gesagt: Wer weiß, ob ich das nächste Jahr noch lebe, und das ist alles so eingetroffen, ich sach mir auch: wer weiß, wozu das gut ist, nich? Der Lütte, der is noch so vom Stuhl gekippt, ich hab gesagt: Warum solln wir ihn noch festhalten, nich? Er ist denn so von allein, is er da so runter-
gefallen, denn hab ich unten noch n Kissen hingelegt aufm Fuß-boden, und ich sach – da lass ihn ma erst mal liegen, er hat das ja so schön bei uns.

Na ja, und mein zweiter Mann, der war ja nachher noch bei der Marine zum Schluss, er sagt auch: Ihm hat das so gut gefallen, vor allem das Essen, das hat ihm ja bekommen, nich, obwohl er sehr gut zu Hause essen konnte bei uns, nich, sonntags gab es immer Schneidebohnen, das war schon richtig Tradition, wenn er vom Schiff zurückkam, es gab ja jeden Sonntag Schneidebohnen, sogar in der schweren Zeit, nich, und das haben wir bis heute noch bei-behalten, denn kommt die Nachbarin noch rüber, die is jetzt auch amputiert, und die sagt auch, sie isst so gerne Schneidebohnen, grade auch wegen ihrem Bein, nich, das muss ja auch berücksich-tigt werden. Und nu bin ich neulich mit dem Kleinen zum Arzt gewesen, denn er transpiriert ja so stark, der Lütte, nich, und der Arzt, ich muss sagen, ein bildschöner Arzt, nich, er hat so graue Schläfen und denn so dieser ruhige Blick, wenn er da so sitzt, nich, na und nun der Lütte, der Arzt sagt auch, in den ersten drei Jahren da soll der Lütte ruhig auf dem Balkon schlafen, und ich soll ihm auch gar nichts zu essen geben, er findet sich schon allein zurecht, und ich muss sagen, obwohl er ziemlich schmal aussieht, nich, er ist ja richtig grau im Gesicht, und er hat ja son riesig aufgeschwemm-ten Bauch, nun bin ich schon zum Arzt gewesen, und der Arzt, der hat dann, mit ner Sonde hat er da reingestochen, und da kam

richtig son Strahl da raus, und das muss ihn wohl gedrückt haben
irgendwie, und seitdem schreit er überhaupt nicht mehr, ich mein,
er weint wohl noch tagsüber, aber nachts kriegt er ja sowieso auch
die ganzen Tabletten, und denn liest er noch die Karl-May-Hefte,
ich mein, ich hab gesagt, er soll ruhig lesen, ich hab gesagt, wer
weiß, wie lange er noch lebt, dann soll er ruhig die Hefte haben ...«

Stundenlang saß Jaeger alleine in dem Schrank und redete unentwegt vor sich hin, nur ab und zu den Charakter wechselnd oder einen Schluck Tee trinkend, während das Publikum vor dem Schrank staunend lauschte. Ein paar Erschöpfte verschwanden, und neue Zuhörer rückten nach, eine fast schon orakelhafte Szenerie hatte sich an diesem Abend in der Agentur etabliert. Jaeger genoss die Aufmerksamkeit und Achtung, die er für seine bis dato vermeintlich überflüssigen Fähigkeiten zugesprochen bekam, noch nie hatte er mit seinen Figuren im Mittelpunkt gestanden, geschweige denn gewagt, sie auftreten zu lassen.

Von Tomëi raunte Pintschovius mit bedeutungsschwangerem Blick zu, dass sie der Entdeckung eines großen Talentes beiwohnten, im deutschsprachigen Humorbereich gebe es nichts Vergleichbares. So einen hätte er noch nie erlebt, in der ganzen Zeit, die er fürs Radio und für die Journaille arbeitete, hätte er so einen noch nicht erlebt, ein ungeschliffener Diamant sei der, bekannt machen müsse man den und fördern, ein Star könnte der sein. Von Tomëi schlug vor, seine Kontakte in die gehobene Unterhaltungswelt, zum WDR, zum Saarländischen Rundfunk zu nutzen, um Jaeger voranzubringen, auf jeden Fall würde er mit Hanns Dieter Hüsch reden, der sei ein großer Name im deutschen Kabarett, Jaeger würde dem gefallen, das wisse er.

Pintschovius freute sich ungemein, hatte er doch seit

Langem gewusst, dass in seinem merkwürdigen Freund etwas Besonderes steckte. Von nun an würden sie beide daran arbeiten, Heino Jaegers Karriere zu beflügeln, das versprachen sich die Cousins.

Im Kamin des Schlosses Wiligrad knackte ein Scheit, Jürgen von Tomëi, der etwas schläfrig geworden war, gähnte und grinste dann Pintschovius an. »Haben wir uns das damals versprochen?«

»Na ja, vielleicht nicht wörtlich, aber es war unser unausgesprochenes Ziel, oder?«

»Kann man das so sagen?«

»Ja, das würde ich unterschreiben«, erwiderte Pintschovius gähnend auf von Tomëis Frage.

Das Feuer im Kamin war heruntergebrannt, nur noch die Glut und ein paar Kerzen erhellten den Schlossraum, eine Weinflasche fiel um, in der Luft hingen Rauchgebirge, die sich im flackernden Licht langsam verschoben. Pintschovius schnippte seine Kippe in die Glut.

»Dabei wollen wir es für heute bewenden lassen, liebe Freunde und Freundinnen, die Nacht ist spät, und wir Rentner brauchen Schlaf, denn schon in wenigen Stunden beginnt die senile Bettflucht, bitte habt Verständnis.«

Nach kurzem, aber enthusiastischem Applaus schleppten sich die Jaeger-Adepten geschichtenbeseelt und schlaftrunken in ihre Kojen.

Ich musste mehr wissen, also reiste ich ein paar Wochen darauf aufs Land zu Pintschovius, fuhr mit der Bahn in die Lüneburger Heide und den Rest vom Bahnhof nach Otter mit meinem Klapprad. Während der Fahrt dachte ich über mein Verhältnis zu Jaeger nach und auch über das zu Pintschovius. Ich hatte mein ganzes Leben immer wieder nach Meistern gesucht, nach Lehrern, von denen ich in entscheidende und manchmal geheime Bereiche des Lebens eingeweiht wurde. Immer wieder hatte ich sie gefunden, erst unter den Freunden meiner Eltern, dann später selbstständig: Peter Marxen, Wirt des Hessenstein, Meister des dionysischen Versenkens; Klaus Langer, Geigenbauer, Meister der Selbstverwirklichung; Ikke Braun, Beatles-Freund, Meister der Gelassenheit. Wer aufmerksam und ausdauernd genug sucht, dem treten irgendwann die Personen entgegen, die sie oder er braucht, um entscheidende Schritte gehen zu können. Schritte, auf die wir selbst nicht kommen würden. Und erst der, der seinen Meister sucht und findet, der ihn versteht und sich durch seinen Meister selbst erkennt, kann später eventuell selbst einer werden.

Pintschovius wohnte in einem alten Bauernhaus, in einer Zeitblase, in der das Weltgeschehen vor vielen Jahrzehnten stehen geblieben war. Wie ein verrückter Professor sprang der weißhaarige Volkskundler durch den Wohnraum und erläuterte mir Messingstiche von Schlachten des Dreißigjährigen Krieges, Zeichnungen und Fotos von Heino Jaeger, Abbildungen von Michael Mau und Norbert Grupe, alte technische Filmgerätschaften, mit denen er und Jaeger versucht hatten, ihrem (und auch meinem) großen Vorbild Fellini nachzueifern (schon wieder ein Meister). Das Wohnzimmer – der Showroom – befand sich in einem Zustand fortschreitender Verranzung, der gelbliche Farbverlauf der Wände ließ auf jahrzehntelanges Einräuchern mit Tabak schließen, und ein durchgewetzter Sessel neben dem auf einem Beistelltisch ein Wählscheibentelefon, ein übervoller Aschenbecher und ein Kaffeeservice standen, verriet den Hauptaufenthaltsort des Bewohners.

Nach der Begrüßung positionierte mich Pintschovius auf einem Kanapee, um die Erzählung über das Leben des Meisters fortzusetzen.

WELT AUS STAUB

Jaeger und Pintschovius trafen sich täglich um elf Uhr im Helms-Museum in Harburg bei einer Tasse Kaffee, danach ging jeder seiner Arbeit nach. Jaeger stieg die Stufen zu dem Raum hinab, den er die »Gruft« nannte, der »Herr des Staubes« Professor Görde erwartete ihn bereits. Eine Welt aus Bruch, Überreste längst vergangener Zeiten, die der Alte hier mit Begeisterung zusammentrug, am liebsten aus deutschen Landen, aber – in Ermangelung einer tiefer in die Zeiten reichenden eigenen Geschichte – notgedrungen auch aus dem Rest der Welt. Während der Professor sortierte, entstaubte, kartierte, verglich, mikroskopierte und klebte, musste Jaeger zeichnen, überwiegend Scherben, manchmal auch ganze Gefäße, sie von allen Seiten abbilden, damit wiederum der Professor sie beschriften konnte. Die meisten dieser Zeichnungen landeten in Schubladen oder Ordnern, gleichsam als Beweis dafür, dass es ebenjene gezeichneten Scherben auch tatsächlich gegeben hatte, doppelter Bruch also, denn auch diese Bilder wurden ja sofort wieder dem Verfall anheimgegeben. Nur einige von ihnen landeten als Illustrationen in den wissenschaftlichen Büchern des Professors über Scherben, die natürlich niemand las und die somit ebenfalls direkt nach Veröffentlichung dem Vergessen und der Zerbröselung überlassen wurden.

Welt aus Staub. Jaeger genoss dieses zerfallende Vergnügen, gerade weil hier jede Sinnhaftigkeit und Zielgerichtetheit, jede Verwertbarkeit unbeabsichtigt war. Das Herumpusseln in den Überresten anderer Zeiten und Leute war ihm zutiefst angenehm, alle ideologischen Bemerkungen des Alten störten ihn dabei nicht weiter, im Gegenteil, sie untermalten sogar noch das eingemottete Kolorit jener versunkenen Welt.

Jaeger zeichnete zügig, viel schneller als jeder andere Zeichner im Museum. Wenn es beispielsweise seine Tagesaufgabe war, fünfzehn Gefäße zu skribieren, so erledigte er dies in der halben Zeit in doppelter Qualität, denn er hatte jenen traumwandlerisch sicheren Strich, um den ihn jeder andere Zeichner beneidete. Alles, was in seinem Wesen an Unsicherheit gegenüber der Welt beheimatet war, verwandelte sich in diesem Strich zu gewaltiger Eindeutigkeit.

Sobald er fertig war, stieß er meist in der Mittagspause zu Pintschovius. Nach dem Essen unternahmen die beiden Freunde lange Wanderungen, das heißt, sie durchmaßen Harburg zu Fuß und philosophierten dabei über die Gesellschaft und »den Deutschen an sich«. Pintschovius lieferte dabei rauchend den gedanklichen Überbau, den Jaeger auszufüllen wusste.

»Jaeger, ich rechne uns übrigens der peripatetischen Schule zu, sagt Ihnen das etwas?«

»Nein, bitte klären Sie mich auf.«

»Nun, die Schüler Aristoteles wandelten genau wie wir durch ihre Städte, um philosophieren zu können, das Gehen regt das Denken an, der Kreislauf gerät in Bewegung, des Blut pumpt Sauerstoff ins Gehirn, die Gedanken fließen besser.«

»In der Tat, da ist was dran, das kann ich auch an mir feststellen, beim Gehen habe ich häufig die besten Ideen.«

»Sehen Sie! Der Begriff Akademie kommt vom griechischen *akademos,* das war in Athen der Olivenhain, in dem

Platon seine Schüler versammelte, die sind ständig beim Denken und Sprechen umhergewandelt.«

Immer wenn einer der beiden stehen blieb, tat es ihm der andere nach, Pintschovius nutzte die Möglichkeit häufig, um sich eine Zigarette anzuzünden.

Derweilen sinnierte Jaeger weiter: »Ganz im Gegensatz zu dem, was man in den Schulen und Universtäten dieses Landes erleben muss. Starres Sitzen und automatisiertes Büffeln, und am Ende soll sich das alles amortisieren. Ich habe meine Jugend über gedacht, dass ich am deutschen Schulsystem versagt hätte, heute weiß ich, dass es an mir versagt hat. Das Merkwürdige ist, die meisten Schüler kommen da durch, sie scheinen genau so ein System zu brauchen und zu wollen.«

Pintschovius' Lachen klang meckernd. »Es ist der Geist der Angst, der die Deutschen treibt, seit dem Dreißigjährigen Krieg. Das Problem ist genau diese Mehrheitsgesellschaft, diejenigen, die ständig alles sortieren und strukturieren und aufräumen und reparieren müssen, die alles Alte, Angeranzte und Unperfekte am liebsten sofort wiederherrichten oder aber vernichten möchten.«

»Exakt! Die Mehrheit ist ein schwarzes Loch, dem man sich nicht nähern darf, sonst verschluckt es einen, sonst versinkt man darin, wir müssen Satelliten und Kometen bleiben, Pintschovius, Teilchen im All, die draußen durch den leeren Raum schweben, mit Blick auf den Mittelpunkt, auf das lächerliche, groteske Zentrum, wo die Masse und die Macht sich im torkelnden, delirierenden Kreise um sich selber drehen.«

Pintschovius zog grinsend ein altes, zerfleddertes Hölderlin-Reclam-Heft aus seinem Mantel. »Hören Sie, wir sind nicht die Einzigen, die derart empfinden, es ging schon anderen vor uns so, hier, im *Hyperion* aus dem Jahre 1799 steht's bereits geschrieben.«

Pintschovius setzte seine Brille auf und zitierte salbungsvoll im Weitergehen: »Barbaren von alters her, durch Fleiß und Wissenschaft und selbst durch Religion barbarischer geworden, tiefunfähig jedes göttlichen Gefühls, verdorben bis ins Mark, in jedem Grad der Übertreibung und der Ärmlichkeit beleidigend für jede gutgeartete Seele, dumpf und harmonielos, wie die Scherben eines weggeworfenen Gefäßes (…) ich kann kein Volk mir denken, das zerrissener wäre, wie die Deutschen. Handwerker siehst du, aber keine Menschen, Denker, aber keine Menschen, Priester, aber keine Menschen, Herrn und Knechte, Jungen und gesetzte Leute, aber keine Menschen – ist das nicht, wie ein Schlachtfeld, wo Hände und Arme und alle Glieder zerstückelt untereinander liegen, indessen das vergossene Lebensblut im Sande zerrinnt?«

Pintschovius blieb stehen, und Jaeger stellte sich vor ihn, wobei er den Bürgersteig so versperrte, dass weitere Passanten ausweichen mussten.

»… Es ist auf Erden alles unvollkommen, ist das alte Lied der Deutschen. Wenn doch einmal diesen Gottverlassenen einer sagte, dass bei ihnen nur so unvollkommen alles ist, weil sie nichts Reines unverdorben, nichts Heiliges unbetastet lassen mit den plumpen Händen, dass bei ihnen nichts gedeiht, weil sie die Wurzel des Gedeihens, die göttliche Natur nicht achten, dass bei ihnen eigentlich das Leben schal und sorgenschwer und übervoll von kalter stummer Zwietracht ist, weil sie den Genius verschmähen, der Kraft und Adel in ein menschlich Thun, und Heiterkeit ins Leiden und Lieb' und Brüderschaft den Städten und den Häusern bringt.«

Pintschovius blickte Jaeger forschend in die Augen.

»Meint er dasselbe, das auch wir meinen, wenn wir von Deutschland reden?«

»Ich kann es mir nicht anders vorstellen. Auch wenn dies nicht mehr dasselbe Land ist wie das, in dem Hölderlin gelebt hat, so gibt es doch einen verschimmelten Kern in der Seele dieses Volkes, der sich nicht verändert hat, oder?«

»Genau. Das meine ich mit dem ›Geist der Angst‹.« Pintschovius schritt weit aus. »Er ist übrigens wahnsinnig geworden, hat von seinem sechsunddreißigsten Lebensjahr an über vierzig Jahre in Tübingen bei einem Tischler in einem kleinen Turmzimmer über dem Neckar gesessen und nur noch in Zungen geredet, keine sinnvolle Kommunikation mehr, aber seine Dichtung hat er trotzdem weiterbetrieben. Einige sagen, er hätte den Wahnsinn nur gespielt, andere behaupten, er sei völlig ausgebrannt gewesen, da sei nur noch ein Automatismus in ihm gewesen, der maschinenhaft Verse ausspuckte, jahrelang, ohne Sinn und Verstand, Gott gebe, dass uns nicht dieses Schicksal widerfährt.«

»Ich weiß nicht, ob das so schlimm wäre.« Jaeger blickte versonnen zum Himmel. »Könnte mir härtere Schicksale vorstellen. Keine überflüssigen Dialoge mehr mit langweiligen Leuten, nicht mehr funktionieren, niemandem mehr Rechenschaft ablegen, keiner staatlichen oder gesellschaftlichen Beurteilung mehr, frei und allein, einen schönen Platz im Grünen, dort ungestört arbeiten zu können – was will man denn mehr?«

»Wenn es so weit ist, reden wir noch mal drüber, Jaeger.«

Zum Abendessen kehrten die beiden häufig in das Hotel *Majestätische Aussicht* in Heimfeld direkt an der Autobahn ein, das Restaurant war von der Ausstattung und Einrichtung am Jahrhundertbeginn stehen geblieben, das Alter des Personals und der Gäste lag durchschnittlich bei siebzig Jahren aufwärts, ihr Benehmen schien völlig aus der Gegenwart gefallen. Die Stimmung war so altertümlich und kokelig, dass Pintschovius und Jaeger sich daran ewig aufladen konnten, um nichts anderes ging es den beiden, als sich an zeitfremden Stimmungen aufzuladen. Aufmerksam und schweigend genossen die Freunde ihr Abendbrot – in der Regel Labskaus mit Spiegelei – und lauschten den Gesprächen der Anwesenden aus anderen Zeiten und Sphären.

DIE KALTE PRACHT

Heino Jaeger wohnte in Sankt Pauli bezeichnenderweise in der Straße »Beim grünen Jäger«, auf einem großen Hinterhof in der Gesellenwohnung einer alten Schmiede im ersten Stock. Seine Einrichtung war spartanisch bürgerlich, das wenige Mobiliar stand ordentlich in den Raum drapiert und wirkte nur auf den ersten Blick tantenhaft herausgeputzt, auf den zweiten Blick war alles mit Ranz und Bruch befleckt. »Die kalte Pracht« nannte Jaeger sein Wohnzimmer, ein Begriff, den er von seiner Großmutter übernommen hatte, die – wie damals so üblich – ihre herausgeputzte gute Stube nur einheizte, wenn angesehener Besuch erwartet wurde.

Die Beine des Kaffeetisches bestanden aus abgesägten Birkenästen, die Federn der Sessel und des Sofas hingen unten aus der Polsterung, setzte man sich hinein, wurde man buchstäblich verschlungen. Eine angeschmolzene Zinnsoldatensammlung schmückte die lackblättrige Anrichte, keine Tasse im Bruchholzregal, die nicht mit Riss oder Sprung das Kaffeevergnügen zu schmälern imstande gewesen wäre.

An einem kleinen, etwas schiefen Sekretär vor dem Fenster zum Hof saß Jaeger und zeichnete die Welt so, wie er sie sah, unermüdlich, aus dem Kopf und meist ohne konkretes Vorbild, alles hatte er gespeichert in den Tiefen seines unendlichen Figuren- und Situationsarchivs. Jaeger zeichnete sowieso überall und auf allem, was er finden konnte: auf Servietten, Busfahrscheinen, Bierdeckeln, Bestellzetteln, Essenskarten, Arztbriefen, in Zeitungen oder auf Klopapier, am liebsten aber auf Formularen. Er war ganz versessen auf Formulare, wenn er das Glück hatte, irgendwo einen Stapel alter Formulare zu entdecken, so trug er diesen freudig wie einen kleinen Schatz zu sich nach Hause. Aufdrucke auf den Formularen, der Firmenname in altertümlicher Schrift, fachsprachliche Kürzel oder technische Formeln regten seinen Gestaltungswillen an, sodass auf verblasstem farbigem Papier zwischen streng spießigem Rahmenwerk merkwürdig rankende Figuren wucherten, Geschwüre der deutschen Alltagswelt.

In Jaegers Wohnung lagen diese Zeichnungen überall, einige hingen an den Wänden, zitierten dabei folkloristische Einheitsmalerei mit norddeutschen Landschaften, Hunden oder Hirschen, aber all diese Sujets schienen erkrankt, in den Landschaften prangten Ruinen, und Brände loderten am Horizont, irgendetwas ging immer gerade irgendwo kaputt. Die Tiere schienen auf den zweiten Blick aus der Art geschlagen, mutierte Missgeburten, stets war an ihnen etwas deformiert, die Jaeger'schen Strahlenschäden durchwuchsen alle seine Kreaturen.

Pintschovius war beeindruckt von der künstlerischen Eigenart seines Freundes, so wie dieser zeichnete und malte sonst keiner im Lande. Am ehesten mochte der Stil noch an den von Horst Janssen erinnern, was vermutlich dem Umstand geschuldet war, dass beide in der Zeichenklasse des berühmten Grafikprofessors Alfred Mahlau an der Hochschule für bildende Künste in Hamburg am Lerchenfeld ihr Handwerk erlernt hatten. Nur dass Jaegers Welt wie eine pervertierte Variante oder besser wie eine höhnische Replik auf Janssens selbstgefälliges Großmannstum schien.

Pintschovius besuchte Jaeger häufig in seiner »kalten

Pracht«, die tatsächlich meist unbeheizt aufwartete. Dann stellte Jaeger bei Kaffee seine Kunst zur Disposition. Pintschovius beobachtete ehrfürchtig das anwachsende Werk und wanderte mit unverhohlener Freude von Blatt zu Blatt. »Sie haben eine völlig uferlose Fantasie, Jaeger.«

»Fantasie gibt es nicht, es ist bereits alles vorhanden. Man muss es nur sehen können, man muss nur weglassen, was zu viel ist, dann sieht man das Eigentliche dahinter.«

»Aber wie gelingt Ihnen das?«

»Das weiß ich nicht, ich konnte das schon immer, ich habe nie das gesehen, was die anderen beschrieben haben, und wenn ich erzählte, was ich sah, haben sie mich ausgelacht. Also hab ich es nur noch gemalt. Und dann haben immer alle gesagt, dass ich eine blühende Fantasie habe, dabei bin ich nur ein naturalistischer Maler.«

Pintschovius redete auf Jaeger ein, es sei Zeit, mit all dem an die Öffentlichkeit zu gehen, die Menschen daran teilhaben zu lassen, man bräuchte Ausstellungen, man müsste Kontakte herstellen, die Journaille müsste schreiben, Jaeger habe zweifellos eine große Karriere vor sich.

Jaeger konnte über Derartiges nur müde lächeln, öffentlicher Erfolg war das, was ihn am wenigsten interessierte. Er zeichnete und malte, weil er es konnte und musste, er hatte sich die Kunst weder zur Aufgabe noch sich einen Plan für einen möglichen Aufstieg gemacht, er folgte nur seinen Impulsen und Reflexen, er musste dem Druck nachgeben, um die Kunst – die sein innerer Dämon in ewig anderen psychedelischen Kompositionen arrangierte – aus sich herauszulassen. Der Druck schien immens bei dem, was Jaeger zu Papier brachte. Der Stift war sein Ventil für eine eigene Sprache, die mehr ausdrücken konnte, als es Jaeger je mit Worten gewollt hätte.

In alldem steckte etwas Verstörendes, häufig mit einem Funken Lakonie, manchmal auch mit einer dumpfen Note von Zynismus benetzt. So wie die Kunst von Irren mit erschreckender Offenheit über die inneren Lagerzustände berichtet, so zeigte Jaeger Szenen aus dem bundesdeutschen Alltag, die einem »normalen« Passanten nicht weiter aufgefallen wären, als Höllenszenarien, erst durch seinen Blick wurde die Groteske in der Normalität sichtbar.

So zumindest interpretierte Pintschovius Jaegers Kunst. Wenn Pintschovius nach so einem Besuch in seine kleine Einliegerwohnung beim Welterdölpräsidenten in Harburg zurückkehrte, war er stets voller Ideen und Pläne, wie man Jaegers Karriere anzuschieben vermöge. Das Einzige, was ihm im Wege stand: Heino Jaeger.

Zum Mittagessen trafen sich die beiden Museumsangestellten ab und zu in der Behördenkantine des Harburger Rathauses, aufgrund seiner hell ausgeleuchteten Kargheit und der unterschiedlichen Angestelltenklientel, die hier speiste, einer der Lieblingsorte Heino Jaegers. Nach Tischen sortiert saßen die verschiedenen Gruppen der Staatsangestellten um die groben Speisen, die ihnen von den Harburger Behörden als Nahrung und Energielieferant zugedacht war. Jaeger und Pintschovius konnten in die Sprach- und Gedankenwelt der unterschiedlichen Dienstgruppen eintauchen, ein sinnliches Hochvergnügen für Jaeger, kein Klischee blieb hier unberührt.

Da schlugen sich zwei mittelalte Mausgesichtige mit der Straßenbeleuchtung in Meckelfeld herum und diskutierten, ob Nachtbeleuchtung am Appenstedter Wäldchen angebracht sei, weil »da wohnt doch gar kein Mensch, wozu brauchen die denn Licht da?«, während am nächsten Tisch von Frauenstimmen moniert wurde, dass die Papierlieferungen in Hellgelb für die Behördenvorlage A 10 schon seit Tagen überfällig seien. Vom Polizeitisch wehte ein »Unfall auf BAB mit Perscha« herüber, wobei sich der Perscha im weiteren Gespräch als Personenschaden entpuppte.

Jaeger war nicht wegen der Nahrungsaufnahme hier, einzig die sehr spezielle Stimmung und die Gesprächsfetzen hatten es ihm angetan, hier konnte er seine Tanks fluten, eine halbe Stunde konzentriertes Aufnehmen der durch die Luft flirrenden Fetzen garantierte Treibstoff für Tage, Nahrungskonzentrat für sein selektives Hirn. Wenn junge Frauen, meist aus der schreibenden Zunft, den Essenssaal durchquerten, sah man förmlich den Testosterondunst über den Tischen wabern, einige der brünftigen Hirsche in Behördengrau konnten sich nicht unterstehen, ihre Köpfe zu verdrehen und schmutzig hingeraunte Bemerkungen auszutauschen, was Jaeger und Pintschovius belustigte.

»Jaeger, ich habe einen Großonkel, der hat aus rein ästhetischen Gründen seine Ehe nie vollzogen. Es war ihm schlichtweg nicht möglich. Also ich finde, irgendwo hört der gute Geschmack auf, wenigstens im Vollzug sollte man doch auch mal ein Auge zudrücken.«

»Das sehe ich anders. Denken Sie doch nur mal an die äußerst zweifelhafte und geschmacklose Konstruktion der menschlichen Geschlechtsorgane. Mal abgesehen von deren Aussehen ist es mir ein Rätsel, warum der Schöpfer gerade in diesem Bereich sparen musste und mit Doppelfunktionen gearbeitet hat, das konnte ja nur zu Problemen führen.«

Pintschovius schob seinen wässrigen Kaffee angeekelt zur Seite. »Was meinen Sie mit Doppelfunktionen?«

»Zum einen kommen bei beiden Geschlechtern ja unappetitliche Ausscheidungen da unten heraus, sobald aber das andere Geschlecht auf der Bildfläche erscheint, werden die Werkzeuge – kaum gereinigt von vorheriger Funktion – auf Fortpflanzung umgeschaltet, sie wachsen und pumpen, sie wässern und schmieren und bringen zusammen, was nicht zusammenzugehören scheint, aus Behördensicht definitiv bedenklich, oder? Wenn das mal geprüft würde, da kämen riesige Probleme auf uns zu!«

Pintschovius lachte kurz auf.

»Überhaupt, grundsätzlich, Pintschovius, ist das Ganze nicht völlig grotesk? Da treffen sich zwei fremde Personen und benutzen zuerst die Öffnungen in ihren Gesichtern, die eigentlich zur Nahrungsaufnahme gedacht sind, um Worte und später Speichel auszutauschen. Danach entkleiden sie sich, und die eine Person pumpt mit Blut ein kleines Würmlein an seiner Vorderseite zu einer Art Schlauch auf. Diesen Schlauch versucht die erste Person nun in die zweite hineinzustülpen, worauf sich die erste Person in wilden Ruckelbewegungen vor- und zurückbewegt. Dabei schreien und grunzen beide Personen. Am Ende pumpt die erste Person der zweiten eine Art Paste in den Bauch. Und jetzt wird es wirklich unheimlich: In der zweiten Person wächst eine dritte Person heran, wird immer größer, bis sie schließlich aus der zweiten Person herausrutscht. Diese dritte Person wiederholt die gesamte merkwürdige Handlung ein paar Jahre später. Ist das nicht völlig absurd? Wer denkt sich denn so was aus? Von dem gütigen Gott mit weißem Bart scheint mir das eher nicht zu kommen. Das trägt die Handschrift eines wahnsinnigen Witzemachers aus der vierten Dimension.«

Pintschovius lachte still in sich hinein. »Gut beschrieben, Jaeger, genau so ist das, ich habe es selbst auch schon beobachtet.«

»Na ja, deshalb kann ich Ihren Großonkel gut verstehen.

Vielleicht sollte man den körperlichen Kontakt spezialisierten Profis überlassen. Die sehen gut aus und sind rein für Sexualität und Fortpflanzung gemacht, die machen dann die Kinder für alle anderen. Und alle anderen üben einfach ihre Berufe aus.«

»Das könnte von Goebbels sein.«

»Stimmt auch wieder.«

Einige Angestellte setzten sich mit einem »Mahlzeit!« an den Tisch der beiden Museumsmänner. Vor Jaeger stand ein müder, verwelkter kleiner Salat. Nach längerem Schweigen nestelte Jaeger mit seiner Gabel an einem Salatblatt herum, senkte den Kopf und versuchte, unter das Blatt zu blicken. Die Neuankömmlinge bemerkten das merkwürdige Vorgehen mit Seitenblicken. Nach ein paar Sekunden sprach Jaeger in Richtung des Blattes: »Nun kommen Sie da mal raus.«

Man aß irritiert weiter, Jaeger und Pintschovius schwiegen.

SCHWARZE ENGEL UND
BRENNENDE EIER

In dichten Verbänden zogen die Bomber über den nächtlichen Himmel von Dresden und ließen ihre Last fallen. Der ferne Lärm klang bedrohlich, die Detonationen der Bomben waren im Sekundentakt zu spüren, und ein gigantisches Feuer, das den Himmel mit einer unwirklichen Aura bestrahlte, glomm im Zentrum der Stadt. In den letzten Stunden waren zuerst viele Autos über die breite Ausfallstraße am Haus vorbeigerast, danach kamen Pferdewagen und zuletzt die zu Fuß Flüchtenden, mit Fahrrädern, Leiterwagen, Kinderwagen, voll bepackt mit den Dingen des Lebens. In den Gesichtern beobachtete der Junge eine angstvolle Leere, einige Kinder weinten, die meisten Erwachsenen erschienen nur starr und sehr ernst, während sie stumm an ihm vorbeieilten. Für den Jungen war all das beunruhigend, gleichzeitig spürte er aber auch ein heimliches Gefühl der Spannung, eine neugierige Erregung, während seine Eltern vom Haus zum Auto und zurück eilten, um alles, was sie besaßen, zu verstauen.

»Kann der Junge nicht einmal helfen, verdammt noch mal?« Sein Vater warf ihm einen gehetzten und zornigen Blick zu.

Seine Mutter blieb ruhiger beim Packen, sie ließ sich nicht aus der Ruhe bringen. »Lass den Jungen da raus, der würde uns nur zwischen den Beinen rumlaufen, hast du das Silberbesteck?«

Am liebsten hätte der Junge seine Mutter gefragt, ob sie nicht vor der Abfahrt noch ein einziges Mal in die Innenstadt fahren könnten, um das Feuer zu sehen, nur ganz kurz, er würde auch ganz vorsichtig sein, versprochen, aber er traute sich nicht, Vater schien ihm zu erregt. Also schwieg er und stellte sich ein Stück weit hinter den Wagen, um nicht aufzufallen. In immer neuen Wellen rollten die schwarzen Schatten am Himmel auf die Stadt zu, wie dunkle, riesige Engel mit ausgebreiteten Flügeln sahen die aus, über dem Zentrum ließen sie ihre dunkle Fracht fallen, es regnete schwarze Eier, und das Feuer bekam neue Nahrung. Er dachte an die Kirche, in der sie einmal gewesen waren, in der ein riesiger Engel an Seilen von der Decke hin und her schwang, ein Gefäß mit Weihrauch in den Händen, das während des Fluges eine Rauchspur in der Luft hinterließ.

Er setzte sich auf eine Mülltonne, an der mittlerweile relativ leeren Straße, von dort aus hatte er einen guten Überblick. Nach ein paar Minuten sah er zwei Kinder von stadtauswärts auf sich zumarschieren, ein Junge und ein Mädchen, sie hielten sich an den Händen, sie waren noch sehr klein, vielleicht drei und vier Jahre alt, sie trug ein weißes Kleidchen und er einen Schlafanzug, entschiedenen Schrittes gingen sie auf der Mitte der Straße in Richtung Innenstadt. Einige der ihnen entgegenkommenden Flüchtlinge drehten sich nach den Kindern um und sahen ihnen erstaunt nach, ließen sie aber weiterziehen. Heino fragte sich, wo sie wohl hinwollten, was war ihr Ziel, suchten sie ihre Eltern, ihr Zuhause, oder wollten sie auch zu dem großen Feuer gehen? Am liebsten wäre er ihnen hinterhergerannt. Er wollte sowieso nicht weg aus Dresden. Er wollte hierbleiben, bei seinen Freunden, in ihrem Haus.

In diesem Moment erklang die Stimme seiner Mutter. »Heino, wo bist du?«

Der Junge stand auf und ging zum Wagen.

»Wir fahren jetzt ab, hast du alles? Vergiss ja nichts, wir kommen nicht mehr zurück.«

Vater stand neben Mutter und hielt ihm die Tür auf. Im Hintergrund konnte der Junge sehen, wie ein einzelnes Flugzeug abgeschossen wurde und brennend, mit heulenden Motoren, ins Zentrum der Stadt stürzte. Der Junge versuchte, an Vaters Schultern vorbei das Flugzeug sehen zu können.

»Komm, Heino, steig ein, wir müssen los.«

»Können wir nicht hierbleiben?«

»Nein, es ist zu gefährlich. Das siehst du doch.«

»Wir haben den Krieg doch sowieso verloren. Hitler ist am Ende.« Diesen Satz hatte der Junge aufgeschnappt, von Herrn Stubbe, dem Nachbarn, der hatte das nachmittags vor der Tür zu seiner Frau gesagt, laut, als ob er wollte, dass es alle hörten. Vielleicht, dachte der Junge, vielleicht könnte er mit diesem Argument die Abreise verhindern.

Vater runzelte die Stirn. »Was hast du da gesagt?«

Mit unsicherer Stimme wiederholte der Junge seine Aussage. Der Vater holte aus und gab dem Sohn eine klatschende Ohrfeige, sodass dieser fast hintenübergefallen wäre.

Mutter war kurz fassungslos, dann schrie sie: »Bist du völlig irre? Wie kannst du den Jungen schlagen, was ist in dich gefahren?«

»Das kann der doch nicht sagen. Das darf keiner über den Führer sagen.«

»Aber er ist doch noch ein Kind, was weiß er denn vom Führer und vom Krieg?«

Vater Jaeger schwieg, während die Mutter auf ihn einredete.

»Hast du das vergessen? Dein Sohn ist sieben Jahre alt! Er hat einen Satz wiederholt, den er irgendwo aufgeschnappt hat. Und dafür schlägst du ihn? Deinen eigenen Sohn? Als ob du wolltest, dass dieser verdammte Krieg noch ewig weitergeht! Und deinen verdammten Führer kannst du dir sonst wo hinstecken, Führer, pah, dass ich nicht lache, ins Elend hat er uns geführt, dein Führer, nirgendwo anders hin!«

Der Junge hielt sich die von der Ohrfeige brennende Wange, die Tränen standen ihm in den Augen, was hatte er Falsches gesagt? War der Krieg in Vaters Augen etwa nicht schlecht? Wäre es denn nicht gut, wenn der Krieg aufhörte? Vater Jaeger setzte sich schweigend hinter das Steuerrad. Mutter schob den Jungen auf die Rückbank des Wagens und streichelte ihm liebevoll über das Haar.

Der Junge würde ab jetzt vorsichtig sein mit dem, was er sagte. Lieber wollte er schweigen, als noch einmal so etwas zu erleben. Schweigen oder sich verstellen. Er nahm es sich ganz fest vor.

Vater startete den Wagen, der Junge hatte immer noch Tränen in den Augen. Damit seine Eltern es nicht bemerkten, drehte er sich um und schaute durch die Heckscheibe. Während der Wagen abfuhr, sah er das Geschwisterpaar am Ende der Straße, wie es Hand in Hand in den Feuersturm ging. Er wäre gerne mit ihnen gegangen.

Jaeger machte eine Erzählpause. Dies war ein Bild, ein Splitter, an den er sich gut erinnern konnte, das meiste andere aus seiner Kindheit hatte er vergessen. Doktor Brandstädter legte den Kopf auf die Seite. »Fällt Ihnen dazu noch etwas ein?«

»Wie meinen Sie? Ist das wichtig? Bedeutet das etwas?«

»Alles bedeutet etwas. Oder kann etwas bedeuten.«

Jaeger war enttäuscht. Wo sollte er ansetzen, um eine Reaktion von seinem Psychiater zu bekommen? Er musterte den alten Mann, der müde in sein Notizbuch schrieb. Immer wenn der Doktor etwas notierte, hatte Jaeger das Gefühl, etwas Sinnvolles gesagt zu haben, etwas Bedeutsames, auf der gemeinsamen Suche nach dem Ursprung von Jaegers bodenlosen Depressionen. Vor einigen Jahren hatte er sich sogar selber stationär in die Psychiatrie einweisen lassen. War dort monatelang mit Medikamenten behandelt worden, musste alle möglichen Tests und Übungen über sich ergehen lassen. Als er die Anstalt verließ, ging es ihm zwar etwas besser, aber den Grund seines Elends hatte er nicht erblickt.

»Wie ging es denn weiter? Wo landeten Sie auf Ihrer Flucht?«

»In Harburg. Da sind wir geblieben. Da hat's dann auch immer wieder gebrannt, als die Engländer und die Amerikaner die großen Raffinerietanks von Shell in die Luft gebombt haben.«

Der Doktor machte sich eine Notiz.

»Mein Vater hat später ein Fotoatelier eröffnet. Das lief ganz gut. Er war nach dem Krieg der erste Fotograf dort, wo wir wohnten. Er hat mich übrigens nie wieder geschlagen. Irgendwann hat er sich zu Tode gesoffen.«

Doktor Brandstädter machte sich erneut eine Notiz. Jaeger betrachtete den Raum: karg, alles alt, ein paar Landschaftszeichnungen an den Wänden, eine Porzellanhängelampe, die gedimmtes Licht von der Decke strahlte, eine Holzvitrine aus dem Biedermeier, in der ein Teeservice stand, der Eichenschreibtisch des Doktors, der persische Teppich auf dem Fußboden, das Kanapee neben dem Sessel, auf dem er saß, all das erinnerte Jaeger an Fotos vom Behandlungszimmer Sigmund Freuds. Ein schönes Zimmer. Augenscheinlich kopierte der Doktor den Stil des großen Vorbilds. Auch trug er einen weißen, kurzen Vollbart, nur war seine Brille rechteckig, und er hatte eine Glatze. Sollte Jaeger jetzt weiter über seinen Vater berichten, war das wichtig? Wieso konnte der Doktor ihm nicht sagen, was wichtig war? Wenn Jaeger es selbst wüsste, wäre er nicht hier. Der Doktor war genauso ahnungslos. In dem Zimmer aber wollte Jaeger gerne verweilen, allein wegen des Raumes und der Stimmung wollte er wiederkommen.

HEIMATHIRSCHE

Vom Helms-Museum in Harburg aus unternahmen Pintschovius und Jaeger wissenschaftliche Exkursionen in die Lüneburger Heide, um dort sogenannte »Heimathirsche« zu besuchen. Mit dieser Bezeichnung umrissen sie Menschen, die sich in einer besonderen Weise ihrer Heimat verbunden fühlten, ja, sich als ihre letzten originären Pfleger und Erhalter auserkoren sahen. Ein Figurenkabinett aus merkwürdigen Spinnern und liebenswerten Nervsäcken, die Pintschovius als ausgewiesener Volkskundler im Auftrag des Museums interviewen durfte, um Zeugnisse von Baukultur, Berufswesen und Lebensart festzuhalten.

Im Verlauf der Forschungsarbeit hatte Jaeger die Adresse eines besonderen Falles herausbekommen, ein dilettierender Mittelalterforscher, der am Rande eines Dorfes in der Heide versucht hatte, sich aus der Gegenwart heraus und zurück ins Mittelalter zu versetzen. Also wurde eines Samstagnachmittags der unausweichliche Ausflug durchgeführt. Die Freunde fuhren mit Pintschovius' altem Käfer durch die Heidedörfer und fragten sich durch; je näher sie dem Ziel kamen, desto selbstverständlicher reagierten die Einheimischen, wenn die Begriffe »Festung« oder »Mittelalter« fielen.

»Ach, Junker Jörg, jaja, der wohnt da vorne.« Der Bauer wies noch kurz mit dem Finger zum Dorfrand, bevor er sich kopfschüttelnd entfernte.

Pintschovius und Jaeger näherten sich nun zu Fuß dem

Ziel, das hinter den Bäumen bereits in Form von Palisadenzaun und Wachtürmen zu erkennen war. Vor dem Tor der Festung sahen sich die Museumsmänner um, kein Mensch war zu sehen, an einem dünnen Bändchen hing der Hebel einer Klospülung von den mächtigen Befestigungswänden zum Besucher herab. Jaeger zog mit Wucht, sodass schließlich das Läuten einer fernen Glocke erklang. Lange Zeit geschah nichts. Dann erschien in einem der Wachtürme ein Mann, er trug einen dunklen, weiten Umhang und einen großen ledernen Schlapphut, in der rechten Hand hielt er eine Lanze, mit der linken schirmte er die Augen ab. »Wer da?«

Während sich die beiden Besucher noch tuschelnd verständigten, schrie der Wachmann auf einmal zu ihnen herab: »Ihr seid Meister Gregorius und Ihr sein Gehilfe Kaspar.«

»Wer von uns beiden ist der Meister?«, fragte Jaeger sichtlich irritiert nach.

Der Wachmann deutete auf Jaeger. »Ihr. Ihr da, der Kleine mit den Locken, Ihr seid der Meister! Wartet vor dem Tor, es wird Euch geöffnet.«

Nach endlosem Aufschließverfahren, das selbst geschmiedete Schloss schien zu haken, betraten die beiden Besucher den geräumigen Innenhof des Burghofes, der von innen eher einem amerikanischen Fort ähnelte, da die ganze Anlage aus rohen Holzbohlen zusammengehämmert war. In der Mitte des Hofes stand ein heruntergekommener Waggon der Reichsbahn. Der Junker, ein bereits etwas älterer, beleibter Herr, in mittelalterliche Kleidung gewandet, mit Schnauzbart, Schnabelschuhen und einem Pumphut, wedelte aufgeregt mit den Armen.

»Werter Meister Gregorius, Jörg mein Name, Junker Jörg,

ich freue mich, Euch in der Burg Waldschmidt begrüßen zu dürfen, wir befinden uns übrigens im Jahr 1386.«

»Aha, schon wieder eine Zeitmaschine …«, murmelte Pintschovius.

»Zwar sieht der Zug jetzt noch zu modern aus, aber bald schon werde ich ihn mit Holz einkleiden, sodass er sich dem Bild der Zeit angleicht.«

Dass es im 14. Jahrhundert keine Bahn gab, war dem Junker entweder egal oder aber nicht bewusst.

»Jahrelang haben wir da drinnen gewohnt, versteht Ihr, Meister? Meine Frau und ich, wir kommen aus der Landsiedlungsbewegung. Und in den Vierzigerjahren haben wir dieses Zugabteil hier abgestellt und sind eingezogen, um zu leben wie im Mittelalter, ist das nicht schön?«

Der Junker schien ausschließlich Jaeger als Ansprechpartner zu akzeptieren, warum, das blieb im Verborgenen. Er zog nun aus seinem Gürtel ein merkwürdiges Instrument, einen Holzschaft, an dessen Ende verschiedene gebogene Stäbe an einem Scharnier befestigt waren.

»Werte Reisende, so folget mir denn zum Pallas!« Der Junker wankte auf eine Art überbaute Gartenlaube zu, die durch ewiges Anbauen zu einem unförmigen Wust von Haus gebläht war.

Der Holzschaft mit den gebogenen Stäben erwies sich nun als selbst gebauter überdimensionaler Schlüssel für das ebenfalls selbst gebaute Schloss einer schweren Eichentür. Aus wahllosen Baumaterialien verschiedener Zeiten war dahinter ein zeitlich nicht einzuordnendes Wohntrumm zusammengenagelt. Drinnen herrschte nahezu undurchdringliche Dunkelheit, nur an wenigen Stellen ließen kleine, funzelige Glühbirnen erkennen, dass das gesamte Innere des Hauses – Wände, Boden und auch die Einrichtung – wie der

Burghof aus rohen Kiefernbohlen zusammengeschreinert war. Einzig die Küche war durch ein Fenster vom Tageslicht erhellt, aber auch hier kein Zeichen von modernem Wohnkomfort. Plötzlich jedoch sprang der alternde Burgherr an seinen Gästen vorbei und öffnete mit tiefem Grunzer einen großen und schweren Küchenschrank, dahinter kam die Gegenwart zum Vorschein: Kühlschrank, Gefriertruhe und Elektroherd, alles topmodern und gut gepflegt.

»Heizung haben wir auch, alles auf neuestem Stand, na ja, was heißt wir?«

Er bot seinen Gästen Platz auf den harten Planken einer Küchenbank, deren Aststrünke sich ihnen schmerzhaft in den Rücken bohrten.

»Gudrun, die Hausherrin und meine Anvertraute, ist ja vor Kurzem gestorben ...« Tränen stiegen ihm in die Augen, seine Stimme nahm einen näselnden Tonfall an. »All die Jahre in der Kälte, immer diese verdammte Kälte von unten, dadurch der Blasenkrebs, versteht ihr, Meister?«

Der Meister nickte betreten, Eleve Pintschovius blickte zu Boden.

Lange berichtete der Junker vom Schicksal des aus der Zeit gefallenen Paares, das im Dritten Reich alle Anfeindungen der Nazis überstanden habe. Er wolle demnächst einen hohen Bergfried aus Feldsteinen errichten, der Burgfrau zum Gedenken und als neues, gut sichtbares Wahrzeichen der Lüneburger Heide.

Jaeger genoss, fragte nach, um sicherzustellen, dass der Redefluss des Junkers nicht verebbte, während Pintschovius langsam in eine Art Wachschlaf verfiel, bestärkt durch den Singsang des Hausherrn und die maximale Ereignislosigkeit des Erzählten. Während dieses Vortrages gingen die Gestik, die Mimik, die Sprachmelodie und die Ausdrucksweise des

Junkers langsam auf und in Jaeger über. Von nun an lag auf alle Zeit eine analoge Kopie des Junkers in Heino Jaeger Figurenkabinett archiviert, die den Burgherrn überleben würde.

Nachdem Pintschovius immer wieder zum Aufbruch gedrängt hatte, wegen »des anderen wichtigen Termins«, nach langer und herzlicher Verabschiedung, saß auf dem Beifahrersitz des Käfers der Junker im Körper Jaegers und quasselte unentwegt auf Pintschovius ein, langsam, gemächlich, unbeirrbar rollten da unendliche Wortkaskaden von ausnehmender Informations- und Spannungsleere über den ohnehin schon gereizten Volkskundler hinweg, der sich selbst verfluchte, Jaeger mit auf diese Reise genommen zu haben.

Ab und zu mussten die Forscher des Absonderlichen ihre Räumlichkeiten nicht einmal verlassen, denn die Merkwürdigen haben einen sechsten Sinn für die wenigen Empfänger auf Erden, die in der Lage sind, ihre Signale zu dechiffrieren. So kam einige Zeit nach dem Besuch beim Junker ein Mann mit langem Lodenmantel und Jägerhütchen zu Pintschovius ins Büro, er habe die Adresse von Junker Jörg und würde die Herren Professoren suchen zur Präsentation einer »Weltsensation«.

Mit diesen Worten hievte er einen augenscheinlich schweren Koffer krachend auf den Tisch und verharrte im Präsentiermodus. »Herr Museumsleiter, mir schwebt da eine Sonderausstellung bei Ihnen mit meinen Exponaten vor, eine Weltsensation verspreche ich Ihnen, Ihr Museum wird mit einem Schlage weltberühmt, dessen können Sie sich sicher sein.«

Pintschovius runzelte die Stirn.

Der Besucher lüpfte seinen Hut. »Dietmar Breitschneid

mein Name, ich bin Altertumsforscher, hier sehen Sie die Krönung meiner langjährigen Arbeit. Passen Sie mal auf ...«

Mit diesen Worten und der bedeutungsschwangeren Geste eines Zauberers öffnete er den Koffer. Darin türmten sich rundliche weißfleckige Steine, durch den Transport im Koffer schon weitgehend ramponiert.

»Na? Was sagen Sie?« Breitschneid spannte sich an.

»Hm, ähh, das sind ... rundliche Steine?«

»Was heißt hier rundliche Steine?« Der Besucher ergriff mit Schwung einen der Steine und kratzte mit dem Fingernagel etwas Kalk herunter. »Na? Was sagen Sie jetzt?«

»Ich nehme an ... Kalk?«

»Na, wenigstens das kann der Herr erkennen, wenigstens das! Dann will ich Ihnen mal auf die Sprünge helfen. Das sind natürlich Römerköpfe! Versteinerte Römerköpfe! Verstehen Sie?«

Liebevoll strich der selbst ernannte Forscher mit der Hand über die Steine. Pintschovius ahnte, dass hier ein Fachmann gefragt war, er bat Breitschneid um Geduld, er würde einen Experten für Römerköpfe hinzuziehen.

Wenig später stand Jaeger im Zimmer und machte sich gleich an die Untersuchung der Exponate, er wendete sie fachmännisch in den Händen, prüfte das Gewicht und roch schließlich lange und mit geschlossenen Augen daran. »Tatsächlich, ohne Frage, mit großer Wahrscheinlichkeit handelt es sich hier um Römerköpfe.«

Breitschneid grinste Pintschovius an, froh, endlich mit jemand zu tun zu haben, der sich wirklich auskannte. »Die habe ich in einem Wald bei Büchen ausgegraben. Ich vermute, dass dort eine große Schlacht stattgefunden hat, vermutlich haben die Germanen den Römern die Köpfe abgeschlagen und sie einfach liegen lassen! Schauen Sie hier, die

Schnittkerbe einer Streitaxt!« Breitschneid wies auf eine abgeplatzte Stelle bei einem der Steine.

»Tatsächlich, Gott, wie brutal!«

Breitschneid warf sich in die Brust. »Der hat nicht mehr gelitten, das können Sie mir glauben. Ich kenne mich da aus, mein Fachgebiet sind Frauenmörder, Lustmörder wie Pomerenke oder Peter Kürten, nicht zu vergessen Severin Klosovski, das sind die Leute, mit denen ich mich tagein, tagaus beschäftige. Frauenmörder arbeiten häufig mit Kalk, Kalk nimmt Flüssigkeiten und Gerüche auf, wissen Sie, und die Leichen versteinern dann. Genauso wird es den Römern ergangen sein.«

»Genauso wird es den Römern ergangen sein!«, bestätigte Jaeger im Brustton der Überzeugung.

Breitschneid erklärte, er habe noch viele dieser Exponate in seiner Mietwohnung angesammelt, sein Vermieter habe ihn »unverschämterweise« rausgeworfen, da der Verdacht bestehe, dass die Wohnungsdecke einbrechen könne – »was für ein Schwachsinn!«. Nun sei er in einem Hotel in Jesteburg untergebracht, mitsamt seiner kompletten Sammlung, eine Besichtigung wäre jederzeit möglich.

Jaeger war spontan begeistert und drängte den vorsichtig bremsenden Pintschovius dazu, einen Termin mit dem »Kollegen« auszumachen, um tiefer in die Materie eindringen zu können. Mit dem notierten Termin verschwand Breitschneid, den schweren Koffer hinter sich her schlorrend.

Pintschovius schnaufte. »Jaeger, was haben Sie sich dabei nun wieder gedacht? Wie sollen wir den Irren denn je wieder loswerden? Der hegt doch jetzt Hoffnungen, der baut jetzt seine ganzen Zukunftsvisionen auf unser Treffen auf!«

»Dieser Mann ist ein Unikum! Den kann man nicht so

einfach unverrichteter Dinge wieder nach Hause schicken! Solche Menschen gibt's nicht mehr so häufig, Pintschovius!«

Am darauffolgenden Sonntag kamen die beiden Museumsarbeiter am Hotel *Heideblüte* in Jesteburg an, was eigentlich eher eine Art Heim für landfahrende Arbeiter und niedere Vertreter war.

Auf die Frage nach Herrn Breitschneid reagierte die Zimmerwirtin sofort ungehalten. »In welchem Verhältnis stehen Sie zu Herrn Breitschneid? Sind Sie verwandt oder befreundet? Herr Breitschneid hat hier nämlich Schulden, müssen Sie wissen.«

»Ja, aber wo ist er denn, der Herr Breitschneid?«

Die Frau baute sich breitbeinig vor Pintschovius auf, immer näher kam sie seinem Gesicht. »Sind Sie dazu in der Lage, die Schulden zu bezahlen?«

»Hören Sie mal, nein, wir sind nicht verwandt, wir sind nur bekannt, Herr Breitschneid hat uns eingeladen, seine Sammlung prähistorischer Funde zu besichtigen.«

»Ach, die bescheuerten Feldsteine, seine Zimmermitbewohner wollten ihn deshalb schon verprügeln, überall im Zimmer und im Flur sind die verteilt, alle sind drübergestolpert. Jetzt ist er getürmt, vorgestern, ich wollte die Miete von ihm, da ist er einfach abgehauen, so ein Verbrecher! Und ich hab hier diese Scheißsteine! Nehmen Sie die wenigstens mit, die Scheißsteine.«

»Wie kämen wir dazu? Die Steine darf man so gar nicht berühren, das sind Römerköpfe. Erst müssen wir Herrn Breitschneid finden.« Pintschovius hob abwehrend die Hände.

Die Wirtin bekam große Augen. »Dann stimmt das tatsächlich, was der Mann da von den Steinen gesagt hat? Was … was sind die denn wert?«

»Oh, das kann man so nicht sagen, aber sie könnten immerhin einen beträchtlich hohen historischen Wert besitzen, sie stammen aus der großen Römerschlacht zu Büchen …«

»Aha, aha, Büchen, Büchen, die Römerschlacht zu Büchen …«, murmelte die Wirtin und zog ab.

Nach einigen Tagen stand Breitschneid wieder im Büro von Pintschovius, Jaeger war ebenfalls zugegen.

»Herr Breitschneid, wir haben Sie besucht, aber Sie waren angeblich verschwunden.«

»Jaja, die verrückte Wirtin, vollkommen überzogene Forderungen hat die Alte, die is doch wahnsinnig, die Alte. Bin jetzt bei der Heilsarmee in Harburg untergekommen.«

»Und Ihre Sammlung?«

»Die konnte ich Gott sei Dank retten, Gott sei Dank! In einer Nacht-und-Nebel-Aktion bin ich hin und habe alle dreihundertsiebenundneunzig Köpfe aus dem Haus geholt, den ganzen Heereszug! Ich habe mir überlegt, dass man sie eigentlich nach Rom überführen müsste, um sie dort mit einem Ehrenbegräbnis zu bestatten. Was meinen Sie, was das für eine Heimkehr wäre, zu den Familien, nach zweitausend Jahren! Das wäre doch eine Sensation, oder?«

Jaeger war spontan begeistert. »Was für eine schöne Idee! Wir fahren mit den Köpfen des gesamten Heereszuges nach Rom und beerdigen die dort. In den Katakomben! Vorher müssen wir nur die Nachkommen ausfindig machen.«

Jaeger ignorierte den beschwichtigend mit den Armen fuchtelnden Pintschovius und nahm den Ton eines Kriegsberichterstatters des Dritten Reiches an: »In einem Ehrenzug fahren wir in Rom ein, die Köpfe aller Söldner an den Fenstern aufgereiht. Jubelnde Menschenmengen draußen auf den Straßen, auf dem Bahnsteig, zu Tausenden sind sie gekommen, die Römer, dieses stolze Volk, die großen, dunklen Athleten, die schönen Frauen, die Ururururenkel und -enkelinnen begrüßen ihre Vorfahren, winken mit kleinen weißen Fähnlein, sie spüren, dass sich die grausame Lücke in der Familiengeschichte nun endlich schließen wird, dank dieser bescheidenen deutschen Forscher ist das Trauma von Rom schließlich überwunden!«

Verzückt tänzelte Breitschneid um Jaeger. »Genau so wird es sein, Sie kennen sich aus, Herr Professor, Sie wissen, wie es geht! Ich schlage vor, dass ich die Köpfe bis auf Weiteres bei Ihnen im Museum lasse, während Sie die Vorbereitung zur Rückführung treffen, ja, wäre das in Ihrem Sinne?«

»Ganz sicher nicht …« Pintschovius fuhr laut dazwischen, nahm den aggressiven Ton jedoch sogleich etwas zurück. »Jaeger, bedenken Sie doch bitte die Überfülltheit des Museums, erst gestern hielt uns der Direktor an, dass wir unbedingt aussortieren müssten, sonst würde unsere Abteilung geschlossen! Auf keinen Fall können wir hier weitere Exponate annehmen!«

Jaeger wagte nicht zu widersprechen, zu eindeutig war der Einspruch seines Freundes.

Breitschneid räusperte sich. »Nun gut, nicht so schlimm. Dann schlage ich vor, dass Sie die Steine bei sich zu Hause unterbringen, bis sie zurückgeführt werden können, das klingt doch nach einer praktikablen Lösung, oder?«

Breitschneid sah Jaeger fragend an, dieser wiederum Pintschovius.

»Entschuldigung, das geht auf keinen Fall, ich habe zu Hause keinen Platz für Museumsexponate.«

Breitschneid war fassungslos. »Aber … es handelt sich hier immerhin um die Köpfe von Menschen. Wie herzlos kann man sein?«

»Was hat denn das mit Herzlosigkeit zu tun? Herr Breitschneid, es sind Ihre Steine, Sie müssen sie auch zwischenlagern. Zur Not in Büchen, wo Sie sie gefunden haben.«

»Eine bodenlose Frechheit ist das! Sie wollen sich aus der Verantwortung ziehen, nicht wahr? Erst morden Ihre Vorfahren diese fremden Menschen zuhauf, und dann wollen Sie nichts damit zu tun gehabt haben, nicht wahr? Sie decken einen Massenmord. Das ist ein Kriegsverbrechen! Eine Dienstaufsichtsbeschwerde werde ich gegen Sie einleiten! Sie nehmen internationales Kulturgut nicht ernst! Wenn das Erbe der Menschheit in Ihre Hände geriete, würde nichts von uns übrig bleiben. Sie Banause!«

Breitschneid schloss seinen Mantel und verließ stampfenden Schrittes das Büro. Jaeger machte keine Anstalten, ihn zurückzuhalten.

Man hörte einige Wochen nichts von Breitschneid. Eines Morgens, als Pintschovius zum Dienst erschien, lagen auf dem Museumsvorhof sämtliche »Römerköpfe« ausgekippt auf einem riesigen Haufen. Breitschneid tauchte nie wieder auf.

NEUE FREUNDE

Auf der Suche nach Memorabilia und Militärutensilien durchstöberte Heino Jaeger die ganze Stadt und fand Bildnisse von Gefreiten und Offizieren des 19. Jahrhunderts, Zinnsoldaten, Zierwaffen, Militärliteratur und Schlachtpläne. Am Hafen hatte er sich bei einem Kellerhändler einen schweren ledernen Wehrmachtsmantel gekauft, den er zu allen Anlässen trug, nun suchte er nach den passenden Stiefeln. Einem Tipp zufolge verkaufte ein Höker in Eimsbüttel solche Ware zu Tiefstpreisen, also suchte Jaeger ihn auf. Das Lager befand sich in einer kleinen Seitenstraße, in einem alten, runtergekommenen Haus im Souterrain, Jaeger ging die paar Stufen hinunter. Direkt hinter der Tür des niedrigen Kellerraumes lagen Hunderte von Knobelbechern durcheinander auf dem Boden, kein einziges Paar war zusammengefügt, es gab keine Sortierung nach Größe, keine Preisbeschilderung. Im Halbdunkeln konnte Jaeger hinter den Stiefeln einen Mann in einem Korbstuhl hängen sehen, der einen zerfetzten Strohhut tief in die Stirn gezogen hatte, unter dem Zigarettenqualm hervorzog, er blätterte in einer abgegriffenen Illustrierten.

»Hallo? Darf ich mich hier mal umsehen?«

Der Mann mit dem Hut nickte. Jaeger begann, in dem Schuhhaufen zu wühlen, begriff dabei schnell, dass er niemals ein zusammengehöriges Paar finden würde.

»Gibt keine Paare. Such dir zwei gleich große raus. Zehn Mark, billiger gibt's die nirgends!«

»Verstehe, haben Sie hier Licht? Ich kann kaum was erkennen.«

Über dem Schuhberg baumelte eine nackte Glühbirne von der Decke. Der Liegende aber griff neben sich auf den Fußboden, hob eine große Stabtaschenlampe auf und leuchtete auf den Schuhhaufen. »Klar, Amigo.«

Im Schein der Lampe wühlte Jaeger zwei halbwegs zueinanderpassende Stiefel aus dem Haufen und probierte sie an.

»Na siehste mal, passt doch, Amigo, die halten für den Rest des Lebens, damit kommst du bis nach Wolgograd und zurück.« Dabei ließ der Höker die Taschenlampe sinken und stand nun langsam von seinem Stuhl auf. Er umrundete den verwegen aussehenden Jaeger mit den Stiefeln, dem Wehrmachtsmantel und seinen halblangen Haaren. »Das sieht doch prima aus, das passt doch, das macht Figur, das hat Gesicht, Amigo!«

Jaeger musterte sich in der stumpfen Fläche des kleinen Spiegels, der in einer Ecke stand. Er war mit dem Anblick zufrieden.

»Was bist du denn eigentlich für ne Gestalt, Amigo? Sone wie du laufen hier nich so viele rum.«

»Jaeger mein Name, angenehm.«

»Ebenfalls angenehm, Onkel, Kippe?«

Jaeger lehnte dankend ab, nahm aber einen Kräuterlikör an, der ihm entgegengehalten wurde.

»Und was ist dein Beruf, Amigo, wenn ich nachfragen darf?«

»Ich bin Maler.«

»Oha! Ein Jaeger, der Maler ist. Das is ja allerhand. Gefällt mir, Respekt.«

Jaeger nickte und trank seinen Kräuterlikör.

»Und was malst du, Amigo?«

Jaeger zog ein paar Zeichnungen aus der Innentasche seines Ledermantels. »Leute.« Er hielt dem Händler die Zeichnungen hin. Darauf zu sehen waren Menschen, die Jaeger im Alltag aufgefallen waren, alte Damen zwischen verbrannten Häusern, eine von ihnen hatte den Kopf eines Krebses, eine andere trug eine Gasmaske.

Der Händler blätterte interessiert in dem kleinen Stapel. »Schöne Ware, gefällt mir gut, das Material, ungesehen, ich mache dir einen Vorschlag: Zwei von diesen Zeichnungen gegen die Stiefel, die du anhast.«

Jaeger willigte überrascht ein. Es war das erste Mal, dass er seine Kunst zum Zweck des Handels verwendete.

»Amigo, du gefällst mir, ich würde dich gerne mal einem Freund vorstellen, der ebenfalls an Kunst interessiert ist.«

Ein paar Tage darauf tauchte Jaeger zusammen mit Pintschovius bei der Adresse auf, die ihm der Händler namens Onkel aufgeschrieben hatte: Große Freiheit Nummer 11, ein niedriges zweistöckiges Haus mitten auf der Großen Freiheit. Ebenerdig beherbergte es ein Etablissement namens *Klein-Paris*, die beiden Stockwerke darüber wurden von einem Mann namens Wolli Köhler bewohnt, das war der Mann, den Jaeger laut Onkel unbedingt kennenlernen sollte. Es war bereits später Nachmittag, als Jaeger und Pintschovius den Salon im ersten Stock betraten. Auf einem Sofa saßen zwei junge Frauen in Batikkleidern, die das Cover des grade laufenden Kinks-Albums *Village Green Preservation Society* betrachteten, im hinteren Teil des Raumes stand vor dem Fenster ein mittelalter Mann im seidenen Hausmantel mit leicht angegrautem Haar und Walrossbart, der die beiden Eintretenden musterte. Er schlenderte ihnen betont lässig entgegen.

»Na, wen haben wir denn da? Neue Gäste, wer könnte das wohl sein? Ich begrüße Sie in meinem Salon, meine Herren, Wolli Köhler mein Name, aber für Freunde nur Wolli.« Der Mann sächselte so stark, dass Pintschovius Mühe hatte, ihn zu verstehen.

»Guten Tag! Jaeger, mein Name. Und das hier ist mein Kollege Pintschovius. Ein Stiefelhändler namens Onkel lud uns vor ein paar Tagen zu Ihnen ein, ich hoffe, das habe ich nicht missverstanden.«

»Ah, der Maler, genau, Onkel hat davon berichtet, schöne Zeichnungen, Herr Jaeger, schöne Zeichnungen hat er mir da gezeigt. Nehmen Sie Platz, darf ich Ihnen etwas zu trinken anbieten?«

Wolli bereitete schwarzen Tee und trug das Service mit einer Likörflasche zu dem Tisch, an dem die Neuankömmlinge Platz genommen hatten. Vor Jaeger lag eine Mappe mit diversen Zeichnungen.

»Willkommen also noch mal in meinem kleinen Salon. Bis vor Kurzem war dies übrigens ein Privatkino für Nudistenfilme, aber diese Dienstleistung habe ich abgegeben, jetzt treffen sich nur noch Freunde hier.« Wolli goss seinen Gästen Tee ein und stellte einen Fußballpokal, der sich als Zigarettenhalter erwies, in die Mitte des Tisches. »Sind Sie beide Maler?«

Pintschovius nahm sich eine Zigarette aus dem Pokal und zündete sie an. »Wir arbeiten beide im Helms-Museum in Harburg, ich bin Volkskundler, Herr Jaeger ist Scherbenmaler.«

»Na sieh mal an, solche Leute habe ich bis jetzt noch nicht kennengelernt, das klingt doch interessant, Volkskundler und Scherbenmaler. Und ich sehe, Sie haben Anschauungsmaterial mitgebracht?«

Jaeger schlug den Deckel der Mappe auf und breitete die Zeichnungen auf dem Tisch aus. Zum Vorschein kamen vor allem Bleistiftzeichnungen, auch ein paar kolorierte: Landschaften, in denen Häuser, Schuppen, Züge brannten, viele Porträts von mitgenommenen, verkrüppelten und zerfledderten Kreaturen und die große Szenerie einer toten Straßenecke in Harburg, darauf eine alte Frau mit Fliegerhaube, die sich die Waren im Fenster einer Fleischerei besah. Dieses Blatt war bis ins kleinste Detail so akribisch und selbstbewusst, förmlich aus einem Strich gezeichnet, dass man den Blick nicht davon wenden konnte, das Banale schien hier in großartigster Manier überhöht.

Die beiden jungen Frauen hatten das Cover zur Seite gelegt und traten an den Tisch, um ebenfalls einen Blick auf die Kunstwerke zu werfen.

Wolli war begeistert, hob die Zeichnung an, drehte sie vorsichtig im Licht. »Fantastisch! Alles daran stimmt, ohne dass man sagen könnte, was es ist.«

Die Frauen blickten Jaeger interessiert an, was diesen verlegen machte.

Pintschovius lächelte. »Sie sagen es!«

»Was soll das kosten?«

Jaeger war überrumpelt, damit hatte er nicht gerechnet, noch nie hatte er über Preise für seine Kunst nachgedacht.

Pintschovius sprang gekonnt in die Bresche. »Wir haben den Preis noch nicht festgelegt, das Werk ist ganz neu, hat bis jetzt noch niemand gesehen.«

Pintschovius hatte mit dieser Initiative die Funktion des Galeristen übernommen, und Wolli warf ihm einen abschätzigen Blick zu. »Aha, Sie machen hier also die Preise, verstehe.«

Jaeger grinste. »Richtig, Herr Pintschovius ist mein Galerist, er macht die Preise.«

Pintschovius warf Jaeger einen kurzen strafenden Blick zu. Er hatte keine Ahnung, wo er den Preis ansetzen sollte. »Herr Wolli, lassen Sie mich mal so fragen: Was würden Sie denn ausgeben?«

Wolli lachte auf und zündete sich eine Zigarette an. »In Anbetracht der Tatsache, dass ich von Ihrem Künstler noch nie etwas gehört oder gesehen habe – und ich beschäftige mich mit zeitgenössischer Kunst –, erscheint mir ein Preis von fünfhundert Mark nicht als unangemessen. Oder wie sehen Sie das, Jaeger?«

Jaeger war völlig überwältigt von der Höhe des Angebotes. »Das ist ein durchaus großzügiges …«

Pintschovius fiel ihm ins Wort: »Ich hätte das Werk eher bei tausend angesetzt …«

»Ich feilsche nicht, aber in diesem Fall mache ich Ihnen ein letztes Angebot: siebenhundert Mark. Ich will das Bild.« Wollis ausdrucksloser Blick lag lauernd auf Jaeger.

»Abgemacht, es gehört Ihnen.« Wie hypnotisiert starrte Jaeger den Mann im seidenen Morgenmantel an. Wolli kippte Likör in kleine Gläser, und man stieß gemeinsam an.

»Auf das erste Bild, das Sie verkauft haben!«

Jaeger und Pintschovius blickten Wolli erstaunt an, jener aber lächelte nur. In diesem Moment betrat ein großer, schlanker Mann im Pelzmantel mit Vollbart und braunen Locken den Salon.

»Hubertl, das freut mich aber!« Wolli sprang auf und eilte zu dem Ankömmling, die beiden begrüßten sich herzlich, Wolli nahm dem Mann den Mantel ab. »Das ist mein Freund Hubert Fichte, der bedeutendste Schriftsteller und Beatpoet Hamburgs.«

»Lass das, Wolli.« Fichte machte eine gequälte Verbeugung, wich den neugierigen Blicken von Pintschovius und Jaeger aus.

»Und dies sind Herr Jaeger und sein Galerist, Herr Jaeger ist Maler, ich habe gerade ein Bild von ihm erstanden, ein geradezu fantastisches Bild, schau mal, Hubert.«

Wolli wies auf das Bild auf dem Tisch, das Fichte eingehend musterte.

Sein Gesicht verriet weder Zustimmung noch Ablehnung, nur die Augen bewegten sich in schnellem Tempo über das Blatt, als ob sie jedes Detail kurz betasten und prüfen würden. »Tatsächlich sehr interessant, das muss ich zugeben.«

Fichte machte einen etwas blasierten Eindruck, nachlässig blätterte er mit der rechten Hand im Stapel der anderen Zeichnungen und blieb bei einem Blatt hängen, auf dem eine Vielzahl Penisse in Tierform abgebildet waren, genauer gesagt wirkten sie wie ein großer obszöner Fischschwarm. »Wirklich interessant, Herr Jaeger, Ihre Sicht der Dinge, soweit ich das bis jetzt beurteilen kann.«

Fichtes durchdringender Blick musterte Jaeger, dann Pintschovius. »Wie wäre es mit einem kleinen Tausch: dieser schöne Schwarm gegen eine handsignierte Ausgabe des *Waisenhauses* von mir?« Fichte zog ein Taschenbuch aus seinem Pelzmantel, das den Titel *Das Waisenhaus* trug.

»Das ist ein Angebot, das Sie nicht ausschlagen können, Herr Jaeger.«

Unter Wollis stechendem Blick nahm Jaeger den Tausch dankend an. Zwar hatte er noch nie von dem Schriftsteller Hubert Fichte gehört, wollte sich das aber auf keinen Fall anmerken lassen.

Wolli tätschelte seinem Freund den Arm. »Hubert schreibt

gerade ein Buch über Hamburg, genauer gesagt über eine Kneipe am Gänsemarkt, die *Palette*, kennen Sie die?«

»Wolli, lass mal, über ungelegte Eier soll man nicht sprechen, und dass ich dir davon erzählt habe, heißt nicht, dass du der Welt davon erzählen sollst.«

Wolli sackte etwas verschämt in sich zusammen, schenkte eine Runde Likör nach, und schon bald lockerte sich die Stimmung wieder auf. Pintschovius pries das Genie seines Freundes an. Ab und zu gab der ansonsten schweigsame Jaeger eine kleine Kostprobe seines Talents, sprach in Stimmen, zitierte ein paar Sätze im Duktus seiner Figuren, was bei Wolli, Fichte und vor allem bei den Frauen zu lautstarker Belustigung führte. Jaeger gefiel ihnen, sie hatten sich ihm zur Seite gesetzt, seine Schüchternheit nahm aber auch mit steigendem Likörpegel kaum ab.

»Sie haben es im Falle Ihres Freundes mit einem Ausnahmetalent zu tun, Herr Galerist, das sage ich Ihnen, ich hoffe Sie sind mit der Fähigkeit und dem Überblick gesegnet, aus diesem Talent den großen Werdegang zu schmieden, den sein Besitzer verdient.« Fichte blickte Pintschovius herausfordernd an, von oben schaute der große Mann auf den kleineren herab, als ob die alleinige Verantwortung für Jaegers Zukunft ganz in Pintschovius' Händen läge.

»Wir arbeiten daran, Herr Fichte, die Sterne stehen günstig.«

»Wir werden Sie dabei tatkräftig unterstützen, Herr Jaeger, ich würde gerne auch in Zukunft weiter bei Ihnen Kunst einkaufen und mich darüber freuen, wenn Sie mir ab und zu einen Überblick über Ihre Neukreationen gestatten würden.«

Man saß noch einige Zeit beisammen und unterhielt sich, mit jedem Gläschen schwoll die freundschaftliche Atmosphäre weiter an, und beim Aufbruch war klar, dass man sich bald wiedersehen würde, spätestens zu Jaegers erster offizieller Ausstellung.

BEGINN EINER KARRIERE

Jaegers finanzielle Situation blieb prekär. Die Arbeit im Museum warf bei Weitem nicht genug ab, sodass Jaeger diverse Jobs annehmen musste, um über die Runden zu kommen. Eine Zeit lang arbeitete er als Briefträger. Jeden Morgen um sieben Uhr fand er sich bei der Harburger Hauptpostfiliale im Kirchdorfer Damm ein, zog sich die schlecht sitzende Uniform an und radelte dann mit dem gelben Postrad durch das Viertel. Eigentlich gefiel ihm diese Arbeit gut, wenn sie nicht bisweilen in Stress ausgeartet wäre. Vor allem zu Festtagen und speziellen Anlässen war die Briefflut für Jaeger manchmal kaum zu bewältigen. Schließlich verfiel er auf einen genialen Trick: Wurde es ihm zu viel, fühlte er sich bedrängt, radelte er vom Postamt aus mit seiner vollen Tasche zu einem der nächsten Briefkästen und warf die Post dort einfach wieder ein. So hatte Jaeger erst einmal einen oder zwei Tage Ruhe, bis dieselbe Post schließlich erneut bei ihm auf dem Tisch landete. Irgendwann allerdings ergaben sich aus diesen Kreisläufen Strudelsysteme, denn das auszuliefernde Material wurde dadurch ja nicht weniger. Es fiel auch den Mitarbeitern auf, dass immer wieder dasselbe Briefgut unter ihren Stempeln landete, und nach einiger Beobachtung war der Schuldige ausgemacht. Jaeger klammerte sich nicht an diese Beschäftigung, sondern betrachtete auch diesen Lebensabschnitt als kurze und eher erheiternde Episode.

Ab und zu, wenn es zum Monatsende hin ganz eng wurde, ging Jaeger zur Heilsarmee, denn dort fanden jeden Tag zuverlässige Speisungen statt. Diese Organisation, in einem schönen alten wilhelminischen Bau in der Talstraße auf Sankt Pauli gelegen, war ohnehin eines der bevorzugten Anlaufziele für Jaeger und Pintschovius. Zu hohen christlichen Feiertagen, speziell zu denen an Weihnachten, trafen sich die beiden dort, um den Zeremonien beizuwohnen. Anwesend waren meist die gestrandeten Existenzen Sankt Paulis, alte, gestrauchelte Huren und Wirtschafter, ehemalige Hafenarbeiter, durch Alkohol und ein derbes Leben gezeichnetes Schrumpelvolk, sozial Derangierte und körperlich Sieche lauschten andächtig den Predigten des »Käpt'ns« Armin Stechat. Der oberste Offizier in dieser Armee Gottes führte seine treuen und dienstbeflissenen Soldatinnen in ihren strengen dunkelblauen Uniformen an, um im Reich der Sünde für Ordnung zu sorgen und Barmherzigkeit walten zu lassen.

Man saß also auf den engen Büßerbänkchen und sang gemeinsam selbst verfasste Erbauungschoräle, die dem falschen Leben abschworen und den Herrn lobpriesen. Anfangs sangen Jaeger und Pintschovius etwas verschämt, dann aber inbrünstig mit. Nach Beendigung des gruppendynamischen Gesanges kam es zur Generalbeichte, die Sünder waren angehalten, auf einer Beichtbank vor dem anwesenden Volk Platz zu nehmen und vor aller Augen und Ohren von all den Verfehlungen ihres Lebens zu berichten, was sich freilich die allerwenigsten trauten. Schließlich aber erhob sich doch ein alter, gebeugter Mann aus der letzten Reihe und humpelte durch den Saal, während die Anwesenden seine Courage durch ein gemeinsames »Halleluja!« goutierten.

Er ließ sich auf der Beichtbank nieder, erhob sein Haupt und bekannte sich: »O Herr, ich habe jäisindigt, sou viele Sinden hab ich ouf mäin kläines Rickelchen jäinommen, das es fast zerrbrrochen wäre!«

Während der augenscheinlich aus dem Pommerschen stammende Alte Luft holte, echote die Gemeinde: »Halleluja!«

»Äin Lumpenhund bin ich jäwäisen, mäin Herr, äin verkottertes Läiben hab ich jäifiehrt, hab immer nur an mir selbst jäidacht!«

»Halleluja!«

»Jäinommen hab ich, wou es jing, hob mer auch jäiklaut, zum Bäispiel Brrot und auch mol an Apfel, hab jetrunken janze Nächte, und bei de Dirnen wor ich jäiwäisen, ober das is nu vorbäi!«

»Halleluja!«

»Betrogen hab ich, als mir jing die Kutsch kaputt, hab jälogen und das Jeld jäinommen und mer jekaft e Moped, das war falsch!«

»Halleluja!«

»Aber jetzt, mein Herr, bin ich jäiläutert, hab jäifunden den Weg zum Licht, Herr, und kann nur alle sagen – jehet auch ihr den Wäig des Lichts!«

Ein vom Käpt'n angezeigtes dreimaliges begeistertes Halleluja dröhnte durch den Saal. Dass der alte Pommer zu jedem Anlass dieselbe auswendig gelernte Beichte vor versammeltem Publikum abhielt und danach ein Extrasüppchen vom Käpt'n dafür bekam, war allseits bekannt und gleichzeitig einerlei, wichtig war, dass sich zumindest einer der Anwesenden bekannte und somit gleichzeitig auch alle anderen erlöste.

Nach solch einem vorweihnachtlichen Besuch bei der Heilsarmee erhielt Pintschovius einen Brief, der zittrigen und verwackelten Handschrift nach von Greisenhand geschrieben:

Werter Herr Pintschovius!

*Viel Erfolg und Freude in der Arbeit auf dem Gebiet der Volks-
kunde sowie stille Anteilnahme am Leben der alten Menschen, die
besonders in diesen Tagen vor dem Fest sich fragen: Sind wir nichts
mehr wert? Es brauchen nicht immer hundert Mark zu sein!
Auch zehn Mark oder Sachspenden sind doch Anzeichen von Anteilnahme. An Kleidung fehlt es mir nicht, obgleich ich mir auch
endlich mal einen neuen Mantel für den Übergang wünschte.
An Bettzeug fehlt es dagegen dringend. Und da ich an jenes zerschlissene Bett gefesselt bin, muss ich anmerken. Am dringendsten
fehlt es an Lebensmitteln. Seit 39 Jahren kenne ich keine bunten
Teller mehr. Auch einen Staubsauger könnte ich gut brauchen.
Und ich müsste dringend zum Friseur, dafür fehlen mir jedoch die
Mittel. Es könnte alles so einfach sein! In jedem Postamt liegen
Zahlkarten aus. Es muss doch möglich sein, mit einer kleinen
Spende, auch Sachspenden, Kekse, Süßigkeiten, Leselektüre, und
ein wenig guten Willen, uns eine kleine oder große Freude zu
bereiten, ein wenig Licht in den Alltag von uns alten Menschen
zu strahlen.*

*Herzlichst Ihr: H. Jaeger
Tages-Altenstätte Großborstel \ im Betagten Pavillon Nr. 4
Bettenreihe 11 \ oder im Sonderzimmer bei Prof. Prager*

Pintschovius amüsierte diese kunstvolle Form der Schnor-
rerei, er brachte daraufhin Jaeger ein paar Lebensmittel vorbei.

Jaegers Lebenssituation aber war tatsächlich so prekär,
dass er irgendwann seine Krankenversicherungsbeiträge
nicht mehr bezahlen konnte. Langsam sammelten sich immer mehr offene Rechnungen an, Pfändungsversuche blie-

ben fruchtlos. Schließlich erhielt Jaeger die Aufforderung, seine Vermögensverhältnisse für den Offenbarungseid darzulegen. Das beigelegte Formular, speziell die Rubrik »Sachvermögen«, wurde von Jaeger derart pflichtgemäß und korrekt ausgefüllt, dass Beiblätter angelegt werden mussten, um dem Umfang der Erläuterungen gerecht zu werden. Nichts sollte der Behörde verschwiegen werden, im Gegenteil – sogar der Zustand der Besitztümer wurde detailliert dargestellt, damit der Fiskus selbst entscheiden konnte, ob diese Gegenstände in Staates Hand verwertbar wären.

Persönlicher Besitzstand H. Jaeger:
Im Haushalt vorrätiges Geld 11,63 DM, kein Sparvermögen, keine Anlagen.
Mobiliar
1 Elektrokocher, 3 Kochtöpfe, 2 davon bedeckelt, 1 Pfanne (ohne Stiel), 8 Teller, 2 Tassen (schönes Muster, Untertassen jedoch leider unauffindbar, könnte man aber eventuell nachkaufen).
1 Brotmesser, 1 Kochlöffel, 3 Gabeln, 2 Messer, 2 Löffel, 3 Kaffeelöffel, 4 Strohhalme (2 davon mit Knick und farbig gestreift, auch für Kinder geeignet!)
Des Weiteren
4 Hosen, 3 davon aus Jeansstoff, moderner Schnitt (Reißverschlüsse alle tadellos), eine Kordhose mit Aufnäher Calimero (gelb, niedlich) am Knie. 2 Pullover (beide dunkelbraun, Wolle grob), 6 Paar Socken (weiß, mit Gummirand), eine feste Jacke von Geschäft Julius Lackmann. Ein Siemens Radio (Antenne leider angeknickt, Klang dennoch passabel), ein Parteiabzeichen der Partei FDP, mehrere Aufkleber der Firma Pril (Blumenmuster, fröhlich). In der ganzen Wohnung insgesamt in Anwendung: 6 Glühbirnen der Marke Osram (unterschiedliches Alter, 2 mal 25 Watt, 4 mal 40 Watt, recht sparsam also!). etc.

Diese Liste erstreckte sich über viele Seiten. Die Reaktion blieb vorerst aus, das ratlose Schweigen darauf ließ auf einen irritierten Sachbearbeiter schließen, der ähnlich wie Jaeger bei der Post die schwierigen Fälle in die fernere Zukunft verschob.

Pintschovius aber machte sich ernsthafte Gedanken, wie man seinem Freund helfen könnte. Wie man ihn voranbringen könnte, dieses unerhörte Talent hätte doch eigentlich schon längst für seinen Träger zu einem Glückssegen werden müssen. Wie konnte denn ein so reich beschenkter Mensch am Hungertuch nagen? Er sprach mit allen Menschen, die er in Kunstbetrieb und Showbusiness kannte, und sein Cousin Jürgen von Tomëi kam schließlich mit der entscheidenden Verbindung: Er hatte Hanns Dieter Hüsch die Aufnahmen aus der Besenkammer vorgespielt, der sofort über die Maßen begeistert war. So etwas habe er noch nie gehört, ein Künstler, der deutsche Alltagssituationen so genau und unkommentiert wiedergeben könne, ein derartiges Gespür für Komik hätte und dabei auf alle konventionellen Techniken von Satire und Kabarett verzichtete, bei dem es noch nicht mal mehr Pointen gäbe, so etwas wäre ihm zuvor höchstens noch bei Karl Valentin oder Jürgen von Manger untergekommen. Da Hüsch in diesen Jahren als großer Star in der deutschen Kabarettszene galt und auch bei den öffentlich-rechtlichen Rundfunkanstalten als Moderator hoch angesehen war, hatte er die Aufnahmen seinem Freund Wolfgang Pahde, dem Chef der Unterhaltungsabteilung beim WDR, vorspielen dürfen. Dieser war am Anfang etwas irritiert und fragte tatsächlich nach, ob es sich dabei um Originalaufnahmen von irgendwelchen verrückten Kleinbürgern handeln würde. Als er aber begriff, dass all diese Figuren von nur einem Mann kreiert und präsentiert wurden, verstand er Hüschs Aufregung und sprach – nach weiterer Anpreisung des »Meisters« durch Hüsch – schließlich eine Einladung aus. Womöglich galt es, einen neuen Star zu entdecken, ein Unikum, einen Humorrevolutionär, und er, der Unterhaltungschef, könnte sich als »der Mann mit der Nase« hervortun.

Man lud Jaeger also für Probeaufnahmen zum WDR nach Köln ein. Pintschovius, der treue alte Recke sollte den aufkommenden Stern am deutschen Humorhimmel begleiten wie Sancho Pansa seinen Don Quijote, ihm familiären Beistand leisten und bei den Darbietungen bestärken, diese Bedingung stellte Jaeger. Pintschovius hatte zur Inspiration die Aufnahmen der »Heimathirsche« auf Tonband dabei, die Jaeger immer einen besonderen Kick gaben.

So trafen sich im Herbst des Jahres Wolfgang Pahde und Jürgen von Toméi mit den beiden Freunden in Köln in einem alten, geräumigen, holzvertäfelten Aufnahmestudio. Nach kurzem Kennenlernzeremoniell ging es direkt an die Arbeit. Jaeger sollte sich ähnlich wie in Basel in eine Aufnahmekammer setzen. Dort wollten sie ihn einfach reden lassen, unter idealen Bedingungen mit möglichst wenig Ablenkung ungestört seine Figuren entwickeln lassen. Jaeger zwängte sich wortlos in den engen Aufnahmeraum, schloss hinter dem großen Neumann-Mikrofon die Augen. Lange saß er so da und wartete geduldig, er schien ganz entspannt und ruhig. Nach ein paar Minuten blickte Pahde im Regieraum fragend zu Toméi und Pintschovius hinüber, was war los? Gab es Ladehemmungen? Oder war der Kandidat eingeschlafen? Auch Pintschovius wurde langsam nervös, kannte er doch die Unberechenbarkeit seines Freundes, möglich, dass der gerade in diesem Moment nicht inspiriert war, möglich aber auch, dass er sich aus unerfindlichen Gründen verweigerte, vielleicht war ihm der Druck zu hoch, die Erwartungshaltung zu stark, die Zielgerichtetheit ihres Unterfangens zu fragwürdig? Pintschovius blickte flehentlich zu Toméi, aber auch dieser konnte nichts ausrichten. Vielleicht waren sie in Basel ja nur per Zufall auf einen prall gefüllten Stollen gestoßen, vielleicht gab es heute nichts zu bergen?

»Können wir irgendwas Gutes für ihn tun? Braucht er Kaffee? Oder Alkohol?«, fragte Pahde.

»Normalerweise kommt das ganz von selbst. Und Alkohol trinkt er ja gar nicht so gerne«, raunte Pintschovius, obwohl Jaeger sie sowieso nicht hören konnte. »Ich weiß nicht, was er hat, vielleicht muss er sich erst mal sortieren.«

Pintschovius zündete sich eine Zigarette an, als auf einmal eine fremde Stimme aus dem Aufnahmeraum drang, augenscheinlich die eines Journalisten, sogleich unterbrochen von der rauen Stimme eines älteren norddeutschen Schlachters, der ausgiebig das R rollte:

JOURNALIST: *»Sie sollen hier das älteste und zugleich das modernste Schlachthaus in Europa sein, hab ich mir sagen lassen, könnten Sie uns dazu vielleicht etwas Näheres sagen?«*
ALTSCHLACHTER: *»Ja, es handelt sich hierbei ja um Frischfleischvergütung im modernen Sinne. Sowie um Lagerfleischaufbereitung mit Bromsalzen und anderen modernen hygienischen Zusätzen, die wir gerne zufügen. Wir beginnen immer mit der Besichtigung des Schlachthofmuseums, ehe wir uns selber in den Schlachtprozess mit einschalten. Diese Halle hier ist der älteste Raum, der mit dem Schlachtgewerbe zu tun hat. Hier wurde der Schlachtrat, der sogenannte Blutrat, der damals noch zwingendes Recht besaß, also das Blutrecht – daher heute noch das Wort Blutrache – vom Landesherrn gewählt. Der Fußboden ist mit Pferdefüßen und Kalbsfüßen ausgelegt – also immer die Hufe nach oben – dadurch kommt nun also das gefällige und hübsche Hufemuster zustande.«*

JOURNALIST: »Äh, wir sehen hier von einer Samtkordel abge-
trennt so eine Art Thron, würde ich sagen ...«

ALTSCHLACHTER: »Ja, das ist der Hochsitz für den Blutrats-
ältesten gewesen, der ja auch das Berchrecht und das Knochenrecht
innehatte, deshalb das etwas altertümliche Bild auch, mit dem
Knochenberch im Wappen, was wir auch zu Anfang im Eingang
gesehen haben. Hier rechts in der Hand wieder die gebrochene
Lilie, links das zweimal gebrochene Bein des Rindes zum Zeichen
der Gnade.

Die Wände und die Kuppel sind mit Blut angestrichen worden
zuerst im Jahre 1200 und zuletzt 1892 und 1961 renoviert. Die
Türen sind aus Knochen hergestellt, die Türgriffe aus Hörnern,
auch sehr gefällig. Das mosaikartige Bild, wenn Sie hier mal her-
sehen wollen, das ist aus lauter Kalbsaugen zusammengesetzt,
alle Augen sind auf den Hochsitz des Blutrates gerichtet, denn der
hatte ja auch die schwierigen Entscheidungen zu treffen.

Durch diese geruchsdichte Panoramascheibe haben wir zunächst
einmal einen Überblick: Das da hinten ist kein Kinderspielplatz,
das ist eine vollautomatische Schweinerutschbahn, auch alles far-
benfroh gehalten. In der Schweinerutschbahn tritt die sogenannte
Schweinestarre ein. Wir haben sogar noch bessere Erfahrungen
gemacht mit dem Schweinesessel und der hygienischen Schweine-
couch. Der Heißluftstock für die Rinderbetreuung im ersten Stock
ist sehr gut angekommen, sodass auch reges Interesse von der Poli-
zeibehörde und auch aus den Heilanstalten kommt. Von der Ross-
schlachtung sind wir ganz abgekommen, durch die Fremdarbeiter
sind wir jetzt aber wieder gezwungen, den Betrieb unserer Ross-
schlachtung bis zu vierzig Prozent als reinen Saisonbetrieb wieder-
aufzunehmen. Von streunenden Hunden wandern circa sieben-
unddreißig Prozent in den Kochtopf des Gastarbeiters hinein, nur
neunzehn Prozent von Hunde- und Katzenfleisch geht in den sogenannten preiswerten Mittagstischen als Ragout weg.

An Pferderassen wird der Hannoveraner sehr gerne geschlachtet,
der Belgier lässt sich an und für sich noch lieber schlachten, er ist
ein fülliger Fleischspender. Ich darf Ihnen nu noch mal was Per-
sönliches verraten, ich esse persönlich am liebsten Torte, Schwarz-
wälder Kirschtorte mit ordentlich Schlachsahne dazu.«

Eine Gestalt nach der anderen trat nun aus Jaeger hervor. Menschen, denen er begegnet war, die er belauscht hatte beim Schlachter, beim Friseur oder im Bus, manche hatte er auch im Fernsehen abgestaubt, sie begegneten einander und sprachen über ihren Mikrokosmos. Ein Sachse, der aus einer Keksausschneidefabrik berichtete, ein betulicher Schweizer Professor, ein bräsiger Hamburger Polizist, der im eigenen Beamtensingsang einzuschlafen drohte. Wiederholt norddeutsche, ausgekühlte, böse alte Damen, die mit raunzigen Stimmen von Tod und Vernichtung in ihrem engsten Umfeld erzählten, ein schizoider Politiker, ein Hamburger Brutalo-Proll, der vom Verprügeln der eigenen Familie sehr freundlich und selbstverständlich berichtete – all diese Figuren drängelten sich in den Aufnahmeraum und breiteten ihre grotesken Alltagsszenarien aus. Jaeger brauchte kaum eine Pause und wenig Erfrischung, er war froh, seine Schranken endlich öffnen zu können, froh, ein dankbares kleines Publikum gefunden zu haben, und so monologisierte er den ganzen Tag. Nach vielen Stunden ging ihm langsam der Elan aus, die Figuren wurden müder, die Stimmen leiser, die Geschichten gleichförmiger. Die Ernte aber war reich.

Die WDR-Unterhaltungsredaktion beschloss, die Aufnahmen zu schneiden und wöchentlich unter dem Titel »Heino Jaegers Stegreifgeschichten« zu senden. Umbettet von längeren Interviewsequenzen von Jürgen von Toméi mit Heino Jaeger tauchten dazwischen die merkwürdigen Figuren auf, viele davon so glaubhaft und trocken, dass einige Hörer, die erst während der Sendung einschalteten, das Gehörte für bare Münze nahmen.

Das Publikum goutierte dieses neue Format, die Reaktionen waren durchweg positiv, von Einschaltquoten war damals noch nicht die Rede, da es ja eigentlich keine Konkurrenz im Äther gab. Man konnte also Wagnisse eingehen, ohne Panik vor Massenumschaltungen haben zu müssen. Ganz langsam wurde die Welt aufmerksam auf Heino Jaeger.

EINER GEGEN ALLE

Norbert Grupe, der »Boxprinz von Homburg«, fuhr zusammen mit seinem Freund und Sparringspartner Buddy Turman in seinem goldenen Mercedes 220 SE Cabriolet bei Othmarschen auf die Autobahn nach Hannover. Die beiden sahen aus wie Rockstars, Grupe trug eine enge weiße Jeans, ein weit aufgeknöpftes rotes Satinhemd, ein rotes Halstuch, das mit seinen strohblonden halblangen Haaren im Wind flatterte, und eine goldene Sonnenbrille. Turman trug einen gelben Trainingsanzug mit schwarzen Streifen und dazu eine schwarze Sonnenbrille.

Grupe schmetterte lautstark »Delilah« von Tom Jones mit. Er hatte einen Showkampf in Köln vor sich und war bester Dinge, weil ihm dieser Auftritt, egal wie er ausging, einen Haufen Geld einbringen würde. Schon länger dachte er darüber nach, mit dem Boxen aufzuhören, nur, wann war der richtige Moment dafür? Die meisten Boxer verpassten ihn, die meisten ließen sich verlocken von der Aussicht auf noch mehr Geld und Ruhm und landeten schließlich auf schäbigen Abstellgleisen. Mit knapp dreißig wollte Grupe jetzt mit einer Fanfare abtreten, mit einem großen Auftritt gegen einen ultimativ starken Gegner, er wollte sich unvergesslich machen. Aber das war noch Zukunftsmusik, heute ging es ums Taschengeld.

Bei der Auffahrt Langenhagen kurz vor Hannover scherte ein großer Lkw mit Anhänger in den Verkehr ein und zog, ohne zu blinken, direkt auf die Überholspur rüber, Grupe musste abrupt bremsen, der Mercedes schlingerte und wäre fast von der Fahrbahn abgekommen. Grupes Gesicht wurde dunkelrot, als er Turman anblickte, die Adern an seinen Schläfen pulsierten, seine Augen verengten sich zu Schlitzen, er hupte, fluchte und boxte auf das Lenkrad ein.

»Das gibt's doch nicht … na, ich kotz doch … hast du das gesehen? Den Weihnachtsmann hol ich mir raus, das war einer zu viel, den Dreckslappen zieh ich vom Bock …«

Grupe wartete ungeduldig, bis der Lkw wieder nach rechts zog, und setzte mit aufjaulendem Motor nach vorne, direkt neben die Fahrerkabine des Lasters, er hupte, stellte sich beim Fahren auf, schrie: »Ey, ey, du Taschendieb, mach die Scheibe runter. Du sollst dein Scheißfenster aufmachen, du gemeingefährlicher Schweinekutscher …«

Er hupte weiter und ballte die Faust in Richtung des Lkws, bis der Fahrer schließlich seine Scheibe runterkurbelte.

»Fahr sofort auf die Seite, du Knecht, wir ham was zu klären …«

Der Trucker, ein wuchtiger, stumpfer Typ, blieb ganz ruhig und ließ sich von Grupe überhaupt nicht beeindrucken, er grinste seinem bulligen Beifahrer zu. Grupe schrie, der Lkw-Fahrer schüttelte nur belustigt den Kopf und zeigte ihm einen Vogel, was Grupe vollends in Rage versetzte. Er setzte sich mit dem Mercedes vor den Lkw, um ihn auszubremsen, dieser wiederum versuchte, um Grupe herumzufahren, was ihm allerdings nicht gelang. Der Lkw-Fahrer musste stark verlangsamen und kam schließlich quer auf der Autobahn zum Stehen, während sich der komplette Verkehr hinter ihm staute, ungläubige Autofahrer hupten, stiegen aus ihren Pkws. Grupe und Turman sprangen aus dem Mercedes und postierten sich um den Führerstand des Lkws, Grupe krempelte die Ärmel hoch. »So, aussteigen, meine Herren, hier ist

Ihre Fahrt zu Ende, jetzt gibt's die Rechnung für die Schlamperei …«

Der Fahrer des Trucks kurbelte einfach seine Fensterscheibe hoch.

Grupe sprang auf die Trittfläche des Lkws und öffnete die Tür, packte den Fahrer an seinem Halstuch und zerrte ihn aus dem Gefährt hinter sich her auf einen nahen Acker. »Guten Morgen, die Verhandlung is eröffnet, Herr … wie war doch gleich Ihr Name?«

»Was soll das? Bist du wahnsinnig?« Der Lkw-Fahrer war ebenfalls von beachtenswerter Statur und brachte sich nun langsam in Stellung. Hinter ihm näherte sich sein Beifahrer, ein sehr großer, massiger Mann mit schwammigem Gesicht, in dem die Augen als kleine Schlitze verschwanden.

»Ich frage Sie, ob Sie sich zu Ihrer Tat bekennen? Sie hätten eben fast einen schweren Auffahrunfall erzeugt. Sie haben unser Leben und das diverser anderer auf fahrlässige Weise aufs Spiel gesetzt, ist Ihnen das bewusst?« Grupes Stimme war tief und knurrig, er blickte sein Gegenüber angriffslustig an.

Der Lkw-Fahrer hatte sein Selbstvertrauen zurückerlangt, nicht zuletzt durch die Anwesenheit seines bulligen Freundes.

»Du hast wohl nicht mehr alle Latten am Zaun, du Eiernacken, dir zeig ich gleich mal, wo der Frosch die Locken hat …«

Schon hatte er Grupes Fäuste im Gesicht, einmal von links, einmal von rechts, klatschend, knackend, ungeschützt und mit voller Wucht, er sank sofort bewusstlos zusammen. Der Beifahrer betrachtete verständnislos das Geschehen.

Turman näherte sich dem Beifahrer und schlug ihm einen wuchtigen Haken von rechts in die massige Wampe, sodass dem Dicken die Luft wegblieb, ein zweiter Haken von links ließ ihn wanken, er ging in die Knie und erbrach sich röhrend. Zeitgleich waren im Hintergrund diverse Trucker aus anderen Lkws herangeeilt und über die Leitplanke gesprungen, sie hatten sich mit Brechstangen und Schraubenschlüsseln bewaffnet.

Langsam wurden Grupe und Turman von den Truckern eingekreist, der bullige Beifahrer war mittlerweile auch wieder dazu bereit, die beiden merkwürdigen langhaarigen Hippietypen gründlich aufzumischen. Im Hintergrund erklang eine schrille Trillerpfeife. Ein kleinwüchsiger Polizist war auf das Feld gesprungen und versuchte, mit gezogener Waffe den Disput zu beenden.

Die Kontrahenten verharrten widerwillig, während der kleine Polizist seine Kollegen per Funk herbeirief, nervös mit der gezogenen Pistole auf die Runde zielend, um alle Anwesenden in Schach zu halten. Hinter der Leitplanke hatte sich eine unüberschaubare Schar Schaulustiger gebildet, die das bizarre Ereignis verfolgten. Eigentlich eine Traumsituation für Grupe, endlich stand er wieder im Ring, nur dass der verdammte Ringrichter, sprich der Polizist, den Kampf unterbrochen hatte.

Martinshörner näherten sich, weitere Polizisten sprangen mit MPs im Anschlag über die Leitplanke und umkreisten die Kontrahenten. Eine Megafonstimme erklang aus einem Einsatzwagen: »Achtung, Achtung, hier spricht die Polizei Hannover! Lassen Sie sofort alle Waffen und Tatgegenstände fallen, heben Sie Ihre Hände – sofort!«

Ein Krankenwagen hielt am Autobahnrand, ein Notärzteteam sprang auf den Acker und eilte zu dem bewusstlosen

Trucker. Grupe und Turman wurden in Handschellen festgenommen.

»Hallo? Wer ist denn hier der Chefkellner? Wer hat hier das Sagen? Hallo? Ich hoffe, dass die Herren erkennen, dass Sie hier zwei Unschuldige festgenommen haben! Erst werden wir von diesen Schweinekutschern fast von der Fahrbahn geschubst, dann versucht uns der aufgebrachte Pöbel zu lynchen, und am Ende nimmt man ausgerechnet uns beide fest, uns, die Opfer, wo bleibt da die Gerechtigkeit?«

Die Polizisten ließen Grupe schimpfen und verfrachteten ihn mit Turman in eine bereitstehende grüne Minna, um sie nach Hannover aufs Revier zu fahren.

Auf der Wache wurden die Aussagen aller Beteiligten stundenlang protokolliert, Blutproben entnommen und die Papiere überprüft. Grupe versuchte immer wieder, auf die Schuld der Trucker zu verweisen, die das ganze Dilemma ausgelöst hätten, allein der kleine Polizist, direkter Zeuge des Vorgangs, sprach Grupe die Hauptschuld für die Sperrung der Autobahn zu.

Am übernächsten Tag erschien die Meldung in der *Bild* auf der Titelseite: Boxer sperrt Autobahn!

Da war Grupe bereits wieder in Hamburg, den Kampf in Köln hatte er tatsächlich erfolgreich absolviert und war danach direkt zurückgefahren. Am folgenden Tag tauchte er mit Turman in Wollis Salon in der Großen Freiheit Nummer 11 auf und musste nun allen Anwesenden und Freunden brühwarm das gesamte Abenteuer schildern, dazu kredenzte Wolli Getränke, die den Erzähler in seiner Verve befeuerten.

»Ja, wie soll ich denn reagieren, wenn mir einer ans Blech will? Wenn da so ein asozialer Knecht auf alle Regeln pfeift?

Die Autobahn ist wie der Ring, da gelten Regeln, und wer die nicht einhält, der wird angezählt, dann is Daddelduh! Oder etwa nicht, Wolli?«

»Klar, Norbert, das kann man nicht einfach so durchgehen lassen, Strafe muss sein.«

Wolli betrieb seit ein paar Monaten eine Etage im größten Bordell Hamburgs, dem *Palais d'Amour*, er war das, was man einen Puffboss nannte: Er vermietete Räume für den Verkehr an die Huren. Seit Jahren pflegte er den Kontakt zu Grupe, eine Zeit lang hatte er ihn gemanagt, auch jetzt begleitete Wolli ihn häufig zu seinen Kämpfen, um ihn mental zu unterstützen, denn wer Grupe seinen Freund nennen konnte, hatte keine Feinde mehr.

Etwas abseits im Salon saß Heino Jaeger, lauschte interessiert den Ausführungen des Boxprinzen und zeichnete. Was für eine fantastische Stimme, was für ein einzigartig rauer Sprachfluss, die Metrik, das knurrend Vulgäre in Grupes Kehle fesselten ihn, so eine Figur gab es in seinem Kabinett noch nicht. Nachdem der Boxprinz seine Geschichte erzählt hatte, löste sich der Pulk im Raum auf, die Leute verteilten sich mit ihren Getränken, nicht ohne Grupe von der Seite zuzuprosten, schließlich hatte er die Vita der Gesetzlosen um eine strahlende Anekdote erweitert.

Wolli kam mit Grupe auf Jaeger zu. »Norbert, darf ich dir einen der interessantesten Künstler Hamburgs vorstellen: Heino Jaeger.«

Jaeger ließ seinen Zeichenblock sinken und stand auf, Grupe musterte ihn aufmerksam. Das militärische Outfit bestehend aus Knobelbechern und Wehrmachtsmantel, gepaart mit den halblangen ungepflegten Haaren interessierte den Boxer, er blickte Jaeger einen langen Moment aus seinen kalten, blauen, immer etwas angeschwollen wirkenden

Augen an. Jaeger aber blieb gelassen, blickte unbewegt zurück und wartete ab, was passieren würde.

»Was macht denn der Mann für Kunst, wenn ich da mal nachfragen darf?«

Jaeger hob seinen Zeichenblock, auf dem obersten Blatt war des Boxprinzen Kopf zu sehen, schnell gezeichnet, in Blei, es schien, als ob Jaeger den Stift kaum abgesetzt habe. Das Wesentliche in Grupes Mimik war perfekt kondensiert, und über seinen strohigen Haaren kreiste in einem wolkenfreien Himmel eine mikroskopisch kleine Bomberstaffel, gleichsam wie ein Schwarm kriegerischer Fliegen, die einen Heiligenschein um den Kopf eines Giganten bildeten.

Grupes Augen flackerten zwischen der Zeichnung und Jaeger hin und her, dann erschien ein krauses Grinsen um seinen Mund, und er nickte. Er schlug die nächste Seite des Blocks auf, auch hier eine Zeichnung von Grupes Kopf, in einer etwas anderen Position, auf der nächsten Seite und auf den folgenden sieben ebenfalls.

»Na, der Mann kann ja wirklich was. Respekt, Meister Jaeger, Respekt.«

Wolli bot Likör an.

Hubert Fichte trat zu ihnen. »Das ist eine unglaubliche Geschichte, die du da geliefert hast, Norbert. Literaturverdächtig. Theaterreif. Einer gegen alle. Wer den unaufhaltbaren Strom der Autobahn stoppen kann, der hat Macht über die Menschen.«

»Deswegen hab ich's nicht gemacht, mir ging's um die Gerechtigkeit. Es kann doch nicht jeder machen, was er will.«

»Du bist ein moderner Michael Kohlhaas, Norbert.«

»Den Vergleich lasse ich gelten.«

Volker Schlöndorff hatte gerade *Michael Kohlhaas – der Rebell* in die Kinos gebracht, er begann mit Straßenschlachtszenen der Pariser Studentenrevolte. Grupe hatte den Film gesehen und identifizierte sich vollauf mit der Figur.

Fichte war einer der wenigen, die dem Boxprinz ungestraft widersprechen durften, was seiner intellektuellen Autorität und seinem Bekanntheitsgrad geschuldet war, ihm eilte ein legendärer Ruf voraus, den er literarisch noch gar nicht eingelöst hatte. »Na ja, wenn man's genau nimmt, waren die beiden Trucker ja keine Schergen des Systems, das waren Privatleute, die du da geahndet hast.«

»Aber danach stand vor uns fast die komplette Polizei Hannovers, bis an die Zähne bewaffnet, gegen zwei Männer mit ihren vier Fäusten.«

»Ab da nimmt die Geschichte tatsächlich Kohlhaas'sche Züge an. Wir sollten das Ganze zum Anlass für ein Theaterstück nehmen. *Grupe gegen Deutschland* – in der Hauptrolle: Norbert Grupe.«

Der Boxprinz hielt sein Glas in die Höhe und strahlte über die ganze Visage. »Ich nehme die Rolle an.«

»Und der malende Jaeger ist auch wieder hier, na das freut mich.« Fichte prostete Jaeger zu, der an seinem obligatorischen Traubensaft nippte, legte ihm die Hand auf die Schulter und entfernte sich mit ihm aus dem Pulk um den Boxprinzen. »Wissen Sie, an wen ich beim Betrachten Ihrer Sujets unwillkürlich denken musste?«

»Bis jetzt noch nicht.«

»An Hieronymus Bosch. All diese merkwürdigen Wesen und Figuren, die Ihre Bilder da bevölkern, die findet man in der zeitgenössischen Kunst so nicht. Habe ich diese Verwandtschaft richtig vermutet?«

»Nein. Ich bin nur ein naturalistischer Maler. Ich gebe das wieder, was ich sehe. Hieronymus Bosch hat alle möglichen Kräuter für seine Visionen geschluckt, ich nehme nichts.«

Fichte lachte auf. Tatsächlich war Heino Jaeger ein großer Verehrer von Hieronymus Bosch, er hatte bereits mehrere Ausstellungen des mittelalterlichen Meisters besucht und auch eine Biografie über ihn gelesen, aber das hätte er Fichte niemals verraten. Fichte imponierte die leicht ablehnende Haltung, die Jaeger gegen ihn einnahm, gleichzeitig spürte er, dass er nur durch Distanz Respekt gewinnen konnte, also verbeugte er sich und ging weiter. Jaeger nahm das zum Anlass, um Fichte zusammen mit Grupe zu zeichnen. Als Liebespaar.

DER GOLEM

Im Sommer 68 plante Heino Jaeger einen ausgedehnten Trip in den Ostblock, zumindest so weit er kommen würde. Im Sinne des Forschungsgeistes der Altmodler wollte er in diesen ihm unbekannten Bereich der Welt einreisen, der Fortschritt westlicher Prägung solle bis dorthin angeblich noch nicht vorgestoßen sein. Dem Vernehmen nach gebe es architektonische Kleinode, Bahnhöfe, Industrieanlagen, Militärareale, die dem Modernisierungswahn bisher nicht zum Opfer gefallen seien und von der kulturellen Käseglocke des Kommunismus geschützt in einer Art Dornröschenschlaf auf ihre Wiederentdeckung warteten, so zumindest wussten Jaegers Freunde zu berichten.

Alle aus der Gruppe der Altmodler unternahmen derartige Exkursionen, fuhren beispielsweise nach Belgien, nach Luxemburg oder nach England, um sich von den Atmosphären und zeitfernen Stimmungen inspirieren zu lassen, Bedingung aus dem Freundeskreis war nur, die Daheimgebliebenen mit Informationen zu versorgen, und so gab es einen regen Postkarten- und Briefverkehr, meist versehen mit aufwendigen Zeichnungen der vorgefundenen Architekturen, denn die Freunde waren allesamt gute Zeichner.

Jaegers Plan war es, mit dem Zug über Dresden nach Prag zu fahren und auf der Reise so häufig wie möglich auszusteigen, um Eindrücke zu sammeln, was durchaus risikoreich war, aufgrund des strengen Verbotes, die Durchreisezüge in der DDR zu verlassen. Am 19. August begleitete Pintschovius seinen Freund zum Zug am Hamburger Hauptbahnhof.

»Im Dienste unseres Forschungsgeistes und für die gesamte Gruppe werden Sie diese gefahrvolle Reise auf sich nehmen, vermutlich werden Sie uns unbekannte Areale der Welt erschließen.«

»Ich tue es für die Menschheit, Pintschovius, und für die Völkerverständigung. Ich werde Ihnen so oft wie möglich schreiben. Falls ich nicht zurückkomme, fällt Ihnen mein Hausstand zu.«

»Allein um das zu verhindern, möchte ich Sie bitten, recht bald und wohlbehalten wiederaufzutauchen.«

Bei der Abfahrt des Zuges zog Pintschovius ein weißes Taschentuch aus der Brusttasche seines Jacketts und winkte Jaeger hinterher, der aus dem geöffneten Zugfenster lehnte. Es war ein sonniger Tag, die Grenzüberfahrt bei Neuruppin regte Jaeger zu ersten Zeichnungen in dem engen, voll besetzten Zugabteil an. Mit kurzem Blick auf die Grenzanlagen, Wachtürme und Baracken und vor allem die Uniformen der Grenzer versuchte er, ihre Haltung und Mimik auf seinem Papierblock festzuhalten, was von einem beleibten älteren Mann, der zu seiner Linken saß, skeptisch beäugt wurde. Ungelenk öffnete der den Schlips, der seinen fetten Hals einzwängte.

»Sind Sie vom Staat?«

»Wie meinen Sie?«

»Ob Sie einen staatlichen Auftrag haben, Sie betreiben hier ja eine Art Spionage.«

»Ich bin Architekturforscher, ich habe den Auftrag, die gesamte Architektur der Welt festzuhalten.«

»Oha!« Der Dicke pfiff durch die Zähne. »Da haben Sie aber einiges zu tun.«

»Das will ich meinen! Würden Sie mich jetzt bitte nicht
weiter von der Arbeit abhalten?«

Beleidigt lehnte sich der Dicke zurück. Im selben Moment
betrat der Schaffner das Abteil, gefolgt von einem Grenz-
soldaten der Deutschen Demokratischen Republik, Jaeger
schlug seinen Zeichenblock zu. Die Beamten kontrollierten
die Fahrkarten und Ausweise. Für einen Moment hatte Jaeger den Eindruck, der Dicke würde ihn bei dem Grenzer
anschwärzen, zumindest glaubte er das in dessen servilem
Blick zu lesen.

Die Fahrt führte durch die farbenfrohe Sommerland-
schaft, vorbei an diversen ostdeutschen Kleinstädten, alle in
ein staubiges Grau gehüllt, Natur und Kultur in völligem Wi-
derspruch. Aber gerade dieses Grau gefiel Jaeger, diese Zu-
rückgenommenheit, diese stille Mutlosigkeit. In Windeseile
skizzierte er Eindrücke vorbeihuschender Relikte, eine alte
Scheune, ein Werkstor, eine Bäuerin mit einem klapprigen
Fahrrad an einer Ampel, während der Dicke immer wieder
mit seinen Fettaugen über die Zeichnungen strich.

»Wieso zeichnen Sie denn Menschen, wenn Sie Architek-
turzeichner sind?«

»Das macht man eben so. Das ist Vorschrift. Von oben. Ich
tu das nicht gerne, aber ich muss halt.«

In Leipzig verließ der Dicke mit seiner dünnen Frau das
Abteil. Jaeger dachte darüber nach, ebenfalls auszusteigen,
obwohl ihm das Risiko bewusst war. Immer verlockender
erschien ihm auf der Weiterfahrt der Regelbruch; als der Zug
in Dresden hielt, konnte er nicht widerstehen, ergriff sein
Bündel und betrat zum ersten Mal seit der Nacht der Flucht
im Feuersturm die Stadt seiner Kindheit und das Land der
Deutschen Demokratischen Republik.

Auf dem Bahnsteig standen viele Uniformierte unterschiedlicher Nationalitäten. Jaeger vermutete, dass es ostdeutsche und russische Soldaten waren, der Grund ihrer Anwesenheit blieb ihm unklar. Keiner achtete im allgemeinen Durcheinander auf ihn, so verließ er den Bahnhof unbemerkt. Jaeger war aufgeregt, nicht nur wegen dieses offensichtlichen Regelverstoßes und nicht nur, weil er sich in der DDR, jenem magischen Schattenbruderland, aufhielt, in dem immer noch einige seiner Verwandten lebten, sondern weil er endlich an jenem Ort angelangt war, an den er sich so lange zurückgesehnt hatte. Er stand in der Dresdner Innenstadt, und die ewigen Bilder stiegen wieder in ihm auf, das Feuer über dem Zentrum der Stadt, die dunklen Brandengel darüber und das kleine Geschwisterpaar, das in den Flammensturm lief, genau hier musste der innere Kern des Feuers gewesen sein. Jaeger ging langsam durch die Straßen, blieb ab und zu stehen und skizzierte. Viel der alten Bausubstanz war zerstört, die SED hatte Ruinen als Mahnmale stehen lassen, und dort, wo einige der schönsten Bauwerke des ehemaligen Elbflorenz wie zum Beispiel die Sophienkirche gestanden hatten, waren nun einfache, funktionale Neubauten aus Beton errichtet, in denen Kaufhäuser oder Verwaltungen residierten. Die Fassaden der Häuser waren wie die Kleidung der Menschen in gedämpften Tönen gehalten, nahezu farblos; Jaeger fiel auf, dass es kaum Außenwerbung und Leuchtreklamen gab, das öffentliche Leben erschien im Ganzen angenehm reduziert.

Die Menschen wirkten zielstrebig und arbeitsam, es gab keine Jugendlichen, die an irgendwelchen Straßenecken herumhingen, keine Trinker, die ihre Lebenszeit an Imbissbuden verplemperten, weder laute Musik aus Autoradios noch sonstige Anzeichen des üblichen Amüsements der westdeutschen Innenstädte. Jaeger war all das nicht unsympa thisch, wenngleich er auch eine Art unsichtbarer Bremse in allem zu verspüren meinte. Den Nachmittag über durchstreifte er die Innenstadt und erfrischte sich zwischendurch an seinem Reiseproviant, da er nur tschechoslowakische Kronen, aber keine einzige Ostmark besaß. Am liebsten wäre er in eines der Lokale gegangen, um die Gerüche und den Geschmack der Speisen testen zu können.

Am späten Nachmittag begab Jaeger sich wieder zum Bahnhof. Ihm fiel auf, dass auf vielen Güterzügen militärische Fahrzeuge transportiert wurden, sie schienen der russischen Armee zu gehören. Jaeger stieg in den nächsten Zug in Richtung Prag. Nach zwei Stunden erreichte er mit einem gewissen Gefühl der Erleichterung den Zielbahnhof. Er war weder kontrolliert noch festgenommen worden und hatte einige wunderbare Zeichnungen der Dresdner Innenstadt anfertigen können.

Der Anblick der Jugendstilhalle des Prager Hauptbahnhofs verschlug Jaeger fast den Atem, die hohe, geschmückte Rotunde mit den Wappen der Landesteile war in verschiedensten Farben und Mustern bemalt – ganz anders als das Einheitsgrau der DDR. Er ließ sich durch die Straßen treiben und kam aus dem Staunen nicht mehr heraus, in dieser Stadt hatte der Krieg kaum Verwüstung hinterlassen, die meisten Relikte des Altertums schienen erhalten und gut gepflegt, er pilgerte zu Galerien, Museen, Friedhöfen und Kirchen. In einem kleinen Hotel an der Moldau fand er schließlich Nachtquartier, mit der Wirtin konnte er nur radebrechend kommunizieren, er sprach kein Tschechisch und sie kaum Deutsch oder Englisch, aber es reichte aus für den Akt der Unterbringung.

Am nächsten Morgen ließ sich Jaeger weiter durch die Innenstadt treiben, ihm fielen große Menschengruppen auf den

Straßen und Plätzen auf, einige hatten Transparente dabei mit für Jaeger kryptischen Slogans, viele trugen Fahnen mit den tschechoslowakischen Nationalfarben. Jaeger überquerte die Moldau und wanderte durch stille Gässchen zur Prager Burg hinauf, immer wieder unterbrochen von Zeichenpausen. Vor einem kleinen blauen Haus in der Straße Zlatá ulička hatte sich ein Menschenpulk gebildet. In diesem Haus hatte Franz Kafka Anfang des zwanzigsten Jahrhunderts gewohnt und geschrieben, jetzt standen Studenten davor und skandierten etwas für Jaeger Unverständliches, einige trugen Banner, auf einem stand »Free Kafka!«. Jaeger wunderte sich, da er aber nicht glaubte, mit den Studenten kommunizieren zu können, ließ er die Ansammlung hinter sich.

Je weiter er schritt, desto menschenleerer wurden die Gässchen. Irgendwann musste sich der Reisende eingestehen, dass er sich verlaufen hatte und völlig orientierungslos war. Vor einer verschlossenen kleinen Kirche stand er in den Strahlen der frühen Sonne und genoss diesen Moment. Ein alter Mann humpelte die unebene Gasse herab; als er Jaeger erreicht hatte, blieb er vor ihm stehen. Er blickte Jaeger prüfend in die Augen und fragte ihn etwas auf Tschechisch.

»Entschuldigen Sie, aber ich spreche kein Tschechisch.«

Der Alte legte den Kopf schief, sein Gesicht war hager, er trug eine stählerne Brille, die seine blaugrauen Augen stark vergrößerte. »Ah, ein Deutscherrr! Sind Sie aus dem Westen oderrr aus dem Osten?« Der Alte rollte das R weich und lang und lispelte leicht.

»Ich komme aus Hamburg. Das ist …«

»In Westdeutschland, ich weiß, mein Herr. Und was suchen Sie hier?«

»Ich suche den Weg zurück in die Innenstadt, ich habe mich anscheinend verlaufen.«

»Das glaube ich nicht. Es gibt keine Zufälle, alles hat seinen Grund. Vielleicht sind Sie gekommen hierher, um mich zu treffen.« Der Alte streckte Jaeger die Hand hin. »Jakubec. Vaclav Jakubec mein Name, ich heiße willkommen Sie in Prag.«

Jaeger schüttelte die Hand des Alten und stellte sich vor.

»Und was Sie suchen hier, Herr Jaeger?«

»Ich suche nach der Welt, wie sie mal war. Im Westen ist sie untergegangen, aber hier scheint sie noch zu existieren.«

»Oh ja, Herr Jaeger, da Sie sind in Prag am richtigen Ort gelandet. Möchten Sie, dass ich ein wenig Sie herumführe? Ich habe Zeit, und es ist meine Aufgabe, zu helfen den Suchenden.«

Jaeger nahm das Angebot dankbar an. Der Alte führte Jaeger langsam durch die Straßen in Richtung der Innenstadt und erklärte ihm die Geschichte Prags, von Jan Hus, der lange vor Luther versucht hatte, die Kirche zu reformieren, bis zum Zweiten Weltkrieg, in dem Jakubec als Jude in deutsche Kriegsgefangenschaft geraten war.

»Wissen Sie, ich nichts habe gegen die Deutschen, sie waren Verführte, sie wussten nicht, was sie taten. Waren ganz junge Burschen, die mich damals haben festgenommen, haben mich geschlagen und eingesperrt, aber ich immer nur Mitleid hatte mit ihnen, ich ja wusste, dass ihre große Zeit bald vorbei wird sein.«

»Woher wussten Sie das, Herr Jakubec?«

»Das mir mein Herz hat gesagt. Schon seit den Tagen der Machtergreifung, ich wusste, dass nicht lange dauert. Dass wir nur geduldig sein müssen, und dann geht vorüber auch diese finstre Nacht.«

Jaeger musterte mit wachsendem Interesse sein Gegenüber: Jakubec war einfach gekleidet, seine Hose und das

Hemd mehrfach geflickt, die Schuhe aufgetragen. Sein hageres Gesicht umrandet von den weißen Haaren machte einen fast schon greisenhaften Eindruck, aber aus den Augen funkten irisierende Blitze. Vielleicht ist er ja ein Trickbetrüger oder ein alternder Taschendieb, der in mir sein letztes gutgläubiges Opfer gefunden zu haben glaubt, dachte Jaeger. Sie blieben vor dem Eingangstor eines alten Friedhofs stehen.

»Sie schon mal waren auf Jüdischem Friedhof in Prag?«

Jaeger verneinte.

»Kommen Sie, Herr Jaeger, dann ich zeige Ihnen nun schönste Friedhof dieser Welt.«

Jakubec öffnete das verrostete eiserne Tor, und sie betraten einen steinernen Weg, der auf das große Friedhofsareal führte, umsäumt von den Häusern der Prager Josefstadt. Um sie herum standen in endlosen Spalieren die Steine der verstorbenen Prager Juden, alt, mächtig, verwittert und schief, als ob seit Ewigkeiten niemand auf den Zustand des Geländes achten würde. Einige der Steine lagen bereits halb auf dem Boden, andere lehnten aneinander. Jaeger hatte den Eindruck, einem greisen Riesen ins Maul zu schauen, dann dachte er an ein Fest betrunkener Steine, die mitten im Tanz eingeschlafen waren. Die Grabstelen waren mit merkwürdigen Schriftzeichen übersät, die fast an mayanische Hieroglyphen erinnerten, aufwendig und kunstvoll ausgearbeitet, ab und zu standen dazwischen auch Objekte, die wie Sarkophage aussahen.

»Das ist in der Tat allerhand, Herr Jakubec, das muss ich zugeben. So einen Friedhof habe ich noch nie gesehen. Warum kümmert sich niemand um den Zustand der Steine?«

»So ist bei uns Brauch. Friedhof ist ›Haus der Ewigkeit‹, und Totenruhe gilt für immer, darf auch nach Jahrhunderten nicht gestört werden, mein Freund. Unter den zwölftausend

Gräbern, Sie sehen hier, liegen Gebeine von über hunderttausend Menschen, denn wenn Platz voll ist, wird eine Lage
darüber beerdigt. Verstehen Sie?«

»Das ist eindrucksvoll. Und es wird nichts beseitigt? Oder
erneuert?«

»Nein, alles bleibt für immer.«

Sie blieben vor einem besonders schönen rötlichen alten
Stein mit gewundenen Formen stehen, ein aufrecht stehen-
der Wappenlöwe prangte im Zentrum, zwischen Säulen und
Kapitellen, die als Flachrelief aus dem Stein gehauen waren,
floss wieder jene schöne alte, fremde Schrift.

»Ist Althebräisch, falls Sie mich danach fragen wollen. Ist
Grab von Rabbi Löw, Mann, der Golem erschaffen hat, Sie
kennen, Herrr Jaeger?«

Jaeger verneinte.

»Rabbi Löw hat sich um 1580 an Ufer der Moldau geformt
aus Lehm einen Gehilfen, nach alten Vorschriften aus Kab-
bala, einen Diener, um die Juden zu beschützen, Sie verstehen? Seitdem dieser Diener geht alle dreiunddreißig Jahre
durch Prag und schaut nach seinen Juden. Dazwischen verschwindet er, man nicht weiß, wo er ist, vielleicht schläft er.
Leider hat er die Nazis verschlafen, wer weiß: Vielleicht hätte
er Hitler, wenn er rechtzeitig erwacht wäre, den Garaus gemacht.«

Jaeger betrachtete erst Jakubec und dann wieder den
Stein. »Was bedeuten die kleinen Kieselsteine, die auf dem
Stein liegen?«

»So denken wir Juden an unsere Vorfahren, jeder Stein ist
ein Gedanke, ein Wunsch. Sie sehen: Wird an all diese Menschen immer noch gedacht.«

Jaeger sah sich um, auf allen Grabsteinen, egal wie alt,
schief und verwittert, lagen Kieselsteine.

»Wenn Sie mögen, lade ich Sie morgen zu mir nach Hause ein und erzähle Ihnen noch mehr, Herr Jaeger.«

Nachdem Jakubec seine Adresse aufgeschrieben hatte, zog er von dannen, und Jaeger blieb noch einige Zeit auf dem Friedhof, um die Stimmung auf sich wirken zu lassen. Von außerhalb der Mauern drang immer wieder der Lärm der Menschenmengen in die abgelegene Ruhe. Auf dem Rückweg sah Jaeger, dass sich immer größere Menschengruppen auf den Straßen versammelten, um zu demonstrieren. Er beschloss, seinen neuen Bekannten bei ihrem nächsten Treffen nach dem Anlass der Unruhen zu befragen. Den Abend über schrieb Jaeger Karten an die Altmodler, die er mit aufwendigen Zeichnungen versah, auf denen er die Stimmung des Erlebten festhielt.

Am darauffolgenden Vormittag, die Straßen waren bereits wieder mit demonstrierenden Menschen gefüllt, tauchte Jaeger zum Frühstück in der Straße Skorepca 1 bei Herrn Jakubec auf. Der Alte wohnte in einer schönen, geräumigen Wohnung im vierten Stock unter dem Dach, zusammen mit diversen anderen Mitgliedern seiner Familie, die Jaeger freundlich, aber beiläufig grüßten. Am Ende eines langen Flurs bat Jakubec in ein kleines, spartanisch eingerichtetes Zimmer: ein schmales einfaches Bett, ein Nachttisch, ein Sekretär und ein Stuhl standen in dem ansonsten leeren Raum, an der Wand hing das Bild eines dunkelblauen Tunnels, an dessen Ende Licht zu sehen war, im Zentrum des Lichts war die rötliche Silhouette eines Löwen zu erkennen.

»Setzen Sie sich, Herr Jaeger, ich besitze nicht viel, aber was ich habe, will ich gerne teilen mit Ihnen.«

Jakubec öffnete eine Schublade des Sekretärs. Dort lagen auf einigen gefalteten Hemden fünf große Haferkekse, Jakubec forderte Jaeger mit dem Blick auf, sich zu bedienen, was dieser auch tat. Dazu schenkte Jakubec zwei kleine Tassen Tee ein.

»Was genau machen Sie, Herrr Jaeger?«

»Ich bin Zeichner. Ich zeichne die Welt von gestern, denn ich mag den Fortschritt nicht. Und ich zeichne die Menschen, wie ich sie sehe.«

Jaeger zog eine kleine Mappe aus seiner Jacke, legte sie auf das Bett und öffnete sie, er breitete die Zeichnungen mit einer Handbewegung wie einen Fächer aus. Ganz zuoberst lagen zwei Zeichnungen von Jakubec, schnelle einfache Skizzen, die dessen Wesen perfekt eingefangen hatten. Der Alte nahm sie in die Hände und betrachtete sie lächelnd. Versonnen blätterte er minutenlang in den Skizzen, ohne ein Wort zu sprechen, sein Blick wirkte konzentriert, ab und zu, wenn er auf eine besonders absurde Gestalt stieß, lachte er kurz auf, einmal nickte er wie zur Bestätigung.

»Beeindruckend, wie Sie Wesen von Ding erkennen können.« Jakubec kippte Tee nach.

»Was ist da draußen auf den Straßen los, Herr Jakubec?«

»Das ist große Aufstand. Die Leute hier wollen, äh, wie heißt das … Sozialismus mit menschliche Antlitz, nicht mehr technokratik Kaderkommunismus von Sowjets, Herr Jaeger, Sie haben noch nicht davon gehört, von Alexander Dubček und Aufstand?«

»Schon. Gestern, kurz bevor ich Sie traf, kam ich zu dem Haus von Franz Kafka, dort standen auch Studenten mit Plakaten …«

»Sie müssen wissen: Franz Kafka war bis vor Kurzem in Prag verboten, er ist Symbol von Aufbruch, weil er Entfremdung beschreibt, auch die Entfremdung im Sozialismus, verstehen Sie? Und jetzt sollen angeblich Russen nach Prag kommen, um Aufstand zu beenden. Das könnte Blutbad geben, Herr Jaeger, vielleicht sollten Sie abfahren.«

»Ich habe russische Soldaten in Dresden gesehen, am Bahnhof.«

»Das ist interessante Information, wie viele waren es?«

»Keine Ahnung, es waren viele. Auf den Zügen standen Militärfahrzeuge. Auch DDR-Soldaten standen herum.«

»Wenn die hierher marschierrrren, gibt Unglück. Das ist Kampf von Ideologen gegen Idealisten, Herr Jaeger, meistens sind Ideologen besser organisiert. Dubček, er ist ehrlicher Mann mit offenem Herzen, ich bete jeden Abend, dass unsere Hoffnung nicht zerstört wird. Sie glauben an Gott?«

»Nein.«

»Sie glauben, dass es keinen Gott gibt. Ich glaube noch nicht mal daran. Und dennoch bete ich jeden Abend, denn falls es doch ihn gibt – er könnte uns helfen, wenn es nicht ihn gibt, ist sowieso egal.«

Jaeger lachte. »Das Prinzip merke ich mir, da kann man nichts falsch machen.«

Eine kleine, beleibte alte Dame mit schwarzen langen Haaren, in weitem Kimono mit qualmender Zigarettenspitze in der rechten Hand, betrat den Raum, ihre Lippen waren sorgfältig tiefrot geschminkt, und in der linken hielt sie eine filigrane Kaffeetasse, vielleicht aus einem Puppengeschirr. Sie verbeugte sich mit einem freundlichen Lächeln kurz vor Jaeger, sprach dann ein paar Sätze auf Tschechisch zu dem Alten und verschwand wieder.

»Das war meine Frau, sie bittet um Entschuldigung, erinnert mich aber, dass ich jetzt mit ihr und unserem Nachbarn Termin habe, ich muss unser Gespräch leider beenden jetzt. Aber mich freuen würde, Sie so bald wie möglich wiederzusehen.«

Jaeger verabschiedete sich von Jakubec mit dem festen Vorhaben, ihn am nächsten Tag wieder zu besuchen.

Am Morgen darauf erwachte Jaeger spät, aber plötzlich durch das Brummen tiefer Motoren und Menschenschreie. Ein Blick aus dem Fenster zeigte, dass die russischen Truppen in Prag angekommen waren, durch die Straßen rollten Panzer und Militärfahrzeuge, umgeben von Menschenmengen, überall standen die Prager in Gruppen und skandierten in Sprechchören, schwenkten die Nationalfahne oder hielten den Russen Transparente entgegen. Die Panzer fuhren langsam, auf ihnen saßen junge russische Soldaten mit verkniffenen Gesichtern, verschämt, verängstigt, mit Maschinenpistolen in den Händen, schließlich waren sie in einen sowjetischen Bruderstaat eingefallen. Die Prager fühlten sich von ihnen verraten, hätten sie doch deren Beschützer sein sollen. Die Prager sprachen auf sie ein, riefen ihnen Sätze zu, die sie kaum verstanden, aber es waren nicht die Sätze von Feinden, es sprach kein Hass aus ihnen, sondern Verwunderung und Enttäuschung. Dieser Feldzug war kein heldenhafter Auftritt, keine heroische Schlacht, keine erlösende Befreiung für ein gefangenes Volk, dies war einfach nur Verrat unter Freunden. Einige der Studenten waren auf die Panzer der Invasoren gesprungen, fuhren mit den Soldaten mit und protestierten so auf den Waffen der Eroberer. Und die Eroberer wirkten in ihrer Scham eher wie Geschlagene, wie Henker wider Willen.

Jaeger ließ sich fasziniert durch die Straßen treiben und beobachtete den Reigen. Die Gefühle der Überfallenen und ihrer Invasoren standen sichtbar in der Luft und änderten sich stündlich und situativ.

Als Jaeger am Mittag in sein Hotel kam, erwartete ihn dort die Wirtin, sie schien erregt. Sie erklärte ihm radebrechend, dass er sofort abzureisen habe, dass es bei den Protesten auf der Straße bereits Tote gegeben habe, dass die Grenzen geschlossen würden und der letzte Zug in Richtung Berlin bald das Land verlassen würde. Jaeger überlegte, ob er noch schnell einen Besuch bei seinem Freund Jakubec wagen könne, ob er ihn warnen müsse, beschloss aber dann doch, gleich die Segel zu streichen.

Tatsächlich erreichte er den letzten und völlig überfüllten Zug, kurz bevor dieser den Bahnhof verließ. Er drängelte sich zwischen die aufgebrachten Menschen und fand einen Stehplatz an einem der Gangfenster. Während der Fahrt konnte er das Geschehen auf den Straßen Prags gut beobachten, er sah die nun langsam anschwellende Aggression, den wütender werdenden Protest der Menschen, brennende Barrikaden, er sah einen Mann, der sein Hemd aufgerissen und sich vor das Kanonenrohr eines Sowjetpanzers gestellt hatte, Rauch, der über der Stadt schwebte. Jaeger hatte seinen Zeichenblock an die Zugwand gelegt und zeichnete, so schnell wie möglich, zeichnete die Soldaten, die Panzer, das Feuer, den Rauch, all die Dinge, die er sonst nur aus dem Kopf zeichnen konnte, hier fand er sie vor sich.

Er dachte an Herrn Jakubec und den rötlichen Löwen, den er auf einem Bild an der Wand des Alten gesehen hatte, es war derselbe Löwe wie auf dem Grab des Rabbi Löw. Vielleicht war Jakubec der Golem, der merkwürdige Geist, der über die Juden von Prag wachte. Jaeger nahm sich vor, so bald wie möglich wiederzukommen, zusammen mit dem Kreis der Altmodler.

OMA ZIEGENFUSS

An manchen Wochenenden zog sich Jaeger mit seiner Freundin Hilka Franck in ein altes Bahnhäuschen zurück, das sie in Klein Zecher direkt an der Zonengrenze gemietet hatte. Hilka Franck wohnte in Hamburg als Untermieterin in der Villa des alternden Schriftstellers Hans Leip, Texter des Wehrmachtsgassenhauers »Lili Marleen«, dort aber waren keine Herrenbesuche erlaubt. So mussten Jaeger und Franck für jedes Stelldichein die weite Anfahrt in die Provinz auf sich nehmen. In dem kleinen Haus direkt an den Gleisen, die an der DDR-Grenze abrupt endeten, verbrachten sie entspannte Stunden mit dem Sammeln von Pilzen, Beeren und Pflanzen, nur unterbrochen von dem Gekeife der Hausbesitzerin, die im Bahnwärterhaus auf der anderen Seite der Gleise lebte.

Jaegers Benehmen Frauen gegenüber war unsicher, um nicht zu sagen linkisch, er fühlte sich zwar von ihnen angezogen, wusste aber partout nicht, wie er das auf angemessene Art und Weise zum Ausdruck bringen konnte, also machte er unverständliche Witze oder sonderbare Bemerkungen, die in der Regel für Verunsicherung oder sogar Fassungslosigkeit beim weiblichen Gegenüber sorgten. Blick- und Körperkontakt fielen ihm schwer, zu groß war seine Unsicherheit.

Hilka Franck war eine der wenigen Frauen, die Jaeger so nahmen, wie er war, vor der er keine Angst hatte, mit der er sich entspannen konnte. Er hatte in der Mahlau-Klasse der

Kunsthochschule jahrelang um sie geworben, unerschütterlich und in immer neuen Anläufen um ihre Zuwendung gerungen, und schließlich hatte sie ihn erhört. Sie lernte seine Gefühle, seine Liebe und Zuwendung zu entschlüsseln und wurde schließlich davon berührt, war von diesem merkwürdigen, nicht sonderlich attraktiven und eher unsicheren Mann angezogen, wollte ihn ergründen, begreifen, was die Triebfeder seiner Kunst, aber auch seiner Weltunzugehörigkeit war.

Auf der anderen Seite geriet sie aber auch in den Strudel seiner Depression und Hoffnungslosigkeit, und als eine schwere Krankheit sie erschütterte, beschloss sie, sich von ihm zu trennen, um alleine sein zu können. Der Abnabelungsprozess dauerte ewig, Jaeger konnte nicht von ihr lassen, hielt an ihr fest wie eine Klette, nahm alles hin, um nur den Kontakt nicht zu verlieren.

Schließlich ließ er sie – als der richtige Mann kam – nach langen Gesprächen und vielen Trennungsbriefen gehen. Denn er wollte sie unbedingt in seinem Leben behalten, so blieben sie freundschaftlich verbunden, und in ihrem Mann fand Jaeger sogar einen Kameraden.

Letztlich blieb Jaeger also allein und sehnsuchtsvoll. Immer wieder durchfuhren ihn Blitzverliebtheiten, und er bildete sich ein, in der jeweiligen Frau endlich die lang ersehnte Angebetete gefunden zu haben, mit der er sein Leben verbringen könnte. In Wollis Salon gab es eine große Fluktuation von Frauen aus allen Kreisen und Altersstufen; wenn auch die meisten von ihnen Jaeger nicht beachteten, tat er es umgekehrt umso mehr.

Eines Tages tauchte bei Wolli ein verwegener Mann auf, ein Weltreisender und Maler, der gerade mit seiner Tochter aus Guatemala gekommen war, um ein Buch zu promoten, das er mit seiner Frau Nan Cuz, einer bekannten deutsch-guatemaltekischen Malerin, geschrieben hatte. Es trug den Titel *Im Reiche des Mescál*, ein von ihr illustriertes Märchen für Erwachsene, das auf indianischer Folklore und dem tibetanischen Totenbuch beruhte. Der Weltreisende war Philosoph, Mystiker und Auratiker und genoss es, im Kreis des Salons als fremder dunkler Stern strahlen zu dürfen. Er trug indianische Kleidung, hatte lange schwarze Haare und einen ebensolchen Bart. Wenn er sich abends im Schneidersitz im Kreise der Freunde und Freundinnen von Wolli niederließ, um über die konstruktive Kraft des Hasses gegen den Kapitalismus und die hierarchische Gesellschaft zu predigen, verstummten alle Anwesenden und hatten den Eindruck, Zeuge von etwas Außergewöhnlichem, etwas Neuem zu sein, denn dies war die große Stunde der ideologischen Priester und Propheten, die alle ihr Handwerkszeug bei Mao, Ho Chi Minh, Fidel, Che, Gandhi und Co gelernt hatten. Groteskerweise nannte der Reisende sich Oma Ziegenfuß, ein Name, der bei seinem ersten Auftauchen eher zur Irritation beitrug.

»Der Hass ist nicht nur eine böse Triebfeder, er ist auch eine konstruktive und natürliche Kraft, hört auf, ihn zu verdammen, hört auf, euch eure Kraft ausreden zu lassen, von denen, die euch für ihre Aufgaben als Sklaven gebrauchen wollen. Nutzt euren Hass als ein Werkzeug, als einen Motor, um euch zu befreien, um die Fäden durchzuschneiden, an denen ihr als Marionetten hängt. Denn Marionetten seid ihr in dieser Gesellschaft, aber ihr könntet freie, stolze Wesen sein, so wie die Indios aus den Anden, die sich von ihren weißen Unterdrückern losgesagt haben. Die ihre eigene Identität wiederentdeckt haben. Was ist eure wahre Identität?«

»Na, zum Beispiel Unterdrücker zu sein?«, entgegnete Hubert Fichte, der den Guru von eigenen Gnaden überhaupt nicht leiden konnte. Schließlich war er doch derjenige mit der Expertise für bedrohte Völker und unentdeckte Kulturen. Außerdem war er bis vor Kurzem der einzige Vollbartträger in der Runde gewesen. Was wollte sich dieser selbst ernannte Ethnologe hier eigentlich rausnehmen?

Oma Ziegenfuß ließ sich davon nicht im Geringsten aus der Ruhe bringen, die Hände auf den Knien antwortete er mit geschlossenen Augen: »Wenn das deine wahre Identität ist, dann stehe dazu. Das ist besser, als ein Unterdrückter zu sein. Die Geknechteten träumen bloß zu leben, die Knechter aber leben ihren Traum.«

Die um ihn Herumsitzenden nickten unmerklich, ohne ihn wirklich zu verstehen. Oma Ziegenfuß appellierte an ihre Sehnsucht nach Spiritualität und traf mit schwammigen Worten genau den Ton. Die Blicke richteten sich wieder auf Fichte, von dem jetzt eine Entgegnung erwartet wurde, der intellektuelle Peitschenhieb aber blieb aus, Fichte fiel nichts Adäquates auf die Plattitüde des Weltreisenden ein.

»Die Familie ist der Kern des Schlechten. Die Familie wurde geschaffen, um den Einzelnen zu fesseln und zu brechen, um ihn lenkbar zu machen, um ihn gebrauchbar zu machen, für diejenigen, die die Gesellschaft in Wahrheit führen und die immer im Verborgenen bleiben. Zerstört die Familie und somit das gesamte System und eure eigenen Fesseln!«

Die Anwesenden, die im Halbkreis um den Guru herumsaßen, applaudierten, endlich einer, der das heilige Grundprinzip der bürgerlichen Gesellschaft infrage stellte: die Familie.

»Ich hab ma 'ne dumme Frage: Warum heißt du eigentlich Oma Ziegenfuß?« Onkel grinste ihn frech an, ein paar junge Frauen kicherten.

»O-Ma ist der mayanische Begriff für Geist, und Ziegenfuß ist natürlich der Gehörnte …« Mit verschleiertem Blick ließ der Guru seine Worte auf die Anwesenden wirken. Man hatte es also mit dem Teufel zu tun, das beeindruckte definitiv.

In Oma Ziegenfuß' Nähe befand sich immer seine etwa achtzehnjährige Tochter Maya in bunten guatemaltekischen Kleidern, in deren Gesicht vermengten sich seine Züge mit den schönen indianischen ihrer Mutter Nan Cuz, sie assistierte ihrem Vater. Maya war ein Energiebündel, schnell in ihren Bewegungen und ihrer Sprache, humorvoll und voller Lebenslust, sie imponierte Jaeger vom ersten Moment an.

An dieser Stelle musste ich Pintschovius einfach unterbrechen, zu gleißend waren die genannten Namen in mich eingefahren, als dass ich meine Erregung hätte zurückhalten können: »Entschuldigung, dass ich unterbreche, aber dieser Oma Ziegenfuß, wie hieß der wirklich?«

Pintschovius erwachte aus seinem ruhigen Erzählfluss, reckte sich, zündete sich eine Zigarette an und atmete sinnierend den Rauch aus: »Das weiß ich jetzt grade aus dem Stegreif nicht mehr, wieso denn?«

»Ich glaube, ich kenne ihn und seine Tochter Maya und auch seine Frau Nan Cuz. Hieß der Mann mit bürgerlichem Namen eventuell Georg Schäfer?«

Pintschovius überlegte kurz und nickte dann. »Schon möglich, kommt mir bekannt vor, ich denke, ja, woher kennst du diesen Namen?«

»Der hat früher bei uns gewohnt. Also bei meinen Eltern auf dem Land, da haben immer mal wieder so Hippies gewohnt. Zusammen mit seiner Tochter Maya. Das war der Oberfreak, der hat monatelang bei uns in der Diele gewohnt, hat da gemalt und geschrieben, ich kenne sogar diese Hasspredigt! Genau diese Predigt hat er mir gehalten, als ich ein sechzehn Jahre alter Punk war, voller Nieten und Waffen und Hass. Und auch bei mir ist sie auf fruchtbaren Boden gefallen. Er hat sich wie 'n Guru verhalten, wie ein Meister, er hätte mich wohl gern zum Schüler gehabt, und für'n paar Tage war ich das vermutlich auch. Bis mir einfiel, dass Punks keine Gurus haben, dass Punks unabhängig und antispirituell sind, von dem Moment an hab ich ihn dann sitzen lassen mit seinen Predigten.

Oma Ziegenfuß hieß er damals übrigens nicht mehr, das hat er dann wohl irgendwann selbst gemerkt, dass ihn dieser Name nicht wirklich nach vorne bringt. Aber seine Bilder hatte er alle unterschrieben mit EMAHO und OMAHE, was auch immer das heißen sollte. Nachdem er abgereist war, ist seine Tochter Maya bei uns geblieben, monatelang, vielleicht sogar ein ganzes Jahr. Hat da 'nen Drogenentzug gemacht. Die war in Hamburg auf Heroin gekommen und von ihren Eltern überredet worden, wiederum zu meinen Eltern zu fahren, um dort zu entziehen. Mein Bruder und ich haben sie geliebt, weil sie so lustig war und so offen. Sie hat mit meiner Mutter Bauernschränke bemalt, mit paradiesischen Motiven. Und jeden Tag hat sie Post bekommen, von ihren Freunden aus Hamburg. Mein Gott, hat die viel Post bekommen! Ich hab sie beneidet um all die Menschen, die ihr schreiben.

Aber irgendwie ist ihr der Entzug nicht bekommen. Am Anfang war sie noch ganz frisch und sah gesund aus, aber je länger sie bei uns war, desto fertiger wirkte sie. Bis ich geschnallt hab, was in den Briefen war: Drogen. Sie hat sich alles Mögliche, was klein und flach genug war, schicken lassen, täglich in kleinen Dosen. Und nachts hat sie das dann geklinkt.«

Pintschovius lachte auf und drückte die Zigarette in den Kippenhaufen im Aschenbecher. »Und hat sie dich auch mit Drogen versorgt?«

»Nein, ich habe davon nichts mitbekommen. Bis ich eines Nachts merkwürdige Geräusche aus dem Haus hörte. Meine Eltern waren nicht da, und ich wachte auf, weil ich meinte, das Wiehern eines Esels gehört zu haben, irgendwo unten aus dem Haus. Nach einiger Zeit erklang der Ruf wieder, das Tier konnte nicht allzu weit entfernt sein. Für einen kurzen Moment fragte ich mich tatsächlich, wie ein Esel in unser Haus gekommen sein könnte. Kurz darauf erklang das Meckern einer Ziege. Und dann ein Bellen und Miauen und Muhen und Quaken, das überhaupt nicht mehr enden wollte. Als ich vorsichtig die Treppe runterging, sah ich Maya im Schlafanzug auf allen vieren durch die Gegend kriechen, sie gab alle diese Geräusche von sich. Sie war auf einem Trip und durchwanderte einen Tierrausch, verwandelte sich in all diese Daseinsformen, schien aber nicht panisch zu sein, ging eher ganz darin auf.

Ich hab sie eine Zeit lang beobachtet, ohne sie zu stören, erst fand ich's unheimlich, aber irgendwann wurde es so bizarr, dass ich's lustig fand. Nach einiger Zeit bin ich dann wieder ins Bett gegangen, hab mir meinen Teil gedacht. Als meine Eltern später in der Nacht nach Hause kamen, war sie immer noch drauf, ich glaube, da war sie grade 'ne Schlange, hat meine Eltern angezischt und wollte dann in Schlangenlinien wegkriechen. Da hat mein Vater geschnallt, was mit ihr los war. Von dem Tag an hat er ihre Briefpost gecheckt und alles, was da drin war, ins Klo gekippt, und Maya saß wirklich auf dem Trockenen. Kurze Zeit darauf ist sie abgereist. Ich hab sie nie wiedergesehen.«

Ich kippte mir einen Kaffee ein und zündete mir eine Zigarette an. Pintschovius setzte nach: »Was für eine merkwürdige Schicksalsverbindung, dass ausgerechnet dieses groteske Pärchen ein paar Jahre später bei euch aufgetaucht ist. Weißt du, was aus den beiden geworden ist?«

»Soweit ich mich erinnere, wollte Schäfer danach ein Sterbeheim für Straßenkinder in Puerto Barrios in Guatemala eröffnen. Das hat er auch geschafft, hat da die unheilbar kranken, elternlosen Kinder, die häufig beim Klebstoffschnüffeln verreckt sind, von der Straße in sein Heim geholt, bei ihm konnten die dann ›in Frieden‹ sterben.

Von Maya hab ich viele Jahre nichts mehr gehört, aber vor Kurzem hab ich sie im Internet gefunden. Voller Freude schrieb sie mir zurück. Sie wohnt in Mexiko, hat geheiratet, malt Bilder, ähnlich wie ihr Vater. Als ich sie in der folgenden Mail nach ihrem Vater fragte, hat sie mir nicht mehr geantwortet. Sehr merkwürdig.«

»Das stimmt allerdings«, entgegnete Pintschovius.

»Entschuldige, dass ich dich unterbrochen habe, mehr wollt ich dazu eigentlich auch gar nicht sagen, war bloß so schockiert, als diese Namen fielen.«

»Die Kreise um den Meister sind wundersam. Ich bin übrigens ein wenig erschöpft, das Sprechen schlägt mir mehr auf die Kehle als die Zigaretten, ich würde also vorschlagen, dass wir an dieser Stelle die Meisterstunde quittieren und uns demnächst wieder treffen, damit ich weiterberichten kann.«

Wir beendeten unseren Jour fixe mit einer letzten Zigarette. Auf der Rückfahrt mit Klapprad und Bahn dachte ich über Georg Schäfer und den Wind der Vergeblichkeit nach, der diesen, aber auch Heino Jaeger umwehte und mir ebenfalls nicht unbekannt war. Etwas Stolzes liegt in diesem Bouquet, etwas Weltabgewandtes, nur sich selbst und seiner Passion Verpflichtetes, etwas strahlend Unprofessionelles, unverbunden und einzigartig, keiner Mode, keinem Trend und keinem Markt unterworfen, so wie die Kunst der Künstler aus Gugging, der Art brut, der Sammlung Prinzhorn, die allesamt von Menschen erschaffen wurde, die nichts mit den gängigen Methoden der Kunstwelt zu tun hatten. Künstler, deren Spuren sich im Nichts verlieren, bevor sie sich am Markt oder in der Szene etabliert haben, wie Arthur Rimbaud, waren mir immer die bedeutungsvollsten, Georg Schäfer und Heino Jaeger gehörten eindeutig zu dieser Gattung. Sie arbeiteten weder für den Ruhm noch für das Geld, auch wenn sie sich gegen beides nicht gewehrt hätten, sondern schlicht, weil es ihre Aufgabe war.

Ich sah Pintschovius ein paar Wochen nicht, vertiefte mich in Recherchen in die gewundenen Pfade des Lebens von Norbert Grupe, schließlich aber trafen wir uns in Otter wieder, und Pintschovius setzte seine Erzählung an genau dem Punkt fort, an dem er geendet hatte:

Um Maya kennenlernen zu können, freundete sich Heino mit ihrem Vater Oma Ziegenfuß an. Oft saßen die beiden stundenlang nebeneinander bei Wolli und zeichneten beziehungsweise malten, während Wolli um sie herumsprang, stolz darauf, mit seinem Salon Zentrum eines künstlerischen Zirkels zu werden. Auch Wolli selbst begann mit dem Zeichnen, ließ sich dabei vor allem von Jaeger inspirieren, seine Zeichnungen waren zwar nicht so virtuos wie die des Meisters, aber er fertigte sie mit unendlicher Akribie an. Er rauchte vorher einen Joint und begann dann unter Zuhilfenahme einer Lupe mikroskopisch kleine Figuren und Schriftzeichen zu produzieren, seine Szenerien waren stets sexuell aufgeladen, einige sadomasochistisch, andere bloße Darstellungen von Geschlechtsteilen, die wie Instrumente sortiert zu einem Orchester angeordnet waren.

Während Jaeger eine unendliche Reihe von Hieronymus-Bosch-haften Figuren aufs Papier marschieren ließ, beschäftigte Schäfer sich mit der Geisterwelt der Maya, die er in Öl festzuhalten versuchte, Kreaturen, die von den Stelen der Indios inspiriert schienen, meist von der Seite gemalt und mit merkwürdig verbogenen Körpern in dunklen, unwirklichen Farben.

Um die Malenden herum wuselten die Besucher und Freunde von Wolli, der Salon war stets gut besucht, denn die Türen standen immer offen für all die Figuren der Halbwelt. Eines Nachts brachte Chinesen Babs Jimi Hendrix nach seinem Konzert im *Star-Club* mit. Er verzog sich mit ihr auf eines der Sofas und rauchte einen großen Joint, niemand beachtete ihn, und er genoss die losgelöste Atmosphäre in vollen Zügen.

Alle Annäherungsversuche von Jaeger bei Maya scheiterten allerdings, er konnte ihr durch nichts imponieren, zu verschroben, zu blutlos schien ihr der schweigsame Sonderling. Nach einigen Wochen war das guatemaltekische Paar plötzlich verschwunden und tauchte nicht wieder auf. Jaeger war sehr enttäuscht. Eine Zeit lang suchte er noch den Kiez nach seiner Verehrten ab, aber er konnte sie nirgends finden.

Norbert Grupe, normalerweise eher Gewaltmensch und ganz mit sich selbst beschäftigt, bekam die Sehnsucht Jaegers mit. Er mochte ihn, um nicht zu sagen, er hatte ihn in sein eisernes Herz geschlossen. Die unbeirrbare Eigenheit, mit der

Jaeger im Salon saß und zeichnete, sein in sich gekehrtes Schweigen, seine Angstlosigkeit gegenüber Grupe imponiertem ihm. Ab und zu griff sich der Riese den kleinen Zeichner und zog mit ihm durch die Gemeinde, schleppte ihn mit sich über den Kiez, um jemanden zu haben, mit dem er trinken konnte, ohne allzu viel reden zu müssen. Außerdem gefiel es ihm, mit einem überaus begabten Künstler befreundet zu sein, Jaeger verewigte ihn auf zahllosen Porträts. In der Zukunft würde man von ihm nicht nur als Boxer und großem Sportsmann sprechen, sondern auch als bestem Freund des großen Malers, auf dessen Werken er ständig zu finden war, so imaginierte es sich Grupe: Heino Jaeger, der Leibmaler des unvergesslichen Boxprinzen Wilhelm von Homburg.

Jaeger hatte bis dato nicht so richtig etwas mit Alkohol anfangen können, er liebte den Kontrollverlust nicht, denn er hatte schon genug damit zu tun, seine überbordenden Sinneseindrücke kontrollieren zu müssen, die Natur hatte vergessen, ihm die notwendigen Filter mitzugeben, die die meisten anderen Menschen die Realität sortieren lassen und vom Wahnsinnig-Werden abhalten. In Grupes Gegenwart aber konnte er schlecht Nein sagen, zu direkt war dessen Zugriff und die Erwartung an ihre Freundschaft; wenn der Boxprinz zu einem Cognac einlud, lehnte man nicht ab. Ganz langsam lernte Jaeger, dass Alkohol beruhigen konnte, dass man die Vibrationen der Menschen um sich herum, deren Lautstärke, das Eindringliche der Gegenwart dadurch abfedern konnte. Also trank er mit Grupe. Am liebsten saßen die beiden nebeneinander in der Großen Freiheit bei *Gretel & Alfons* und tranken Pineau und Bier. Beobachteten die Gäste, die Zecher, die Touristen, die nach Spuren der Beatles suchten, die ein paar Jahre zuvor hier allabendlich ihren Dienstschluss absolviert hatten.

»Sag mal, Heino, wieso hast du eigentlich keine Freundin?«

»Ich mag's nicht so eng.«

»Das verstehe ich ja, aber hast du nicht auch manchmal richtig Schlamm auf der Peitsche?«

»Ich brauch das nicht so dringend wie du.«

»Und so 'n bisschen fummeln? Und knutschen? Oder neben 'ner Braut aufwachen? Is das alles nix für dich?«

»Doch, doch, schon, ich find aber keine, die mir richtig passt; die, die ich gut finde, wollen mich nicht und umgekehrt.«

»Worauf stehst du denn?«

»Du, ich hab da keine besonderen Anforderungen. Schön sollte sie halt sein. Und klug. Und interessant. Und spannend. Und lustig. Und sexy. Aber sonst braucht sie eigentlich nix.«

Grupe musterte Jaeger von der Seite, ohne auf seinen Gag zu reagieren, und trank langsam seinen Pineau. »Ich glaube, du brauchst 'ne Braut, damit du mal richtig runterkommst. Damit du mal 'n bisschen auf der Erde landest.«

Jaeger schwieg.

»Hast du nicht mal Lust, mich und Wolli zu einem meiner Boxkämpfe zu begleiten? Da kannst du die edelsten Gazellen kennenlernen, denn die kommen alle zu meinen Kämpfen.«

DER KAMPF

Oscar Bonavena war ein argentinischer Schwergewichtsboxer, genauer gesagt, das Boxidol Lateinamerikas, er hatte bereits diverse Titelkämpfe hinter sich und sogar schon gegen den großen Joe Frazier gekämpft. Am 20. Juni 1969 stand er im Berliner Sportpalast dem deutschen Halbschwergewichtler Prinz Wilhelm von Homburg, also Norbert Grupe, gegenüber, der, nur nebenbei bemerkt, fast achtzehn Pfund weniger wog und dennoch – aus finanziellen Gründen – meist gegen echte Schwergewichtler boxte.

Grupe war mit seinen dreißig Jahren schon fast über den Zenit seiner boxerischen Laufbahn hinaus, dennoch war er fit, stark und willens, sich diesem nahezu übermächtigen Gegner zu stellen. Der Prinz stand in dem Ruf, maximal angstbefreit zu sein, ein Showman, der in Amerika in Wrestling-Arenen gekämpft hatte und auch in Deutschland berühmt-berüchtigt für sein extrovertiertes Auftreten war. Die Leute kamen mit einem gewissen Skandalhunger zu seinen Kämpfen, es gab immer etwas Unerwartetes zu sehen, entweder wurde der Ringrichter auf den Knien um eine andere Wertung angefleht oder das Publikum provoziert und unflätig beschimpft. Hatte man Glück, gab es dazu sogar noch einen richtig guten Boxkampf.

Grupe war wie immer mit seiner Entourage aufgelaufen, seinem Trainer Henry Davis, seinem Manager, dem windigen Berliner Pelzhändler Willy Zeller, und seinem Berater und engsten Freund Wolli Köhler. Vor den Kämpfen war Wolli immer in Grupes Nähe, machte das Lauftraining mit ihm, nahm seine Zeiten und versuchte den Prinzen von allen Ablenkungen abzulenken, die ihn hätten ablenken können. Speziell von allen Spielarten der Liebe. Beim Kampf wartete Wolli neben dem Trainer, der kaum ein Wort Deutsch sprach, in Grupes Ecke, übersetzte die Anweisungen Henry Davis', baute Grupe auf und versuchte, ihn auf jede erdenkliche Weise zu motivieren.

Während Grupe beim Betreten der Halle seine Showaristokratie unterstreichend einen engen schwarzen Nadelstreifenanzug, Melone und einen Spazierstock mit silbernem Knauf trug, schmückte sich Wolli mit tiefviolettem Batikhemd, indischem Silberschmuck und einem weiten Pelzmantel zu seinen langen, bereits leicht ergrauten Haaren und seinem Fu-Manchu-Schnauzer. Er personifizierte eine Mischform aus Halbweltler und Hippiefürst mit einer deutlichen Vorliebe fürs Indische, in ihm berührten sich Pop und Rotlicht auf eine bisher ungesehene Art und Weise.

Grupe war an diesem Tag relativ entspannt, ihm ging es weniger um den Gewinn des Kampfes als vornehmlich um das Preisgeld. Die Gegenüberstellung hoffte er ohne größere Blessuren hinter sich zu bringen, um dann zügig seinen Lohn einzusacken und nach Hause fahren zu können. Natürlich wäre auch ein Sieg angenehm und würde vor allem weitere, hoch dotierte Kämpfe nach sich ziehen, aber bei einem derartigen Gewichts- und Masseunterschied war eher nicht damit zu rechnen. Die beeindruckende Physis und die Liste der durch K. o. gewonnenen Kämpfe seines Gegners schmälerten die Hoffnung auf einen Gewinn ohnehin. Wolli war dennoch guter Stimmung, er versuchte, dem Prinzen Mut zu machen und ihn ein wenig aufzustacheln.

Beim Einlaufen in den Ring benahm sich Grupe aus alter

Showgewohnheit bereits wie der Sieger, er verbeugte sich nach allen Seiten und schüttelte sich die Fäuste, während das Publikum ihn – teils aggressiv, teils belustigt – ausbuhte. Grupe liebte es, das Publikum durch diese Art von Überheblichkeit gegen sich aufzubringen, je größer die Gegnerschaft in der Arena zu spüren war, desto mehr stachelte ihn das an, weckte in ihm den dunklen Urstolz, sich gegen jeden in der Welt durchsetzen zu können. Er gegen alle, das war sein Mantra und Grundmotiv. Außerdem galt es, den Kampf zu gewinnen. Die Peitsche knallt immer am Ende, pflegte der Prinz zu sagen, die Peitsche knallt immer am Ende!

Dann betrat Bonavena den Ring: groß, austrainiert, stämmig und maximal entspannt. Der Prinz versuchte, ihn mit seinem eiskalten Blick zu beeindrucken, aber Bonavena, der einen bösartigen und arroganten Ruf genoss, blickte nur ruhig und gelassen zurück, schlimmer noch, er lächelte sogar minimal. Dieses Gegenüber hatte keinen Respekt vor dem Prinzen, es schien Bonavena noch nicht einmal richtig zu interessieren, mit wem er es zu tun hatte, genau wie der Prinz selbst wollte er so zügig wie möglich mit der Arbeit fertig werden und dann das Geld einstreichen.

Während der Prinz sich in seiner Ecke fertig machte, dachte er an seine weitere Boxerkarriere, er hatte bereits verlauten lassen, dass er sich im Falle einer Niederlage aus dem Boxsport zurückziehen würde, um mehr in die Schauspielerei zu investieren, sein zweites Betätigungsfeld – in dem er nicht ganz so erfolgreich war wie im Boxsport. Im Fall eines Gewinnes allerdings stünden ihm neue Türen offen, vielleicht könnte er ja doch noch einmal groß auftrumpfen.

Am Ende würde dann auf ihn das Ziel aller Schwergewichtsboxer jener Jahre warten, ein gleißender Name: Muhammad Ali. Im Kampf gegen Ali, dem zu diesem Zeitpunkt wegen Wehrdienstverweigerung in Vietnam das Boxen verboten war, der aber dem Vernehmen nach bald in den Ring zurückkehren sollte, im Kampf gegen Ali, da würde es nicht um Geld gehen, da ginge es um Ruhm, um Bedeutung, um Pop und um die Annalen der Geschichte. Ein Sieg über Ali, so er denn überhaupt möglich wäre, würde den Prinzen unvergesslich machen, würde ihn für all die Schmähungen und Ignoranz seines narbenreichen Sportlerlebens zuckersüß entschädigen. Deswegen und selbstredend wegen des Geldes beschloss Grupe, diesen Kampf heute in Berlin nun doch definitiv zu gewinnen.

Das Publikum war schon vor Beginn des Kampfes aufgewühlt, es waren viele Leute aus dem Showbiz und aus dem Milieu anwesend, einige hatten auf Grupe gesetzt, man war zwar nicht befreundet, aber Grupe war einer von ihnen. Willy Zeller, Grupes Manager, hatte sich in der ersten Reihe mit zwei Begleiterinnen neben Onkel und Heino Jaeger breitgemacht, man trank Champagner, Zeller rauchte Zigarre, ab und zu winkte er Grupe zu, damit auch jeder im Raum begriff: Dies war sein Mann. Die neben Jaeger sitzende Frau war auffällig gut aussehend, sie trug ein floral bedrucktes, gegürtetes Seidenkleid und eine weiße Lockenperücke. Jaeger hatte seinen Block aus der Tasche gezogen und zeichnete, von Onkel und auch von der Sitznachbarin bewundert, die Vorkampfessituation in schnellen Skizzen.

»Mensch, du kannst ja zeichnen, wirklich cool, det würde ich auch jern können!« Die Frau kaute Kaugummi und sprach mit Berliner Akzent. »Darf ick mer vorstellen, ick bin Joy.«

Jaeger blickte kurz auf und war sofort völlig eingeschüchtert von ihrer Attraktivität. Er senkte den Kopf und zeichnete weiter.

Der Gong erklang, die beiden Kämpfer umrundeten einander zuerst abwartend, taxierend, Grupe begann mit einer vorsichtigen Attacke, seinen Gegner zu testen, ihn aus der Reserve zu locken, aber Bonavena bewegte sich langsam, fast ein wenig gelangweilt. Auch in den Kämpfen des Argentiniers, die Grupe sich im Fernsehen angeschaut hatte, konnte man ein gewisses Bewegungsphlegma des Hünen feststellen, kein Tänzeln, kein Laufen durch den Ring, eher eine Art Desinteresse an zu viel aktivem Aufwand. Außerdem hatte er derartige Nehmerqualitäten, dass man den Eindruck gewinnen konnte, er müsse sich eigentlich gar nicht bewegen, die Schläge seiner Gegner zeigten kaum Wirkung auf seinen Körper.

Dieses Desinteresse provozierte den Prinzen, der Bonavena weiter umrundete, um ihn mit kurzen, schnellen Schlägen einzudecken. Wie ein massiger Stier im vollen Bewusstsein seiner körperlichen Dominanz ließ Bonavena das lästige Gestichel über sich ergehen, plötzlich aber schlug er zweimal angetäuscht mit der Rechten in Richtung des Kopfes seines Gegners und landete dann mit der Linken von unten einen wuchtigen Leberhaken, der den Prinzen förmlich vom Boden hob. Dieser war so überrascht von der tiefen Masse des Schlages, dass er für einen kurzen Moment in die Knie ging, sich aber sofort wieder aufrichtete.

Das Publikum jaulte auf, viele freuten sich zwar, wenn Grupe Schläge bezog, dennoch wollten sie ihn auf den Beinen sehen. Aus dem Milieupublikum erklangen gellende Pfiffe, Onkel war aufgesprungen und keifte, Jaeger hatte ganz vergessen zu zeichnen, die Frau neben ihm, Joy, verbarg ihre Augen an Jaegers Schulter.

Prüfend musterte Bonavena den Prinzen: Konnte dieser Mann ihm tatsächlich gefährlich werden, oder war er der erhoffte leichte Gegner, der ihn Kräfte für den nächsten Kampf aufsparen ließ? Grupe war für einen kurzen Moment tatsächlich erschrocken, aber schon nach Sekunden schlug dieses Gefühl in einen trotzigen Ärger um: Wieso hatte er sich von einer derartigen Finte beeindrucken lassen? Wieso hatte er sich Schwäche anmerken lassen?

»Dein Gesicht darf nie Erstaunen oder Angst zeigen, nie, nicht im Ring und auch nicht auf der Straße, keiner darf wissen, was du denkst oder fühlst, sonst bist du verloren!« Diese Worte seines Vaters Richard, die er ihm schon seit frühester Kindheit beim Boxtraining eingebläut hatte, hallten in Grupe nach.

Wolli schrie aus der Ecke auf ihn ein, übersetzte Trainer Davis. »Lass dich nicht beeindrucken, Norbert, mehr tänzeln, ausweichen und dranbleiben!«

Wolli war einer der wenigen, der Grupe in der Öffentlichkeit bei seinem bürgerlichen Vornamen nennen durfte, jeder andere hätte sich den Zorn des Prinzen zugezogen. »Bleib dran, Norbert, immer weiterschlagen, du hast die Kondition, irgendwann zeigt er Nerven!«

Grupe erreichten Wollis Zurufe kaum, auch die Schreie aus dem Publikum drangen nicht zu ihm durch, er war abgetaucht, in sich selbst versunken und gleichzeitig ganz konzentriert auf Bonavena, er forschte in dessen Augen, versuchte, in dessen Gesicht Hinweise zu entdecken: Wo war seine Schwäche, worauf reagierte er? Aber in Bonavenas Gesicht war nichts zu finden, er blickte den Prinzen nicht an, sondern schien auf einen unsichtbaren Punkt zwischen ihnen fokussiert, als ob dieser ominöse schwebende Punkt sein Gegner wäre und nicht Grupe.

Erneut brandete Wut in Grupe auf, getragen von diesem Gefühl deckte er den Argentinier mit einem Hagel von Schlägen ein, die meisten verpufften in dessen schützender Deckung. Mit dem vorletzten Schlag aber durchbrach der Prinz die Mauer und landete mit seiner blitzschnellen Linken einen Volltreffer in Bonavenas Gesicht. Ein Schlag, unter dem andere sofort zusammengesackt wären, Bonavena aber wich nur einen Schritt zurück und schüttelte kaum merklich den Kopf, als ob er sich besinnen müsste. Ihm war also doch beizukommen, dachte sich der Prinz, er zeigt Nerven, wenn auch nicht für die anderen, aber ich kann es sehen. Unter dem Gejohle des aufgesprungenen Publikums versuchte der Prinz, immer wieder auf dem gleichen Weg durch die Deckung zu kommen, der Argentinier hatte jedoch seinen Fehler bemerkt und hielt die Türen eisern verschlossen; um den gleichen Fehler ein zweites Mal zu begehen, war er zu erfahren.

Als der Gong ertönte, verzogen sich beide Kämpfer in ihre Ecke. Erst jetzt bemerkte der Prinz seinen keuchenden Atem, dieser Kampf würde ihn viel Kraft kosten, mit einem schnellen Ende konnte er nicht rechnen. Sein Trainer nahm ihm den Gebissschutz raus, er trank Wasser, trocknete sich die Stirn und ließ die Ellenbogen auf die Knie sinken. Davis und Wolli sprachen zu ihm, versuchten, ihn zu motivieren.

»Das war nicht schlecht, Norbert, der Schlag durch die Deckung hat ihn voll erwischt, da musst du ansetzen …«

»Geht nicht, der verdammte Knecht hat zugemacht, ich weiß nicht, wie ich durchkommen soll …«

»Du musst trotzdem versuchen, zum Kopf durchzukommen, Körpertreffer bringen nix, das is 'n lebender Sandsack, der spürt nix …«

»Ich weiß, das is ja das Problem, den Weihnachtsmann an Deck zu bringen wird 'n hartes Stück Arbeit …«

Grupe atmete immer noch schwer, er spuckte in den Eimer zwischen den Knien und fixierte seinen Gegner. Der Gong erklang. Dieses Mal gab es kein vorsichtiges Abschätzen mehr, beide versuchten, sofort zum Gegner durchzudringen, Grupe ließ ein paar Schläge über die Seiten kommen, um Bonavena zum Öffnen seiner Deckung zu zwingen, die Treffer an den Flanken prallten aber einfach an ihm ab. Im Gegenteil, er nutzte die gesenkten Fäuste seines Gegners und verabreichte dem Prinzen einige Schläge durch die Mitte, denen dieser nur mit Mühe ausweichen konnte. Gerade als er die Unterarme wieder vor dem Gesicht positioniert hatte, krachte die Faust des Argentiniers mit einem Schwinger von rechts außen gegen seine Schläfe, fast hätte sein Kopf durch die Wucht des Schlages die linke Schulter berührt, Schweißtropfen spritzten, der Prinz taumelte rückwärts, fing sich jedoch sofort und brachte sich erneut in Stellung.

Wieder war die erste Reihe aufgesprungen, man buhte Bonavena aus, Onkel war auf seinen Sitzplatz gesprungen und brüllte lauthals, Joy griff vor Erregung nach Jaegers Hand, ließ diese aber sofort wieder los, was Jaeger erleichtert registrierte.

Ohnmächtiger Ärger durchströmte Grupe, bereits der zweite Treffer, den er nicht hatte kommen sehen, wie war das möglich bei diesem langsamen und trägen Kämpfer? Getrieben von unbändiger Wut sprang der Prinz erneut auf Bonavena zu, versuchte, die Linke zweimal unter der Deckung durchtauchen zu lassen, um dann mit der Rechten ebenfalls von außen zu kommen, der Argentinier aber nutzte diesen Moment, um durch die Mitte auf Grupe einzuschlagen, erst zwei schnelle, kurze Schläge in die Magengrube, dann ein mächtiger Punch in die linke Flanke, der Grupe erneut die Luft nahm, und im gleichen Moment ein straighter Schieber unters Kinn, sodass der Deutsche strauchelte und fast zu Boden ging, bevor er in den Seilen hängen blieb. Sofort setzte Bonavena nach, deckte Grupe mit rohen Schlägen von allen Seiten ein. Der Schiedsrichter sprang aufgeregt um die beiden herum, um den Kampf im Notfall abbrechen zu können. Die einzige Chance, dem Argentinier den Wind aus den Segeln zu nehmen, war die Klammer, also klammerte Grupe, solange er konnte, bis der Schiedsrichter sie trennte.

Nun pfiff die gesamte Halle; dass bereits in der zweiten Runde Zeit geschunden wurde, das wollte hier niemand sehen. Der Rest der Runde zog schnell vorüber, punktemäßig lag Bonavena mittlerweile klar vorne, das wusste auch Grupe. In der Pause wedelte Davis dem Prinzen Luft zu und sprach, übersetzt von Wolli, auf ihn ein.

»Norbert, der ist sehr stark und kann viel wegstecken, du musst ihn gezielt ausschalten, keine Kraft im Klein-Klein verschwenden, bleib auf Distanz und warte auf die Lücke, lass ihn kommen, irgendwann wird er unvorsichtig, sei geduldig, du bist besser auf den Beinen, du bist beweglicher und schneller, lass ihn kommen …«

»Ich komm aber nicht zu ihm durch, und wenn, dann prallt das an dem ab, der Knecht ist besser, als ich dachte, verdammter Dreck …« Grupe spuckte blutigen Speichel aus, der Schweiß strömte ihm die Schläfen herab. Wolli sprach persönlich zu Grupe.

»Norbert, du lässt dich doch von so einem stumpfen Ochsen nicht flachlegen, du bist viel schlauer als der, schalte deinen Kopf ein, beobachte ihn, warte auf seine Schwäche, der Typ is einfach, keine Bildung, keine Klasse, lass dich von dem nicht beeindrucken!«

Der Gong erklang. Diesmal blieb Grupe etwas mehr auf Distanz, versuchte, Kräfte zu sparen und zu beobachten.

Bonavena interpretierte des Prinzen Haltung als Angst und nahm die Verfolgung auf. Seine Schläge waren schwer und wuchtig, er versuchte, seinen Gegner über tiefe Körpertreffer mürbezumachen. Genau das gab Grupe die Möglichkeit zu kontern, er setzte mehrere Schläge auf Bonavenas Kopf ab, der dritte Treffer saß und erwischte ihn voll, am kurzen, wiederholten Blinzeln konnte der Prinz die Wirkung seines Schlages ablesen, für eine Sekunde stand der Argentinier still, sofort schlug der Deutsche wieder zu, erwischte ihn erneut an der Schläfe, Bonavena machte einen Ausfallschritt, das Publikum brüllte und jubelte, Wolli schrie: »Jetzt hast du ihn, jetzt hast du ihn!«

Anstatt jedoch seine Taktik zu verändern, schlug Bonavena einfach mit noch größerer Kraft und noch höherer Frequenz zu. Grupe ließ sich rückwärts treiben, landete in den Seilen und steckte einige schwere Seitentreffer ein, in einem unvorsichtigen Moment traf ihn die Rechte Bonavenas frontal auf die rechte Stirnseite, sodass ihm kurz schwarz vor Augen wurde, er ging in die Knie, sofort sprang sein Gegner auf ihn zu, wurde aber vom Ringrichter gestoppt. Grupe richtete sich auf und stellte sich wieder in Position, seine Bewegungen aber waren leicht fahrig.

Gellende Pfiffe, Leute brüllten nun Grupes Namen, wollten ihn eigentlich lieber auf dem Boden sehen. Der Ringrichter ging rückwärts, und sofort näherte sich Bonavena wieder, bereit, seine Chance auf ein schnelles Ende zu nutzen, prügelte erneut in die Flanken des Prinzen, schlug dann zwei- bis dreimal auf seine Deckung ein und kam dieses Mal mit einem Schwinger von links zum Kopf des Deutschen durch, ein fürchterlicher Schlag, der Grupe straucheln ließ und wieder in die Knie zwang, er hatte die Orientierung verloren.

Der Gong war noch nicht erklungen, als Henry Davis das Handtuch warf, der Ringrichter brach den Kampf ab und erklärte Bonavena zum Sieger. Dieser riss die Fäuste hoch, das Publikum jubelte, viele aber pfiffen und buhten, sie fühlten sich um den erhofften spektakulären Kampf betrogen, zum anderen wollten sie dann doch nicht, dass Grupe unterlag, schließlich war er einer von ihnen, er war ihr Lieblingsschuft.

Der Prinz sackte in sich zusammen, mit einem derartig eindeutigen und unspektakulären Ende seiner Laufbahn hatte er nicht gerechnet, er fühlte sich um seinen goldenen Abschluss betrogen. Wenn schon verlieren, dann groß und rauschhaft, wie ein Held, ausgebuht und dennoch bejubelt, bespuckt und geküsst und vor allem – unendlich vermisst, bis in alle Ewigkeit. Stattdessen wankte er nun wie ein geprügelter Hund in der dritten Runde aus dem Ring. Und es gab niemanden, dem er die Schuld dafür geben konnte, nur er allein war für dieses Desaster verantwortlich, er hatte sich definitiv zu sicher gefühlt und sich vor allem einen Gegner ausgewählt, dem er rein körperlich nicht gewachsen war. Wolli empfing ihn in seiner Ecke und legte ihm schweigend das Handtuch über. Willy Zeller, Joy, Onkel und Jaeger beobachteten die Szenerie mit gesenkten Häuptern. Jaeger hatte seinen Zeichenblock geschlossen.

SPORTSTUDIO

Rainer Günzler schlief schlecht. Unruhig wälzte er sich die ganze Nacht in seinem Bett herum, immer wieder gingen ihm die gleichen Gedanken durch den Kopf: Was, wenn der Typ durchdreht? Er hatte bereits von vielen Seiten von der sprichwörtlichen Unberechenbarkeit Norbert Grupes gehört, in nur wenigen Stunden aber würde er ihm persönlich begegnen. Und das nach dem harten Beitrag im *Sport-Spiegel*, in dem er Grupe als Wichtigtuer und großmannsträumerischen Hanswurst verunglimpft hatte. Grupe musste das mitbekommen haben, da war sich Günzler sicher. Grupe galt als aggressiv, unberechenbar und brutal. Würde der Boxer ihn angehen, wäre er dem schmächtigen Moderator körperlich maximal überlegen.

Günzler beschloss, mit dem Sendeleiter zu sprechen, um einen Notfallplan in der Hinterhand zu haben, ein paar starke Männer im Studio. Vielleicht sollte er auch mit seinem alten Freund Harald Quandt sprechen? Als Großindustrieller kannte der sich doch aus mit Sicherheitspersonal und Bodyguards, er würde ihm sicher ein paar fähige Männer zur Seite stellen können. Damals hatte er doch auch Günzlers und Gunter Sachs' Verwicklung in den Fall der ermordeten Prostituierten Rosemarie Nitribitt unter den Tisch kehren lassen. Alles eine Frage von Beziehungen und Fachkräften. Um 6:30 Uhr rief Günzler den Studioleiter Harald Welk an.

»Der Grupe is meschugge, Rainer. Aber ich habe da 'n paar sehr kräftige Beleuchterjungs, die auch gerne mal hart zupacken und vor nix und niemand Angst ham, auch nich vor deinem Ex-Boxer, hahaha.«

»Gegen so ein Tier ist man allein ja chancenlos. Ich hab zwar das Gehirn, aber er hat den Körper; wenn's hart auf hart kommt, steckt das Gehirn da zurück.« Günzler zündete sich eine erste HB an. »Und du bist sicher, dass deine Jungs bereitstehen, falls was passiert?«

»Ich würde vorschlagen, du bringst denen ein paar schöne hochprozentige Korruptionalien mit, 'ne Flasche Blue Curaçao, 'ne Flasche Southern Comfort, und stellst die ungefragt in den Beleuchterraum, das reicht dann schon als Motivation …«

Günzler war ein wenig beruhigt. Das würde ihn zwar nicht aus der unangenehmen Situation retten, überhaupt auf Grupe zu treffen, aber das hatte er sich ja so ausgewählt. Es barg schließlich auch die Chance auf Erfolg für ihn. Wenn er es schaffen würde, Grupe bloßzustellen, ihn sich selbst in seiner ganzen Stumpfheit und Brutalität entlarven zu lassen, würde man ihn dafür feiern. Als Sportsmann mit Intellekt, als Freund der Klugen und Reichen, als wortgewandten Journalisten von Welt, der den groben Schläger Grupe sich selbst live im Fernsehen zu Grabe tragen lassen würde.

Günzler musste vorsichtig vorgehen, durfte Grupe keinen Anlass geben, seine Aggressionen auf ihn zu richten, seine Fragestellung musste so unauffällig und schlau sein, dass Grupe sich selbst in den Untergang reden würde. Er hatte beschlossen, ganz unverfänglich mit ein paar Fragen über den Kampf gegen Bonavena am Vortag zu beginnen, um sein Gegenüber in Sicherheit zu wiegen. Dann würde er langsam zu des Pudels Kern vordringen. Während er sich seine Strategie zurechtlegte, hellte sich Günzlers Stimmung wieder auf. Nach dem Frühstück, vier Tassen Kaffee und weiteren Zigaretten war er sogar ein wenig euphorisiert bei der Aussicht auf die Möglichkeiten, die ihm dieser Sieg bieten könnte.

Die Vorbereitungen im *Aktuellen Sportstudio* des ZDF liefen geschäftig, Grupe wurde mit seinem Begleiter Wolli Köhler in seine Garderobe gebracht und dort geschminkt. Zwar konnte die Maskenbildnerin einige Schrammen und Blessuren mit Make-up und Puder gut abdecken, aber die geschwollenen Augenlider deuteten stark auf den erst am Vortag stattgefundenen Kampf und die endlose Betäubungsfeier danach hin. Kurz vor der Sendung traf man sich mit Aufnahmeleiter und Moderator am Set, Günzler beobachtete Grupe, er mochte ihn definitiv nicht, das war kein Sportler, sondern ein Showmann, ein Emporkömmling und Prominenter, Vertreter einer neuen Gattung von Darstellern, der weder berechtigt sein sollte, in Sportarenen noch in Theatern aufzutreten, da er beide Gewerke nur zur Hälfte verstand und auszufüllen vermochte. Insgeheim verachtete Günzler diese Bastarde, die seit Warhols Forderung nach kurzfristigem Weltruhm für jedermann dumm und sinnfrei in die Öffentlichkeit und auf die Matrixen strömten, um sich ihr Quäntchen Aufmerksamkeit abzuholen, aber dafür keine entsprechende Leistung anzubieten hatten. Er hatte sich vorgenommen, dieses Phänomen bloßzustellen, hier, in seinem Medium, in seinem Ring, würde er seinen Geist und sein Wissen erheben und über die niederen Instinkte triumphieren lassen.

Günzler versuchte auszutesten, was er sich leisten konnte, wie weit er mit seinen Provokationen würde gehen können, ohne selbst dabei Schaden zu nehmen. Man unterhielt sich kurz und förmlich, ein paar Sätze über den gestrigen Kampf, über den Ablauf des Interviews, der Prinz ließ sich nichts anmerken, blieb professionell distanziert. Günzler taxierte ebenfalls Wolli, erkannte in ihm den Halbweltler, verachtete seinen Hippieludenlook, hätte ihn am liebsten aus dem Studio verbannt, was Grupe natürlich nicht zugelassen hätte. Nicht zu früh eskalieren. Die Spannung zwischen beiden Lagern war deutlich spürbar. Günzler bemerkte, dass sich auffällig viele Beleuchter um sie herum aufhielten, ohne dass sie einer sinnvollen Arbeit nachgingen. Welk hatte Wort gehalten.

Schließlich rückte der Moment des Interviews näher, Grupe war ganz kühl geworden, sein Plan klar und deutlich, für den Fall, dass der Moderator versuchen würde, ihn bloßzustellen. Auf ein Signal hin betrat Grupe den Aufzeichnungsplatz und nahm im Sessel gegenüber von Günzler Platz. Dieser wendete sich ihm zu und begann nach einer kurzen Anmoderation das Interview.

»Wie fühlen Sie sich nach den fünf Niederschlägen von gestern Abend?«

Grupe bemerkte sofort den provozierenden Ton Günzlers, er spürte dessen Verachtung und Hochmut, vor laufenden Kameras meinte dieser augenscheinlich, die Ringhoheit zu besitzen. Der Prinz wollte den Moderator zappeln lassen, so wie er es mit Wolli bereits im Flugzeug besprochen hatte, ihn reinzulocken in ein vermeintliches Gespräch, er genoss die vernehmliche Anspannung seines Gegenübers.

»Die waren gestern Abend, nä?«

»Ja, gestern, abends. Wie geht's Ihnen denn? Gut?«

»Heute geht's mir wieder gut.«

»Sie haben sich bei irgendeinem Niederschlag den Knöchel verletzt. Sind Sie umgekippt?«

Der Moment war gekommen. Günzler wollte über Grupes Niederlage sprechen, über die damit verbundene Demütigung. Wollte ihn augenscheinlich live vor einem Millionenpublikum vorführen. Der Prinz beschloss, seinen Plan umzusetzen und das Gespräch abzubrechen. Er blickte den Moderator kühl an und schwieg. Günzlers Miene gefror, als er begriff, was Grupe vorhatte. Damit hatte er nicht gerechnet, mit allem, aber nicht damit. Die Kameras hielten erst auf Grupes Gesicht, dann auf Günzlers, sie waren ganz nah dran, das Schweigen streckte sich sekundenlang. Wolli stand daneben und grinste Günzler unverschämt an. Grupe war einen deutlichen Zug voraus, es war fast schon ein Knockdown. Günzler rechnete mit rasendem Herzen durch, was für Möglichkeiten er hatte, um Grupe aus der Reserve zu locken.

»Er ist umgekippt. Ich weiß, er hat's mir vorher erzählt. Sagen Sie mir, äh, hatten Sie schon vor dem Kampf den Eindruck, dass Sie hier einem stärkeren Gegner gegenüberstehen?«

Günzler ließ eine kurze Pause, in der Grupe erneut nicht reagierte.

»Kann man das als Mut bezeichnen, dass Sie gegen Oscar Bonavena gekämpft haben, oder war das die Vorstufe für das, was man über Sie las, dass Sie jetzt die Handschuhe an den Nagel hängen wollen?«

In Grupe kochte kalte Wut hoch, was fiel diesem Hänfling überhaupt ein, so mit ihm zu sprechen? Er sah Günzler mit seinem Eisesblick durchdringend an, eine Drohung lag darin, eine Warnung: Ich hab dich eh schon am Boden, aber ich könnte dich auch noch zu Staub zertreten, wenn ich nur wollte! Er schwieg weiterhin.

Günzler wurde nervös, er spürte die Gefahr, die von seinem Gegenüber ausging, den Hass, der auf ihn gerichtet schien. Kalter Schweiß quoll aus den Poren seiner Handflächen, seine Gedanken überschlugen sich: Was tun, was tu ich jetzt, schlägt er zu, stehen die Beleuchter für mich bereit, wie komme ich hier raus ohne größere Verletzungen?

»Ich fand Sie in der zweiten Runde besser, muss ich Ihnen sagen, als jetzt im Augenblick. Ich fand Sie echt besser, denn da taten Sie was, und jetzt schweigen Sie. Warum schweigen Sie?«

Der Prinz lächelte maliziös, ließ seinen Raubtierblick durch das Studio wandern, leckte sich genüsslich die Lippen, als ob er den Geschmack des Blutes seines Opfers kosten würde, als wenn er sich bereit machen würde, dieses in wenigen Sekunden gierig hinunterzuschlingen, und kehrte dann mit dem Blick zu Günzler zurück, dessen Angst nun kaum noch zu verbergen war. Im ganzen Studio roch es nach Angst, nicht nur nach der des Fernsehmannes, sondern auch nach der aller anderen Anwesenden, der Kameramänner, der Skriptgirls, der Kabelträger, des Studioleiters und der Beleuchter, alle waren Grupe ausgeliefert, keiner würde diesen Mann stoppen können, und diese Macht, von einem Millionenpublikum beobachtet, genoss Grupe in vollen Zügen. Er schwieg weiterhin. Günzler stellte jetzt seine Fragen nach dem Zufallsprinzip, versuchte, die Sendung zu retten, indem er Zeit gewann, ohne dabei körperlich vernichtet zu werden.

»Na, Ihr Lächeln ist ja auch ganz hübsch. Also machen wir eine andere Frage, wenn Sie die nicht beantworten wollen. War der Gewichtsunterschied vielleicht zu groß? Achtzehn Pfund?«

Erneutes Schweigen des Prinzen. Günzler fiel nichts mehr ein. Er war noch nie in einer derartigen Situation gewesen und hatte auch noch nie von so etwas gehört. Dies war ein absolutes Novum im Fernsehen, dass jemand die Zeit, die er zur Verfügung gestellt bekam, die teuerste Zeit, die es in

Deutschland gab – Sendezeit –, durch Inaktivität und Schweigen vergeudete, das war wirklich vollkommen unerhört.

»Auch nicht. Der Gewichtsunterschied war also auch nicht zu groß. Dann gestatten Sie mir vielleicht eine weitere Frage, ich hoffe auf eine Antwort. Was machen Sie demnächst? Boxen Sie weiter? Gehen Sie nach Amerika? Werden Sie wieder Schauspieler? Oder wie sieht's aus?«

Grupes zugeschwollener, brutaler Blick war weiterhin auf ihn gerichtet wie der Lauf einer doppelläufigen Schrotflinte. Günzler beschloss aufzugeben, ihm, dem Moderator, könnte man nichts vorwerfen, er hatte alles versucht, um die Situation zu retten.

»Auch nicht. Ich bedanke mich für dieses Gespräch. Es war reizend.«

Grupe stand auf, rückte seine Kleidung zurecht und erhob zum Erstaunen aller kurz und förmlich das Wort: »Ich mich auch. Es war sehr aufschlussreich, und ich freue mich, dass Sie nach wie vor dem Boxsport mit freundlichen Augen und Worten gegenüberstehen. Recht schönen Dank, Herr Günzler!«

Grupe verließ die Sitzgruppe und das Studio, keiner wagte, ihn anzusprechen oder auch nur anzublicken, alle arbeiteten stoisch mit gesenktem Blick, während er vorbeischritt, durch den Flur, in seine Garderobe. Wolli folgte ihm und ließ nach dem Betreten des Raumes sofort den Korken einer Champagnerflasche an die Decke knallen.

»Glückwunsch, Norbert, du hast soeben Fernsehgeschichte geschrieben! Dieses Interview wird man in Deutschland so schnell nicht vergessen!«

Wolli goss zwei Wassergläser mit Champagner voll und reichte eines davon dem Prinzen, beide tranken es ex.

»Hast du gesehen, wie der gezittert hat? Oh Mann, ich

hätt dem so gern eine an den Hals gegeben, dem verdammten Onanisten, einfach so, aus der Lamäng, hat mich echt Kraft gekostet, nicht zuzulangen …«

»Das hast du genau richtig gemacht, Junge perfekt hast du das gemacht, keiner kann dir was, Norbert, morgen steht's in allen Zeitungen, ich schwöre, dein Schweigen ist reines Gold wert!«

Wolli sollte recht behalten. Am nächsten Tag stand die Skandalmeldung auf diversen Titelblättern, meist mit Fotos vom Prinzen: »Boxer knockt Fernsehmann aus!«, »Eins zu null für den Prinzen«, »Boxprinz schweigt live im TV!« und so weiter titelten die Gazetten.

Nach der Rückkehr auf den Kiez in Hamburg meldeten sich viele Freunde bei Grupe, um ihm zu gratulieren. Er hatte dem Stolz der Halbwelt und überhaupt aller Underdogs ein Denkmal gesetzt, ein Schlag in die Magengrube der saturierten Bürgerlichkeit und ihrer sauberen, feigen und verlogenen Präsentatoren. Rainer Günzler verlor tatsächlich nach dieser Sendung seinen Posten beim *Sportstudio*. Und der Bund Deutscher Berufsboxer, peinlich berührt von Grupes Attacke, versuchte, sein angeblich beschmutztes Image dadurch wieder reinzuwaschen, indem man dem Prinzen ein lebenslanges Boxverbot erteilte, welche bittere Doppelmoral. Manager Zeller focht dieses Verbot juristisch an, nach kurzer Zeit wurde es wieder aufgehoben.

Am Abend der Rückkehr gab Wolli in seinem Salon in der Großen Freiheit Nummer 11 eine kleine Party, und viele Bewunderer und Freunde tauchten auf, Prostituierte, Hehler, Boxer, Luden, Schriftsteller, Journalisten. Wolli hielt eine kurze und etwas weinselige Rede auf den Prinzen.

»Norbert, wir sind froh, dass du als Sieger aus dem Kampf

im Deutschen Fernsehen zurück in die Heimat gekehrt bist, gestern hast du für uns alle geschwiegen, kein Wort war mehr nötig, dieses Schweigen hat viel mehr gesagt als hunderttausend sinnlose Worthülsen und saß viel tiefer als jeder noch so derbe Schlag; wer dieses Schweigen verstanden hat, der kann uns alle verstehen, uns Leute aus den schmutzigen Vierteln, es war ein Schweigen für das Anderssein – dieses Schweigen war eine Performance, ein Kunstwerk! Auf dieses wunderbare Schweigen eine kleine Schweigeminute zu deinen Ehren!«

Sie hoben die Gläser und schwiegen einige Sekunden, bis die meisten es nicht mehr aushielten und die Stille durch lautes Grölen und Gläserklingen beendeten. Nach dem traurigen Ausgang des Boxkampfes war dieses nun der alles wiedergutmachende Sieg für den Prinzen, der sein verwundetes Kämpferherz für einen Augenblick versöhnte.

Hubert Fichte beglückwünschte den Prinzen, wie immer mit einem Glas Traubensaft in der Hand. Fichtes Buch *Die Palette* war im Vorjahr erschienen und in der Literaturszene kometenhaft eingeschlagen, sein reduzierter und kompromissloser Stil nötigte vielen Altliteraten ängstlichen Respekt ab, vor allem aber fanden sich die Beschriebenen, die Abtrünnigen, Drogis, Kleinkriminellen und Queers in Fichtes Buch in ihrer sonst im Schatten verborgenen Lebenswelt zum ersten Mal in der deutschsprachigen Literatur respektvoll getroffen. Fichte war der Mann der Stunde, der Literat der Straße, einige bezeichneten ihn schon als deutschen Jean Genet.

Fichte und Grupe mochten sich auf unterschwellige Art und Weise, der Literat zollte dem attraktiven und virilen Boxer nicht nur Respekt für sein ungezügeltes Auftreten in der Öffentlichkeit, für sein brutales Dissidententum, sondern er war auch körperlich von ihm angezogen, wissend, dass der Prinz für Ausflüge ins Bisexuelle zu haben war. Grupe wiederum, den eigenen Ruhm und den anderer stets im Blick, konnte nicht umhin, sich von dem Bohei um den Schreiber beeindruckt zu fühlen, ja sich in dessen Aufmerksamkeit zu sonnen. Fichte war kein Spießer, sondern einer von der randständigen Seite, und er hatte keine Angst vor Grupe. Die Angstprüfung musste jeder beim Prinzen erst einmal hinter sich bringen, wer sie bestand, war einer näheren Betrachtung würdig, schlimmstenfalls wurde man der Freundschaft für angemessen befunden.

»Hey, Norbert!«

»Hi, Dichter!«

»Du, ich hab's natürlich auch gesehen. Ich hab erst gedacht, du schlägst zu, du sahst so geladen aus.«

»Die eklige Brausebacke hätte es verdient gehabt, aber dann hatten wir ja die Idee mit dem Schweigen, die kam Wolli und mir auf dem Flug nach Mainz.«

»Wirklich eine geniale Idee, ungesehen! Die beste Idee, die ich im deutschen Fernsehen je gesehen habe. So müsste das Fernsehen der Zukunft aussehen. Jeden Tag von morgens bis Mitternacht, ein endloses Schweigen! Spielfilme, in denen nicht mehr gespielt wird, und Talkshows, in denen nicht mehr gelabert wird. Ruhe, endlose Ruhe. Und du bist der Erfinder.«

»Danke, Dichter, ich werd's denen mal vorschlagen. Vielleicht sollte ich mich als der ›schweigende Moderator‹ andienen.«

»Ich würde dich immer schauen. Ich würde nichts anderes mehr tun, als fernzusehen. Ein Fernsehen, in dem kein Schwachsinn mehr geredet wird, kann kein dummes Fernsehen sein.«

Grupe lächelte Fichte an und nahm einen Schluck Wodka aus einer Flasche.

»Und was wirst du jetzt tun?«

»Ich werde wieder catchen. Das ist viel entspannter, du sprichst dich vorher ab, machst 'ne gute Show und kassierst danach bare Marie. Nich mehr dieses wochenlange Trainieren und der ganze unnötige Aufriss. Außerdem kommen neue Filmangebote. Horst Wendlandt hat mich angefragt, für 'nen Film mit Heinz Erhardt und Walter Giller. Kannst du dir das vorstellen: Heinz Erhardt und Prinz Wilhelm von Homburg in einem Film? Na, das is doch Weltklasse, oder? Der Film heißt treffenderweise *Die Herren mit der weißen Weste*.«

»Himmelherrgott, ich erwarte meterweise gruseligste Dialoge.«

»Mach dir keine Sorgen, ich bleibe mir treu, ich muss nicht reden, nur schweigen und zuschlagen, is 'ne Boxerrolle …«

Fichte prostete dem Boxer zu und ging zurück zu Wolli, der mit einigen Künstlern vor seinem Zeichentisch mit neuen Werken stand.

Grupe setzte sich ein wenig abseits ins Halbdunkle und trank aus seiner Wodkaflasche. Er dachte an seinen Vater, daran, wie es ihm jetzt in Kalifornien erging, ein alternder Wrestler, der mit seiner Tochter und acht Straßenhunden in einer kleinen Wohnung in der Nähe von Venice Beach wohnte. Ab und zu hatte er noch mal einen Fight, oder er beriet jüngere Wrestler, es war aber allen inklusive ihm klar, da würde nicht mehr viel kommen. Jemand, der sein gesamtes Schicksal an die Form und Kraft seines Körpers kettet, muss mit dem Niedergang desselben auch seine Professionen verlieren. Genau das wollte der Prinz nicht erleben, er würde die Zügel in der Hand behalten, nur die Richtung war ihm zum jetzigen Zeitpunkt nicht klar. Er hatte darüber nachgedacht, ins Milieu einzusteigen wie sein Freund Wolli, wie Onkel, Stefan Hentschel und all die anderen, mit denen er zu tun hatte. Dort würde das schnelle Geld winken, das er im Boxen aus Mangel an großen Titelkämpfen nicht gefunden hatte. Dort würde er ein strahlendes Leben leben und dabei dennoch genug verdienen, um etwas für die späteren Jahre auf die Seite schaffen zu können. Oder sollte er sich auf seine Schauspielkarriere konzentrieren, und wenn dann wo – in Amerika oder in Deutschland? Der Glam, das Geld, der Ruhm, der Sex, diese Melange zog ihn wirklich an, letztendlich wollte er ein Popstar sein. Aber ihm fehlten die Beziehungen, er stand nicht im Fokus der Scouts der großen Filmproduktionen, nur ab und zu fiel eine kleine Rolle für ihn ab, meist die des fiesen, brutalen Deutschen in Amiproduktionen, zum Beispiel in *Der zerrissene Vorhang* von Alfred Hitchcock. Dabei hatte er bei Lee Strasberg in New York Schauspiel studiert, und er war durchaus sprachbegabt, er konnte Ringelnatz-, Rilke- und Kästner-Gedichte auswendig und jederzeit aus dem Nichts heraus zum Erstaunen seiner Freunde zum Besten geben. Für die große Filmkarriere allerdings waren sein Äußeres und auch sein Ruf zu irritierend, die meisten Filmleute wagten nicht, ihn zu besetzen, schon aus reiner Furcht vor seiner Unberechenbarkeit. Er nahm einen weiteren tiefen Schluck aus der Flasche und zündete sich eine Zigarre an.

Vom anderen Ende des Raumes näherte sich Wolli mit einem Glas Bier in der einen und einem Joint in der anderen Hand. Er zog sich einen Schemel heran und setzte sich zu Grupe ins Halbdunkel.

»Du, Norbert, sag mal, willst nich 'ne Revanche fordern?«

»Nein, das ist jetzt vorbei, die letzten Kämpfe lief's ja nicht mehr richtig gut, jetzt reicht's, jetzt is Daddelduh, Schicht, Ende. Ich muss mir was anderes überlegen.«

Wolli nahm einen Zug von seinem Joint und reichte ihn Grupe.

»Du weißt ja, aufm Kiez gibt's immer was zu tun, meine Türen stehen dir jederzeit offen.«

Ein paar Meter weiter saß Heino Jaeger und zeichnete so wie meistens. Er war ganz in sich versunken, als sich eine Gestalt aus der Menge schälte und auf ihn zutrat, eine junge Frau mit kurzen schwarzen Haaren im Jeanskostüm, eine Flasche Wein in der Hand. Er blickte sie kurz an, und sie begrüßte ihn erfreut.

»Hey, Picasso, da biste ja. Und ick dachte schon, wir sehen uns nich wieder.«

Erst jetzt erkannte Jaeger Joy, die Frau, die neben ihm am Ring gesessen hatte, diesmal ohne weiße Plastikperücke, was ihr deutlich besser stand.

»Darf ick dir 'n bisschen zugucken? Ick langweile mich sonst so, kenne hier niemanden außer dich.«

»Von kennen kann ja bei uns nicht grade die Rede sein ...«, entfuhr es Jaeger, der nicht wusste, was er entgegnen sollte. Der auch nicht wusste, was er von der Frau halten sollte, die ihn da schon wieder von der Seite ansprach. Das passierte ihm sonst nie.

»Ick nerv auch nich rum, versprochen, Picasso, ick lass dich arbeiten, schau nur 'n bisschen zu.«

Jaeger versuchte, sich zu konzentrieren, was ihm in ihrer Anwesenheit natürlich nicht gelang, sein Strich erlahmte, sein Blick zitterte, er lehnte sich zurück.

»Sorry ... Willste 'n Schluck?«

Joy klapperte mit ihren schwarz geschminkten Wimpern,

und Jaeger wagte ihr das erste Mal ins Gesicht zu schauen. Sie hatte ein leicht jungenhaftes Gesicht, eine Nase mit einem kleinen Sprung, blaue Augen, deren Strahlkraft durch den breiten schwarzen Kajal noch erhöht wurde, und einen kleinen hübschen, weinrot geschminkten Mund.

»Willste? Oder trinkste nich?« Sie hielt Jaeger die Weinflasche hin.

»Doch, doch, Wein, ich liebe einen guten Tropfen!«

Der Satz lag ungelenk und schwach in der Luft zwischen den beiden, Jaegers Blick flackerte. Je länger er sie anblickte, desto kleiner wurde er, desto schäbiger fühlte er sich Joy gegenüber, während ihre Schönheit gleichzeitig in ihm erstrahlte. Am wohlsten wäre ihm, wenn sie wieder gegangen wäre, er senkte den Kopf und blickte auf sein Papier, die begonnene Zeichnung zeigte einen Waldrand, hinter dem ein gigantischer Kopf mit strähnigen Haaren zu erahnen war, Jaeger setzte seinen Stift wieder an, aber sein sonst so unbeirrbarer Strich war blind geworden und irrte ziellos über den Hintergrund.

Joy zog sich einen Stuhl heran und setzte sich neben Jaeger. »Det is so toll, wat du da kannst, det is 'n echtet Götterjeschenk, weste det, Picasso?«

»Für mich ist das kein Geschenk, eher 'ne Krücke.« Er murmelte in sich hinein, ohne sie anzublicken.

»'ne wat? 'ne Krücke? Versteh ick nich. Nä, du bist mir eener, bist einmalig vom Schöpfer beschenkt, aber bezeichnest det als Krücke.«

Jaeger nahm die Flasche aus ihren Händen und trank einen tiefen Schluck, er schloss die Augen, trank einen weiteren Schluck und gab ihr die Flasche zurück, die nun fast leer war.

»Nich schlecht, Picasso, trinken kannste ja och!«

»Ich heiße nicht Picasso ...«

»Ich heiße auch nicht Joy ...« Die Namenlose lächelte Jaeger geheimnisvoll an. »Ich heiße Petra, aber det is'n Geheimnis, det darf keener wissen.«

»Okay. Ich heiße Heino ... Heino Jaeger.«

»Heino? So wie der singende Nervtyp? Det is ja ooch lustig!«

»Ich hab's mir nicht ausgesucht. Außerdem hieß ich zuerst so!«

Sie lachte auf, auch wenn Jaeger keinen Witz beabsichtigt hatte. Der Wein weitete seine Adern und wärmte sein Gehirn, ein kleiner Schuss Mut drang in seine Hände, und er begann wieder zu zeichnen, die Spitze des Bleiers fand ihren Weg, und das Bild wucherte. Petra verstummte und schaute dem Meister einfach nur ehrfurchtsvoll von der Seite zu.

DAS PANORAMA
DER JAHRTAUSENDE

Heino Jaeger war umgezogen, in einen Keller in Eimsbüttel. Pintschovius beschloss einen Antrittsbesuch. Es
dunkelte bereits, als er in der Margaretenstraße ankam, durch
die vernebelten großen Schaufensterscheiben der Souterrainwohnung konnte er nur schemenhaft Lichter erkennen.
Pintschovius ging einige Stufen hinab in Jaegers Räumlichkeiten, das vordere Zimmer wurde durch eine nackte, schwa-
che Glühbirne und mehrere Kerzen erleuchtet, es war ange-
füllt mit Jaegers Hausstand in unaufgebautem Zustand: halb
zerfallene Möbel, Schallplatten, unendlich viele Bilder, ein
Sammelsurium merkwürdiger Objekte – ausgestopfte Tiere,
Zinnsoldaten, Spielzeugpanzer, zerschlissene Puppen –, auf
einem Tischchen stand eine elektrische Kochplatte, die rot
glühte – augenscheinlich die einzige Wärmequelle –, und in
der Mitte des Raumes führte ein etwa ein Meter tief ausge-
worfener Schacht durch das Erdreich, der wie ein Schützengraben für Zwerge anmutete.

Über Pintschovius' Gesicht legte sich entspannte Freude,
während er sich nach seinem alten Freund, dem Herrscher
dieses sonderbaren Universums, umsah. Vor einem eiern-
den Plattenspieler klang dumpf und knatternd wie durch ein
altes Feldradio deutsche Marschmusik, vorsichtig versuchte
Pintschovius, um den Schützengraben herum in den hinteren Bereich der Wohnung vorzudringen. Auch hier setzte

sich das Chaos fort, mehrere kleine Räume zweigten von einem Flur ab, überall bot sich das gleiche Bild, spärliche Beleuchtung und Malerei, Zettel, Zeichnungen, darauf Jaegerfiguren, Zwitterwesen, halb Mensch, halb Fisch, Garnelen mit Armen und langen, dünnen Hoden, überall und immer wieder Soldaten, Feuer, Brände, Rauch, dann wieder Harburger Omas, zwischen alldem: Schrift, Worte, Sätze, Sinnfetzen, und über all dem ein säuerlich modriger Geruch. Die morbide Atmosphäre durchdrang jeden Winkel. Für eine Sekunde machte Pintschovius sich Sorgen um seinen Freund.

»Hallo? Ist jemand da?« Pintschovius war am Ende des kurzen Flures stehen geblieben. »Hallooo, es ist Besuch da!«

»Heben Sie ganz langsam und vorsichtig Ihre Hände.«

Aus dem Hintergrund war das Laden eines Repetiergewehres zu hören. Pintschovius erstarrte.

»Sie heben jetzt ganz langsam Ihre Hände. Dann drehen Sie sich um und legen mir Ihre Papiere vor, welche Nationalität, zu welcher Heeresgruppe gehören Sie, was machen Sie hier hinter der Demarkationslinie? Sind Sie fahnenflüchtig?«

Langsam drehte sich Pintschovius um, ihm gegenüber stand sein alter Freund in einer Wehrmachtsuniform, die langen Haare quollen wirr unter dem Helm hervor, er hatte tatsächlich ein Gewehr auf den Ankömmling gerichtet.

»Verstehen Sie Deutsch? Wenn ja, legen Sie Ihren Tascheninhalt vor meine Füße, öffnen Sie danach Ihre Hose, ziehen Sie sie runter, und legen Sie sich auf den Boden, zu Ihrer eigenen Sicherheit.«

Pintschovius lachte nervös auf. »Mensch, Jaeger, Sie können einem ja vielleicht 'nen Schreck einjagen, wo haben Sie denn gesteckt, wir haben uns ja ewig nicht gesehen.«

Jaeger hob das Gewehr und zielte auf Pintschovius, der

unwillkürlich einen Schritt rückwärts machte und fast gestolpert wäre.

»Aha! Man fasst es nicht: Gefreiter Pintschovius: rühren!«

Jaeger stellte das Gewehr zur Seite, drehte sich um, ohne die Begrüßung weiter zu vertiefen, und ging zurück ins vordere Zimmer, Pintschovius folgte ihm.

Dort nahm Jaeger die Platte mit den deutschen Märschen vom Plattenteller, legte eine Johann-Strauß-Platte auf, nahm Platz in einem der halb zerfallenen Sessel und zündete sich eine Zigarette an. Er musterte seinen Freund, der auf einem Pianoschemel gegenüber Platz nahm.

»Jaeger, was ist mit Ihnen, wie geht's?«

»Na wie solls einem wie mir schon gehen? Wie immer, bin stets am Arbeiten, mein Freund, wie Sie sehen können.«

»Sie waren einige Zeit nicht im Museum.«

»Es gab dort nichts zu tun für mich.«

Pintschovius roch Jaegers weinsaure Atemluft, die in der Kälte des Kellers kondensierte. »Aber jetzt gibt es etwas, der Direx schickt mich, eine große Aufgabe wartet auf Sie.«

»Na, was könnte das wohl sein?«

»Man möchte Sie damit betrauen, einen ganzen Raum zu gestalten mit einem riesigen Gebilde: dem sogenannten ›Panorama der Jahrtausende‹: der Ausschnitt einer Landschaft, die sich über die Jahrhunderte verändert, von der Steinzeit bis in die Jetztzeit.«

»Verstehe ich nicht, was soll das sein? Und wie soll das aussehen?«

»Das soll ein Schulstück sein. Eine Art Zeitmaschine. Es wird einen großen Raum mit siebzehn Kojen geben, und in jeder soll immer derselbe Ausschnitt eines Stückes der Harburger Landschaft gezeigt werden, über die Jahrtausende in stetiger Veränderung durch die Zivilisation. Verstehen Sie?«

»Das klingt in der Tat interessant für mich. Dazu fällt mir sofort etwas ein. Wer ist noch beteiligt?«

»Die ganze Aufgabe soll organisatorisch von Harold Müller geleitet werden, künstlerisch möchte man Ihnen volle Gestaltungsfreiheit geben.«

Harold Müller war der neue Mann an der Seite von Jaegers ehemaliger Freundin Hilka Franck. Jaeger mochte ihn und war deshalb nicht abgeneigt.

»Und dürfte ich frei arbeiten, ganz nach meinem Gusto?«

»So habe ich es verstanden.«

»Dann würde ich gerne die Zerstörung der Natur durch die Zivilisation und die totale Verwüstung der Landschaft in der Gegenwart zeigen als Beweis der These, dass der gepriesene Fortschritt den langen Weg in die unausweichliche Katastrophe bedeutet.«

»So habe ich Sie eingeschätzt, mein Freund, und deshalb habe ich Sie vorgeschlagen, weil ich mir bereits dachte, dass Sie dieses Lehrstück für einen Husarenritt nutzen würden.«

»Ich werde versuchen, daraus ein Kunstwerk zu machen, das man als solches nicht erkennt. Wenn man meine Kunst schon nicht in die Museen hängen will, so gehe ich halt einen anderen Weg.« Jaeger zog eine Weinflasche hinter seinem Sessel hervor und nahm einen Schluck daraus.

Aus einer angrenzenden Kammer erklang ein Husten. Unter dem spärlichen Licht einer Funzel lag auf einer Matratze auf dem Boden eine Frau unter einer Wehrmachtsfelddecke. »Heino, kannste mir mal den Tabak rüberschmeißen, ick hab Schmacht.«

Jaeger eilte in den Raum und tat wie ihm geheißen, danach kehrte er zu Pintschovius zurück. »Darf ich vorstellen: meine Bekannte Petra.«

»Ick habe doch jesagt, ick heiße Joy! Für die normalen

Menschen heiße ick Joy, merk dir det mal!« Die Frau war aufgesprungen und lehnte nackt an einer Holztruhe, während sie sich eine Zigarette drehte.

Pintschovius blickte zu Boden, ihm war die Situation peinlich. Gleichzeitig war er erstaunt: Was war mit Jaeger passiert? Wie kam der zu so unverhofftem Glück? Wieso hatte diese Venus ausgerechnet ihn, den Merkwürdigsten, ausgesucht? Wer war sie? Woher kam sie?

Lässig warf Joy oder Petra sich ein Laken über, sie küsste Heino und warf danach Pintschovius ein Grinsen zu, ihr Kajal und der Lippenstift waren verschmiert, das gab ihr etwas Verwegenes.

»Ick passe auf, dass er arbeitet. Det befruchtet ihn, nich, Heino?«

Jaeger lächelte sie unbeholfen an. Tatsächlich waren auf dem Zeichenblock vor Jaeger weibliche Körper und deren Details zu sehen. »Seitdem die Frau da ist, muss ich noch mehr arbeiten. Es ist für ihre Altersabsicherung.«

Pintschovius zog etwas verlegen seinen Mantel an. »Gut, ich gehe dann jetzt. Und wir sehen uns nächste Woche im Museum, zur Besprechung für das Panorama?«

Jaeger nickte, während sich Joy oder Petra hinter ihn stellte, um ihm, während sie seine Zeichnungen betrachtete, den Nacken zu massieren.

STRESS

Als Jaeger abends zu Wolli kam, herrschte dort eine merkwürdige Stimmung. Wolli saß mit Grupe und zwei Männern, die Jaeger nicht kannte, an dem kleinen Tisch vor der Bibliothek in der oberen Wohnung der Großen Freiheit Nummer 11. Sie unterhielten sich über einen Typen, der angeblich gerade auf Sankt Pauli angekommen war, um nach Wolli zu suchen. Vor Wolli auf dem Tischchen lag eine Maschinenpistole der Marke Heckler & Koch. Wolli begrüßte Jaeger und separierte sich mit ihm in die Küche, um ihm die Lage zu erklären.

»Was is denn mit diesem Typen, Wolli? Und was soll die Waffe?«

»Ich kenne den nicht wirklich, is lange her, dass ich den getroffen habe, ich weiß nur: Der Mann is gefährlich, und er sucht angeblich nach mir, fragt überall nach meinem Namen. In Berlin nennen sie ihn ›den Putzer‹.«

Jaeger sah das erste Mal so etwas wie Furcht in Wollis graublauen Augen, die sonst immer so selbstsicher und energievoll strahlten. Er rieb sich immer wieder mit der linken Hand über den Bauch.

»Was will der denn von dir?«

»Geht um 'ne alte Sache. Mein ehemaliger Boss hier in Hamburg soll ihn auf mich angesetzt haben. Weil ich nicht loyal zu ihm war. Der is verrückt. Hab letzte Nacht im Bett die ganze Zeit die MP in der Hand gehabt. Mauli hat sich dann aufs Sofa gelegt, der war das zu bescheuert mit der Waffe im

Bett. ›Ich oder die Waffe‹, hat sie gesagt. ›Die Waffe‹, hab ich gesagt.«

»Und jetzt?« Jaeger mochte Wollis Freundin Mauli.

»Wenn der Typ auftaucht, muss ich bereit sein. Zuerst agieren. Oder ich bin selber dran. Verdammte Scheiße! Mir is das voll aufn Magen geschlagen, das ganze Gesaufe, der Stress und dann auch noch Ärger mit Mauli. Sie hat gesagt, ich hätte mich verändert. Ich wär nicht mehr wie früher, als sie mich kennengelernt hat. Ich wär nicht mehr der süße Junge von der Straße. Ja, wie denn auch, hab ich gesagt, ich muss 'nen Betrieb mit fünfzehn Angestellten leiten.«

Wolli rieb wieder die Hand über seinen Bauch. Grupe kam dazu und öffnete sich ein Bier.

»Ich hör mich mal um nach dem Typen. Ich frag mal, ob jemand nach dir gefragt hat. Und wenn ich ihm begegne, kümmere ich mich um dein Problem. Die Frage ist nur, ob ich ihm begegne.«

»Ich danke dir, Norbert. Ich würde mich freuen, dich in den nächsten Tagen, sooft du möchtest, als Gast in meiner Wohnung und auch im *Palais d'Amour* begrüßen zu dürfen. Allein deine Anwesenheit hat ja eine klärende Wirkung.«

»Solange für mein Amüsement gesorgt ist, gibt es keinen Grund, warum ich mich woanders aufhalten sollte, mein Freund.«

Wolli goss sich einen Kamillentee ein. Daneben stellte er ein Bier. Jaeger blickte auf die Waffe.

»Und ich dachte, du verabscheust Gewalt, Wolli. Hast du doch immer gesagt.«

Wolli trank erst einen Schluck Bier, danach einen Schluck Kamillentee. »Tu ich auch, ehrlich. Wenn ich die Chance hab zu rennen, dann renn ich. Letztens war so 'n Schwarzer im *Palais*, 'n echter Riese, dazu auch noch Boxer, der hat erst gefickt und wollte dann nicht aus der Tasche kommen, er hat immer nur gesagt: ›Why should I pay? Tell me one reason. I never pay.‹ Ich hab dann zwei, drei Typen aus den Etagen zusammengetrommelt, aber keiner von denen hat sich rangetraut an den Brocken. Dann hat einer die MP gerufen, Military Police, aber die sind reingekommen, haben den Typen gesehen und sind gleich wieder stiften gegangen, die kannten den wohl schon. Na ja, was hätt ich tun können? Ihn erschießen? Wegen fünfzig Mark? Ich hab ihm dann noch 'n Bier spendiert, und dann isser ganz lieb abgezogen. Es hätte ihm so gut gefallen, dass er bald wiederkommen würde, hat er noch gesagt. Scheiße! Aber du siehst, keine Gewalt.«

Wolli zündete sich einen Joint an und nippte an dem Tee, während er sich weiter den Bauch rieb. Sie hörten ein Geräusch von der Tür, Wolli griff reflexhaft nach der MP. Mauli kam mit Reimar Renaissancefürstchen rein, Wolli ließ die Waffe sofort wieder los, konnte aber nicht verhindern, dass Mauli es bemerkte, sie sah ihn mit verächtlichem Blick an. Dann packte sie ein paar Sachen zusammen, hängte sich ihren Ozelotmantel über, kam in die Küche und griff sich eine Flasche Champagner aus dem Kühlschrank. Reimar Renaissancefürstchen, einer ihrer Gespielen, blieb die ganze Zeit in ihrer Nähe.

»Hör mal, Wolli, ich will mit Reimar losmachen. Und weil ich sowieso nicht hier sein mag grade, fahren wir 'n paar Tage weg. Ich hab mir fünf Mille aus dem Nerzkleid im Schrank genommen, is ja eh mein Geld. Wir sehen uns also erst mal nicht mehr. Mach's gut!«

Wolli sagte nichts, schaute mit leerem Blick auf den Tisch vor sich. Die Schritte entfernten sich im Treppenhaus.

»Jetzt, wo ich sie brauche, haut sie ab. Wie kann sie so zu mir sein?«

»Vielleicht hängt das mit deinem Berufsfeld zusammen«, erwiderte Heino und öffnete sich nun ebenfalls ein Bier.

Wolli schwieg, er hielt sich nur mit beiden Händen den Bauch, augenscheinlich hatte er Schmerzen. Nach einiger Zeit stand er auf und begann, ein paar Kleidungsstücke zusammenzuräumen. »Ich gehe ins Krankenhaus. Da findet mich der Spinner nicht. Und ich kann meinen Magen kurieren.«

»Du willst aus freien Stücken ins Krankenhaus?«

»Ja, es ist so weit. Das geht jetzt schon seit Wochen so, mit den Bauchschmerzen. Mein Arzt hat gesagt, ich soll ins Hospital gehen, aber bis jetzt dachte ich, dass ich drum herum käme.«

Wolli öffnete Maulis Kleiderschrank und zog aus der Tasche eines Kleides zehn Tausender. Als er Grupes Blick registrierte, erwiderte er schwach lächelnd: »Bin nicht versichert. Is für die Behandlung und 'n schönes Zimmer. Wenn ich mehr brauche, weißt du ja jetzt, wo es ist.«

Sie fuhren Wolli nach Klein Flottbek in die Privatklinik Dr. Gutt. In der Gastrologie begleiteten sie ihn bis zum Zimmer des Stationsarztes.

»Danke, Freunde! Ich rufe euch sofort an, wenn ich weiß, was ich habe und was passieren wird. Betet für mich. Wenn's Magenkrebs ist, war's das mit eurem armen Wolli.«

PHILIPS

Heino Jaegers *Stegreifgeschichten* erfreuten sich beim WDR wachsender Beliebtheit. Zwei Jahre zuvor hatten ein paar Freunde Jaegers mit ihm ein paar improvisierte Aufnahmen zu Hause auf einem Revox-Tonband produziert, und diese Aufnahmen waren über Umwege bei der Plattenfirma Philips gelandet. Der Erfolg der Radiobeiträge beim WDR ermutigte einen Promoter der Plattenfirma, die Veröffentlichung der Privataufnahmen auf Schallplatte voranzutreiben. Man lud Jaeger zu einem Gespräch über Titel und Cover am Glockengießerwall am Hauptbahnhof ein. Dieser erschien dort natürlich in Begleitung seines Beraters Pintschovius. In einem kleinen Gesprächsraum mit Diaprojektor saßen vor Jaeger und Pintschovius zwei mittlere hanseatische Angestellte der holländischen Firma, die beiden stellten sich als Holger und Volker vor, Herren mittleren Alters in modischer Jugendkleidung mit längeren Haaren und Kotletten.

Der, der sich Holger nannte, eröffnete das Gespräch. »Heino, wollen wir uns nicht einfach duzen, hier duzt sich wirklich jeder ...«

Jaeger, wie gewohnt in Wehrmachtsmantel und Knobelbechern, von der allseitigen aufgeregten Geschäftigkeit bereits unangenehm berührt, reagierte einsilbig. »Na, wenn Sie das möchten.«

»Heino, wir haben uns hier bei Philips viele Gedanken über deine Karriere gemacht, wir wollen hier ja nicht nur eine Schallplatte veröffentlichen, nein, wir wollen einen Künstler aufbauen, wir wollen einen Stein ins Rollen bringen, und da muss man dann auch gleich über die ganze Marke sprechen. Die Marke Jaeger!«

An dieser Stelle lachte Kollege Volker vorauseilend auf, augenscheinlich hatten die beiden Profis ihren Einsatz vorher abgesprochen.

»Hahahaha, ja genau! Die Marke Jaeger bringt den deutschen Humor auf den Punkt – da möchten wir ansetzen, Holger, wirf doch einfach mal das erste Dia rein, lass uns doch mal gleich zur Tat schreiten …«

Kollege Holger startete den Diaprojektor, das Bild eines Jägerzaunes mit einem Gartenzwerg davor wurde sichtbar. Über dem Bild prangte in Frakturschrift:

Heino Jaeger – Jägerlatein

»Wir möchten gleich mit unserer stärksten Arbeit beginnen: Das ist deutscher Humor, da ist alles drin: der Jägerzaun, der Gartenzwerg, der Wortwitz mit dem Namen, und der Begriff Jägerlatein ist ja schon von Haus aus witzig, oder?«

Dieses Mal kreischte Kollege Volker begeistert auf. »Das ist wirklich genial: Jägerlatein! Das bringt alles auf den Punkt! Was meinst du dazu, Heino?«

Jaeger blickte Pintschovius mit ratlosem Blick an. Dieser verstand sofort den Unwillen seines Freundes. »Gibt es denn noch andere Vorschläge?«

Kollege Holger, etwas indigniert, berappelte sich. »Ja, natürlich haben wir noch weitere Ideen. Volker?«

Ein weiteres Dia wurde an die Wand projiziert, darauf war ein Jägerschnitzel auf einem weißen Teller zu sehen, mit einer Flüssigkeit, die vermutlich Senf darstellen sollte, war in Schwarz, Rot, Gold »BON APPETIT« über das Schnitzel geschrieben. Über dem Ambiente prangte wiederum in Frakturschrift:

𝕳𝖊𝖎𝖓𝖔 𝕵𝖆𝖊𝖌𝖊𝖗 – 𝕳𝖚𝖒𝖔𝖗 à la carte

Jaeger und Pintschovius sahen nun beide die Plattenfirmenangestellten mit leerem Blick an, das Schweigen im Raum dehnte sich explosiv aus.

Kollege Volker räusperte sich. »Versteht ihr das denn nicht? Das ist doch lustig! Deutscher Humor à la carte? Hahaha! Da is doch wieder alles drin!«

Kollege Holger ergänzte: »Und dann der Senfschriftzug! Das hat's so noch nie gegeben! Bon Appetit! Hahahaha!«

Pintschovius fasste sich ein Herz: »Ich schlage vor, dass wir ein vom Künstler selbst gezeichnetes Cover benutzen. Wussten Sie, dass Heino auch Grafiker, Zeichner und Maler ist?«

Pintschovius zog eine Mappe unter Jaegers Arm hervor und öffnete sie auf dem Tisch in der Mitte des Raumes. Zum Vorschein kamen Zeichnungen, die Jaeger gerade angefertigt hatte: auf einem Küchentisch kniende fette nackte alte Damen mit Gasmasken, ein brennender Kirchturm, ein Porträt des Führers in Altrosa, afrikanische Autochthone in Burenuniformen, in allem Dargestellten steckte etwas abgründig Zerstörtes, etwas bis in seine inneren Tiefen Kaputtes.

Die Blicke der Plattenfirmenmänner waren irritiert, schließlich antwortete Kollege Holger: »Tja, wie soll ich's formulieren, das versteht der deutsche Hörer und Konsument nicht, unsere Botschaft muss einfach und leicht verdaulich sein, wenn wir in Deutschland 'n paar Platten verkaufen wollen! Wenn ihr Kunst machen wollt, müsst ihr ins Museum gehen.«

Pintschovius lachte auf. »Von da kommen wir ja.«

Kollege Holger zündete sich gestresst eine HB an. »Heino, du bist hier bei der Philips, einer der größten Plattenfirmen Deutschlands, ach, was sag ich: Europas. Wir bieten dir eine Schallplattenkarriere an, das funktioniert aber nur, wenn du mitarbeitest, wenn du uns vertraust, du bist der Mann für die Poesie, wir sind die Männer fürs Geschäft, gemeinsam machen wir 'nen Hit draus, verstehst du?«

Volker steckte sich einen Wrigley's in den Mund. »Siehst du überhaupt diese unglaubliche Chance? Wir machen aus dir einen Star!«

Auch Pintschovius und Jaeger zündeten sich nun Zigaretten an, so musste man den gegenseitigen Anblick nicht so kristallklar ertragen.

Jaeger entgegnete leise: »Ich weiß gar nicht, ob ich ein Star sein möchte.« Für einen Moment herrschte absolute Stille im Raum, dann setzte er hinzu: »Na gut, vielleicht haben Sie recht, machen Sie das mal, wie Sie wollen, Hauptsache, die Platte erscheint, ich bin dabei!«

Noch bevor der irritierte Pintschovius reagieren konnte, beugte sich Kollege Volker mit einem breiten Grinsen vor: »Na prima, das nenne ich Kooperationswille, mein lieber Heino!«

Kollege Holger hob sein Wasserglas. »Danke für das Vertrauen, lass uns mal machen, wir schaukeln das Kind schon!«

Pintschovius begriff, dass Jaeger einfach nur die Situation beenden wollte, dass er jeden Vertrag unterschrieben hätte, um diesen Raum verlassen zu können. Man einigte sich darauf, dass das finale Artwork Jaeger wiederum vorgelegt werden würde und dass ihm der Vertrag über die Veröffentlichung dieser ersten Schallplatte bei Philips per Post zukomme. Jaeger war mit allem einverstanden und drängte nur auf ein baldiges Gehen. Als sie das Gebäude verlassen hatten, atmete er deutlich vernehmbar auf.

»Das ist wirklich nicht meine Welt.«

»Recht haben Sie, mein Freund, aber ich bitte Sie, die Flinte nicht zu früh ins Korn zu werfen, wir müssen der Welt die Möglichkeit geben, sie an der Schönheit Ihrer Begabung teilhaben zu lassen. Warten wir erst mal ab, was als Nächstes kommt.«

Auch an dieser Stelle konnte ich mich, wie zuvor schon im Fall von Maya und Georg Schäfer, nicht zurückhalten und unterbrach den Erzählfluss von Pintschovius.

»Das ist auch schon wieder erstaunlich: Ich hab fast das Gleiche am selben Ort erlebt!«

Pintschovius stand aus seinem Lieblingssessel auf und schüttelte seine Glieder durch. »Wie meinen?«

»Na ja, ich saß ein paar Jahre später in genau derselben Adresse, im Glockengießerwall, im Haus von Philips und habe einen großen Plattenvertrag unterschrieben – ein Déjà-vu! Nur dass meine Plattenfirma Polydor hieß und mein Chef Tim Renner.«

»Na, da schließen sich ja mal wieder die Kreise um den Meister. Und was hatte man mit dir vor?«

»Ich sollte der kommende Teenie-Indiestar werden, nach der Auflösung der Band Die Ärzte gab es damals einige Zigtausend heimatlose und spirituell unterversorgte Fans, die man neu binden wollte, und ich war der Kandidat dafür. Aber ich hatte, ähnlich wie der Meister, schon bei der Vertragsunterzeichnung das Gefühl, am falschen Platz zu sein.«

»Und warst du am falschen Platz?«

»Oh ja, völlig, mir fehlte das, was Dieter Bohlen den ›Killerinstinkt‹ nennt, also der unbedingte Wille zum Aufstieg, ganz egal, was es kosten würde und welchen Weg man dafür gehen müsste. Ich hab erst mal brav alles mitgemacht, was man mir bei der Plattenfirma aufgetragen hat, war sogar auf dem *Bravo*-Cover, wurde auch zur *Bravo*-Party nach München geflogen, war dort im P1 Stargast mit Milli Vanilli, Holly Johnson und Rick Astley, aber ich hab gespürt: Das is nicht meine Welt. Und bei allen anderen Genannten hat's dann tatsächlich funktioniert mit der Karriere als Popstar, nur bei mir nicht.«

Pintschovius musterte mich mit mitleidigem Blick. Ich setzte nach: »Aber wer ist heute noch da? Holly Johnson? Milli Vanilli? Rick Astley?«

»Wer auch immer die sind, ich vermute, sie sind nicht mehr da. Aber du!«

»Richtig. Und wenn ich auch auf wenig stolz bin in meiner sogenannten Popkarriere, dann doch darauf, durchgehalten zu haben. Und das alles ohne Killerinstinkt! Während alle, die dem Bohlen'schen Credo gefolgt sind, nach fünf Jahren ausgekocht waren und auf den Kompost geschmissen wurden. Aus einem einfachen Grund: zu schnell – zu viel!«

»Und was wurde dann aus deiner Popstarkarriere?«

»Die Polydor hat sie kurz darauf beendet. Ich hatte 750000 Mark für die Produktion zweier Platten bekommen und dieses Geld auch vollkommen dafür ausgegeben, hab nix davon für mich behalten. Aber die Platten floppten, die Teenies wollten mich nicht. Darauf hat mich die Polydor natürlich fallen lassen wie 'ne heiße Kartoffel, von heut auf morgen war ich aus dem Aufbauraster des Labels gestrichen. Sie hatten noch Tausende Platten und CDs von mir im Lager rumliegen, die hätte ich ihnen gerne zum Einkaufspreis abgekauft, um sie peu à peu selbst verkaufen zu können. Ich fragte bei der Polydor an, aber dort sagte man mir immer wieder, dass meine Lagerbestände bereits auf 0/5-Status gesetzt seien, deshalb könnte man sie mir nicht ausliefern. Erst nach Wochen hab ich rausbekommen, was dieses Kürzel bedeutete: ›Zur Vernichtung freigegeben.‹ Das Lager war blockiert mit meinen unverkäuflichen Tonträgern, aber die neue Barclay James Harvest sollte angeliefert werden, also haben sie das Lager geräumt und meine Platten geschreddert. Sie wurden klein gemahlen und zu Parkbänken verarbeitet. Und so hat all die Arbeit und all das Geld dann doch noch einen finalen Sinn gehabt, nämlich dass ein paar liebe Rentner – so wie du – heutzutage auf meinem Lebenswerk ausruhen dürfen.«

Pintschovius lachte kurz auf. »Na siehst du, nichts ist umsonst. Aus deiner Musik sind Skulpturen geworden, Kunst bleibt Kunst, egal in welcher Form. Und wir Rentner sind dir sehr dankbar für alles, was du für uns getan hast.«

»Das mach ich doch gerne. Aber jetzt erzähl bitte weiter, ich bin schon sehr gespannt.«

LINDA

Wolli Köhler waren wegen eines Zwölffingerdarmge-schwürs in einer aufwendigen Operation zwei Drittel seines Magens entfernt worden, der Eingriff firmierte unter dem geheimnisvollen Titel »Billroth 2«. Seine langjährige Geliebte Mauli hatte diese Schwäche zum Anlass genommen, um endgültig den Partner zu wechseln, ihr Gespiele Reimar Renaissancefürstchen war jetzt zu ihrem ständigen Begleiter geworden. Nach der OP musste sich Wolli zwei Wochen in der Privatklinik von Dr. Gutt ausruhen, er hatte sich kraft seines Geldes ein schönes Einzelzimmer mit Fenster zum Park zuteilen lassen und bestritt dort seine Rekonvaleszenz. Kaum jemand wusste, dass er sich an diesem Ort aufhielt, ab und zu bekam er Besuch aus dem Kreis seiner engsten Freunde.

Als Wolli nach einer Routine-Magenspiegelung aus der Narkose erwachte, waren nur Onkel und eine ihm unbekannte Blondine im Raum. »Hey, Wolli, schön, dass du wieder auf dem Planeten Erde gelandet bist, willkommen zurück, Amigo.«

Wolli war im ersten Moment zu schwach und unsortiert, um reagieren zu können.

»Ich möchte dir eine gute Freundin vorstellen, das ist Linda, du kennst sie vom Sehen aus der Herbertstraße, sie kennt dich jedenfalls.«

Wolli blickte verständnislos auf die blonde Frau, die sich ihm freundlich entgegenneigte.

»Hi, Wolli, wir haben uns mal bei Domenica kennengelernt, erinnerst du dich?«

Wolli schüttelte den Kopf, lächelte die Unbekannte dann aber offen an, sie erschien ihm in seinem noch halb betäubten Zustand mit ihren langen blonden Haaren, den strahlenden grünen Augen und dem weißen Leinenkleid als engelhafte Gestalt. Seine Stimme erklang schwach: »Nein, ich erinnere mich nicht, ich muss wohl blind gewesen sein ...«

Linda lächelte den Kranken nun ebenfalls an. Wolli drückte sich ein Kissen unter den Kopf.

»Du warst sehr nett zu mir, einer von den Jungluden hat mich zugelabert, Mucki, ekliger Typ, aber du hast dich ganz galant dazwischengeschoben und mich von ihm befreit, das hat mir sehr gefallen.«

Wolli räusperte sich kurz.

»Von Mucki Pinzner würde ich grundsätzlich jede Frau befreien wollen, das ist 'n ganz anstrengender Schwafler, sobald der am Klo gerochen hat.«

Linda lächelte unsicher. »Wie: am Klo gerochen?«

»Na, sobald der 'ne Linie Koks vom Klodeckel gezogen hat, meine ich. 'n Großmaul ist der, wenn er drauf ist, richtig unangenehm wird der dann. Freut mich auf jeden Fall, dass ich dich von ihm befreien konnte. Und du dich daran erinnerst.«

»Domenica hat erzählt, dass du im Krankenhaus liegst, da hab ich mir gedacht: Jetzt schau ich mal bei dem galanten Mann vorbei. Zum Glück hab ich Onkel getroffen, der wusste, wo du liegst.«

Wolli grinste Onkel an. »Du solltest doch niemandem sagen, wo ich liege!«

Onkel lehnte sich mit einer brennenden Zigarette aus dem

Fenster. »Wolli, ich weiß doch, wo du Ausnahmen machen würdest. Jetzt erzähl mal: Was is denn nun mit dir?«

»Man hat mir wegen 'nem Geschwür einen Großteil des Magens rausgeschnitten. War notwendig, sagt der Chefarzt. Aber er sagt auch, dass es wohl kein Problem für mich sein wird, ich werde mich vollständig erholen. Bald kann ich auch wieder ganz normal essen und trinken und rauchen und alles. Er sagt, dass ich wieder ganz der Alte werde.«

Wolli wandte sich Linda zu: »Was machst du, Linda?«

Linda ging zum Fenster und zündete sich ebenfalls eine Zigarette an. »Du, ich arbeite in der Herberstraße, gleich neben Domenicas Laden, suche aber 'nen neuen Platz, vielleicht hast du ja noch 'nen Turm frei.«

Wolli ließ sich seine Enttäuschung nicht anmerken, natürlich war sie eine Hure, warum auch nicht? Eigentlich hatte er gehofft, dass sie einfach nur ein hübsches unschuldiges Mädchen vom Land sei. Nach Mauli, hatte er sich versprochen, wollte er sich nicht mehr in eine Frau aus dem Milieu verlieben. Wollte er zwischen Milieu und Privatleben unterscheiden. Und nun stand dort diese überaus natürlich und offen wirkende junge Frau und blickte ihn mit einem Lächeln an, von dem er gar nicht wusste, wie er es sich verdient haben könnte. Wenn sie mit ihm leben würde, dachte er sich, vielleicht könnte er sie dann bewahren vor schlechtem Umgang, vor all den Rohheiten, dem Stumpfen und Lieblosen, was Männer ihr antun würden.

»Das weiß ich grad noch nicht, ob ich einen Turm frei habe. Bist du denn sicher, dass du im Gewerbe bleiben willst?«

»Klar, ich mach das ja schon 'ne Zeit lang, ich komm damit gut zurecht. In fünf Jahren ist spätestens Schluss, bis dahin hab ich genug zusammen.«

Onkel lachte kurz auf. »Das sagen sie alle. Aber schaffen tut das fast keine.«

»Dann bin ich die eine!« Linda machte einen klaren und entschlossenen Eindruck. »Ich habe eine Ausbildung als Bürokauffrau gemacht. Aber glaubst du, dass ich damit meine jungen Jahre verbringen will, mit graugesichtigen Menschen bei kleinem Lohn den ganzen Tag in einem miefigen Büro in Lüneburg zu sitzen? Ganz bestimmt nicht. Von meinen Eltern habe ich nichts zu erwarten, also habe ich beschlossen, mich früh selbstständig zu machen. Ich brauche ein bisschen Geld, um die Welt bereisen zu können. Da, wo es am schönsten ist, da lasse ich mich nieder und beginne mein eigentliches Leben. Das hier ist alles nur eine Vorstufe.«

Wolli war beeindruckt von Lindas naiver Entschlossenheit, von ihrer Angstlosigkeit und ihrem Selbstbewusstsein. Wenn sie meine Freundin wäre, dachte er bei sich, dann könnten wir uns nach diesem Ort auf der Welt gemeinsam umschauen, und wenn wir ihn gefunden hätten, könnten wir dort leben. Weit weg vom dunklen, ewig kalten und traurigen Deutschland. Weit weg von all den tristen Büros, in denen die grauen Menschen dienen müssen, die nach Feierabend – wenn sie Männer sind – in die Bordelle ziehen, um zumindest die kleinsten ihrer Träume auszuleben. Vom Geld dieser Graugesichter will ich unsere Zukunft im Licht bezahlen. So dachte Wolli.

Während Linda durch den Kopf ging, wie schwach er jetzt und hier aussah, wie krank und zerbrechlich. Und dass er ihr gefiel in diesem Zustand.

»Onkel, wie läuft's im Laden? Und was ist mit dem Putzer, sucht er noch nach mir?«

»Der Laden läuft wie immer, Stummi hat alles gut im Griff, es gibt keine besonderen Vorkommnisse. Und dein Bekannter ist nirgendwo aufgetaucht. Vielleicht hat er sich verdünnisiert, vielleicht war das Ganze aber auch nur 'ne Schimäre.«

»Klingt beruhigend. Zwei Wochen muss ich hier noch aushalten, dann komme ich nach Hause. Ich glaub, ich hab seit meinem fünfzehnten Lebensjahr nicht so wenig geraucht und getrunken wie in der Zeit hier. Tut mir wirklich gut, das Ganze, mal sehen, vielleicht bleib ich auch danach in diesem Zustand.«

Onkel lächelte und zog sich sein Lederblouson an. »Bitte nicht. Wir brauchen den alten Wolli auf dem Kiez, bitte bring uns den alten Wolli zurück.«

Linda legte sich ein Tuch über die Schultern und verabschiedete sich von Wolli mit einem angedeuteten Küsschen. »Mir gefällt der neue Wolli ganz gut.«

Kurz nachdem Onkel und Linda gegangen waren, betraten Heino Jaeger, seine neue Freundin Petra oder Joy und Norbert Grupe das Krankenzimmer. Man begrüßte sich ausgiebig.

»Heute geht's hier zu wie im Taubenschlag: Eben waren noch Onkel und eine Freundin von ihm hier, und jetzt kommt ihr drei.«

»Das zeigt, dass wir alle an dich denken. Wir wollten dir gerne ein kleines Geschenk kredenzen: Heinos erste eigene Schallplatte.«

Grupe ließ sich neben dem Bett auf einem Schemel nieder.

»Meine erste eigene Schallplatte.«

Jaeger zog aus einer Jutetasche eine Schallplatte hervor und reichte sie Wolli, auf dem weißen Cover war ein Gartenzwerg zu sehen, der Kopf aus Salzteig geformt, der Körper gezeichnet, darüber stand:

Wie das Leben so spielt
Dialektische Spinnereien aus deutschen Landen
Heino Jaeger

Wolli musterte das Cover lächelnd, während sich Jaeger schämte.

»Das Cover ist nicht von mir und der Titel auch nicht und der Untertitel auch nicht. Nur die Hörspiele auf dem Vinyl, die sind von mir.«

»Ich hab leider keinen Plattenspieler hier, aber ich finde das wirklich dufte, dass du 'ne Platte draußen hast, wirklich dufte. Und sogar noch bei der Philips, das is 'n großes Label, die meinen's ernst.«

»Ja, jetzt geht's los bei unserem Meister Heino.« Grupe schlug Jaeger von hinten krachend auf die Schulter, sodass dieser ächzte.

»Das werden wir sehen, ob jetzt was losgeht. Man will mich zu einem ›Star‹ machen, aber ich weiß gar nicht, ob ich das sein möchte. Ich bin nur froh, dass das Material veröffentlicht wird, alles, was ›draußen‹ ist, ist dem Publikum übergeben, das kann man im Kopf abhaken, das ist erledigt.«

Wolli musterte Jaegers Begleiterin eine Zeit lang. »Petra, wie geht's dir denn eigentlich, stehst du immer noch in Sankt Georg?«

Sie blickte zu Boden, während Jaeger sie irritiert von der Seite ansah. Das Schweigen im Raum dehnte sich aus. Grupe ging zum Fenster und beobachtete die Vögel im Park.

Schließlich antwortete Petra leise: »Nein, das mache ich schon länger nicht mehr.«

Grupe drehte sich um. »Seitdem sie mit dem Maler zusammen ist, muss sie nicht mehr nach Sankt Georg. Und das Geld dafür bekommt sie von mir.«

Jaegers Blick wanderte von Petra zu Grupe und zurück, immer wieder. Er zog seinen Mantel an und verließ den Raum.

Heino Jaeger brauchte lange, bis er sich von der Erkenntnis erholt hatte. Nicht nur von seiner Angebeteten betrogen worden zu sein, sondern auch von seinem Freund, dem Boxer. Der immer wieder betonte, dass er es doch nur gut mit Jaeger gemeint habe. Was sei daran falsch, dass sie aus dem Milieu stamme? Was sei daran falsch, dass Grupe sie bezahlt habe?

Alles nur Theater, alles nur eine billige Aufführung, dachte Jaeger. Er ging nicht mehr mit Grupe trinken, und Joy oder Petra traf er sowieso nicht mehr. Irgendwann später sah er sie mal in Sankt Georg vor einem Stundenhotel stehen, er ging auf der anderen Straßenseite an ihr vorüber.

Jaegers Herz hatte Risse bekommen. Umso mehr arbeitete er, malte und zeichnete, seine Motive zeigten in dieser Zeit besonders grimmige Kriegsszenerien, Schlachten, versehrte Soldaten, Explosionen, Feuer.

Gleichzeitig schritt die Entwicklung des Panoramas der Jahrtausende voran. Dafür fuhr Jaeger in die Lüneburger Heide nach Lübberstedt ins Haus von Harold und Hilka Müller. Anfangs erschien es ihm merkwürdig, seine Ex-Freundin in den Armen eines anderen zu sehen, aber letztendlich war es ihm wichtiger, sie in seiner Nähe zu haben, als mit ihr körperlich verbunden zu sein, und es tat ihm gut, dass sie ihm Verbindlichkeit und Vertrautheit entgegenbrachte.

In der alten, unausgebauten Diele des Müller'schen Hauses wurden die siebzehn Kuben des Panoramas entwickelt, die in Tischhöhe jeweils auf einem Quadratmeter denselben Landschaftsausschnitt zeigen sollten. Hilkas Bruder, der Chemiker war, half dabei: In diversen abenteuerlichen Versuchen wurden unterschiedliche Stoffe aufgeschäumt, die das sanft geschwungene Relief der Heide darstellen sollten.

Abends, wenn man mal wieder vor so einem misslungenen Experiment stand, suchte man nach Ablenkung in der Bahnhofskneipe, die trotz Stilllegung des Personenverkehrs weiterhin in Betrieb war, ein Treffpunkt für alle Tunichtgute der Gegend. Jaeger, der in der Technik des Trinkens, speziell des Duunsupens, immer noch nicht auf dem Niveau der Landbevölkerung mithalten konnte, musste sich nach solchen Bahnhofsexkursionen regelmäßig zu Hause übergeben, sehr zum Leidwesen seiner Gastgeberin, die ihm vorschlug, doch lieber gleich im *Hof Bockelmann* trinken zu gehen, dort habe man eine »Brüllschüssel« in der Toilette an der Wand, also ein professionelles Kotzbecken mit Stahlgriffen links und rechts zum Festhalten (eine spezielle Entwicklung der Keramikindustrie für den deutschen Norden).

Die Entwicklung des Panoramas aber schritt voran, und Jaeger begann bereits damit, die Landschaften mit seinen auf Folien gemalten Pflanzen, Tieren, Menschen und Bauwerken zu beleben. Kleine Welten entstanden, fein gezeichnete Szenerien von zeitfernen Alltagen, in denen Menschen über die Jahrhunderte ihrer Arbeit nachgingen, auf dem immer selben Stück Land, das sich dadurch langsam immer stärker veränderte, immer kultivierter, glatter und weniger ursprünglich wirkte. Eine einfache Art von Zeitmaschine.

Die Arbeit wurde so gut bezahlt, dass Jaeger sich erlauben konnte, für längere Zeit nicht im Museum zu erscheinen, er pendelte nun nur noch zwischen Lübberstedt und seiner Souterrainwohnung, in der er die erste große eigene Ausstellung in Berlin vorbereitete. Jürgen von Toméi hatte einen Kontakt zu der namhaften Galerie Niebuhr hergestellt, aufgrund der begeisterten Berichte des Baselers hatten sie sich darauf eingelassen, diesen in Berlin bis dato völlig unbekannten Hamburger Künstler vorzustellen.

Heino Jaeger
Ein Maler des Deutschen Reiches
stellt in der ehemaligen Reichshauptstadt aus!

Dieser Satz stand in gotischen Lettern auf dem Plakat, das Jaeger selbst angefertigt hatte. Und dieses Plakat war nur das erste Werk in einer unendlichen Reihe von Bildern, die Jaeger nun produzierte, Bilder, auf denen wiederum vor allem Militärisches zu sehen war: die Bombardierung wichtiger Kriegsziele wie der Harburger Raffinerie, brennende Kasernen, Soldaten im Feldlazarett, mit Kriegsmaterial beladene Züge, versehrte Offiziere, die merkwürdige Jaeger'sche Erfindungen wie sackartige Gasmasken über nacktem Unterkörper trugen, halb Uniformierte, halb Gummifetischfiguren, wieder ein Panorama, aber ein groteskes Panorama des Wahnsinns.

Die Motive für seine Bilder nahm er aus seiner gesammelten Kriegsliteratur und aus dem vom Cigaretten Bilderdienst Dresden herausgegebenen Sammelband *Die Deutsche Wehrmacht*. Außerdem las Jaeger schon seit geraumer Zeit keine aktuellen Zeitungen mehr, sondern nur noch historische, mit der Begründung, dass deren Wahrheitsgehalt aufgrund ihres Alters überprüfbar sei, ganz im Gegensatz zu dem der aktuellen Presse. Also hatte er sich von Dachböden und aus Kellern Exemplare des *Lübecker General Anzeigers*, des *Meißener Tageblatts*, der *Deutschen Allgemeinen Zeitung*, der *Schleswiger Nachrichten*, des *Hamburger Anzeigers*, des *Reiches*, des *Kaiserreiches* und des *Völkischen Beobachters* besorgt und las nun um etwa dreißig Jahre versetzt die Nachrichten, was ihn in eine permanente innere Kriegsstimmung versetzte.

Manchmal stellte sich Jaeger auch in die Heidelandschaft bei Lübberstedt und malte Landschaftsbilder, immer wieder fügte er in die blühenden Felder Rauchfahnen oder in den blauen Himmel abstürzende Flugzeuge ein. Meist malte er lieber mit Plaka als mit Öl, weil es schneller trocknete, zum Abschluss wurde das Bild mit einer Schicht durchsichtigen Öles gefirnisst. So entstand in relativ kurzer Zeit das Konvolut zu Jaegers erster großer Ausstellung. Die Bilder wurden per Luftfracht nach Berlin transportiert, da das Risiko einer Entdeckung dieser fragwürdigen Sujets durch die Kontrollen der ostzonalen Staatsorgane als zu hoch erschien.

In den letzten Septembertagen des Jahres 72 brachen Joska Pintschovius und Heino Jaeger dann persönlich in Richtung Berlin auf. Beide waren durch wiederholte Besuche in der »Zone« an den Grenzübertritt und das damit einhergehende Martyrium gewöhnt, im Gegenteil, besonders Jaeger genoss das Schikanenprozedere der Ostgrenzen und bestand geradezu auf »ordnungsgemäßer Abfertigung«, was bei den Knechten der DDR-Staatsgewalt oft zu unverhohlener Enttäuschung oder Langeweile führte. Wie schön und erhebend war es doch, den verweichlichten, dekadenten, kapitalistischen Systemfeinden durch Druck, Ordnung und repressive Attitüde Angst einjagen zu dürfen, wer sich aber kontrollieren lassen will, wozu soll man den noch kontrollieren? Da kann einem ja jeder Spaß am Kontrollieren vergehen.

Sie passierten also den Grenzübergang in die DDR fast unbehelligt und fuhren über die alte Reichsstraße 5 durch Mecklenburg-Vorpommern, entlang endloser Kiefernwälder und vorbei an kleinen grauen Siedlungen. Das erste sehnsuchtsvoll anvisierte Ziel war die Transitraststätte Karstädt, ein grauer Betonkubus inmitten eines streng abgezäunten Feldes mit weitem Blick, vermutlich um Überläufer, die sich unter Westreisende mischen wollten, frühzeitig entdecken zu können.

Pintschovius beobachtete Jaeger dabei, wie er beim Betreten des Gastraumes mit geschlossenen Augen genüsslich die Luft einsog, als würde er etwas ganz besonders Kostbares und lang Herbeigesehntes wiederfinden. Die Luft, in der die Duftnoten von Bier, Dampfgekochtem, von billigen Deodorants unterdrücktem Schweiß und einem DDR-spezifischen Desinfektionsmittel zu einer einzigartigen Melange kombiniert waren, Jaegers Augen blitzten seinen Begleiter an – ja, alles noch da, nichts verändert!

An den Resopaltischen in dem von Neonröhren grell erleuchteten Raum saßen die Bürger von Ost und West in merkwürdigem Frieden beim Speisen vereint, als wären sie nie getrennt worden. Auf den zweiten Blick aber konnte man feststellen, dass es nie Überschneidungen oder Berührungen gab, zwischen den Familien oder Reisegruppen lagen unsichtbare Trennlinien, man beobachtete sich gegenseitig mit kurzen Blicken, manchmal tuschelte man übereinander, im Blick der Westler lag eine ironische Arroganz beim Betrachten des zurückgebliebenen Kleidungsstiles der Ostler, während diese als Hausherren nur herabschauen konnten auf die abgehobene Dekadenz der Durchreisenden, hier gehörte nichts zusammen, beide Seiten hielten sich in ihren Augen für etwas definitiv Besseres.

Jaeger und Pintschovius bestellten sich jeweils ein »Hamburger Schnitzel mit Bratkartoffeln«. Warum man den Gästen im Osten mit einer augenscheinlich westdeutschen Speise aufwartete, blieb ebenso ein krudes Rätsel wie die merkwürdig ungeraden Preise: für das Schnitzel 1,53 Mark und 37 Pfennige für die nach Orangensaftkonzentrat schmeckende Karena Limonade. Die Schüssel mit den labbrigen und kaum angebratenen Kartoffeln, in denen sich nur winzige Spuren von Zwiebeln fanden, hielt Jaeger wie das Credo einer Weltanschauung vor seine Nase und inhalierte wiederum mit in sich gekehrtem Blick.

In diesem Duft, in diesem Geschmack, überhaupt in allem hier lag der Ausdruck einer anderen Lebenseinstellung, etwas Unausgerichtetes, Kleines, Unperfektes, nicht weiter Optimiertes, etwas nicht zu Ende Gedachtes schien in jedem Molekül zu stecken und ließ die Herzen der beiden Reisenden höherschlagen. Ein Kaffee, der nach allem Möglichen, aber nicht nach Kaffee schmeckte, vielleicht war er aus Substituten wie Mais oder Kartoffeln hergestellt worden, rundete das Mahl ab.

Die Weiterreise führte wieder an Kiefernwäldern und kleinen Siedlungen vorbei, je näher man Berlin kam, desto häufiger traf man auf russische Kasernen, die nah der Straße lagen und durch offene Türen, Tore und Fenster Blicke ins intime Reich des Systemfeindes zuließen.

Schließlich der Grenzposten Staaken. Jaeger und Pintschovius hielten angenehm beschwingt vor dem Kontrollkabuff eines graugesichtigen Leuteschinders. Man solle aussteigen und sich auf die Seite stellen, wurde tonlos angewiesen. Der Grenzer begann nun das Innere des Wagens zu inspizieren; als er sich daranmachte, das Heck zu untersuchen, stakte sein Unterkörper auf groteske Weise zwischen den Sitzen hervor. Jaeger sah die Möglichkeit eines einmaligen Motivs und begann sogleich die merkwürdige Szenerie zu zeichnen, der kleine, kugelige Wagen, aus dem der knochige Hintern des Soldaten wie ein Zwerg ohne Kopf herausragte, musste unbedingt in die Sammlung extraordinärer Motive.

Dass die gesamte Szenerie von einem bösartigen Flintenweib, nämlich der Vorgesetzten des schnüffelnden Soldaten beobachtet wurde, gereichte den Reisenden allerdings zum Nachteil, hocherregt näherte sie sich der Szenerie und konfiszierte stante pede den Notizblock Jaegers. Wie war eine derartige Überschreitung zu ahnden, für solche Spezialfälle schien es im Schikanenkatalog der Ostschergen keine direkten Anweisungen zu geben, weil sich einfach nie jemand eine derartige Frechheit erlaubte, deshalb beschloss die stählerne Matrone mit einem angemessenen Standard zu reagieren, mit der »ordnungsgemäßen Abfertigung«, also mit Jaegers ersehnter Komplettkontrolle.

Pintschovius, dem Übles schwante, musste den Käfer auf eine hell beleuchtete Fläche fahren, hier wurde der Wagen nun nach allen Regeln der Kunst zerlegt. Alles, was beweglich und entfernbar war, wurde aus dem Wagen geschraubt und außerhalb auf dem Asphalt gelegt, jedes Detail wurde untersucht, der Aschenbecher, die Kopfstützen, die Fußmatten, jede Zigarettenkippe wurde aufgeschnitten, um Verdächtiges zu entdecken, was freilich nicht passierte. Schließlich wurde sogar die Innenverkleidung des Käfers abmontiert, es blieb lediglich das nackte Stahlskelett eines Autos nach der Untersuchung zurück. Und die Genugtuung in den Gesichtern der Grenzer, dass jetzt die eigentliche Strafe folgen würde, nämlich die Westler bei ihrem auseinandergewurstelten Kapitalismusschrott zurückzulassen und ihnen beim zermürbenden Versuch des Wiederzusammenbaus zusehen zu können, die maximale Demütigung.

Pintschovius brauchte eine kleine Ewigkeit, bis der Käfer in seinen Originalzustand zurückversetzt war, während Jae ger, der sich mit dem Zusammenbau von Autos nach eigener Aussage »überhaupt nicht auskannte«, auf dem Beifahrersitz rumhing und besserwisserische Ratschläge erteilte. Pintschovius wusste nicht, über wen er sich mehr ärgern sollte, über die uniformierten Systemknechte oder seinen ebenfalls uniformierten langhaarigen »Freund«, der mit den Ostsoldaten in seltsamem Einvernehmen zu stehen schien, hier war nur einer geschädigt, nämlich er.

Nach stundenlanger Prozedur schließlich konnten Jaeger und Pintschovius ihre Reise fortsetzen und befuhren so in den ersten Abendstunden, nach einer Reise, die genauso lange gedauert hatte wie ihre abschließende Kontrolle, endlich Westberlin.

In der Kantstraße landeten sie im Pensionszimmer einer älteren Dame, die ihre ehemals großbürgerliche Wohnung in lauter kleine Kabuffe unterteilt hatte und an Durchreisende vermietete. Danach suchten Jaeger und Pintschovius nach der Galerie am Kurfürstendamm, die nicht leicht zu finden war, schließlich aber in einer neu eröffneten Galeriepassage zwischen vielen Geschäften entdeckt wurde.

In die gläserne Schaufensterfront der hell erleuchteten Ausstellungsräume waren diverse Werke des Meisters drapiert, und allein das Gemälde »Hissung der Reichskriegsflagge« sorgte mit seiner plakativen Symbolik für irritierte Aufmerksamkeit.

Zahlreiche Menschen hatten die Galerie bereits betreten und wanderten nun aufmerksam von Werk zu Werk, was war das für ein Künstler, der sich in weltkriegsfernen Zeiten mit diesem schwierigen Sujet befasste, wo war der einzuordnen, was war seine Aussage? Als bekannt wurde, dass der Maler anwesend sei, als man ihn anhand seiner Kleidung als vermutlichen Urheber identifiziert hatte, nahmen einige der

Besucher Kontakt auf. Diese entstammten meist eher dem militärischen Milieu und versuchten, Jaeger auf Detailfehler hinzuweisen, fehlende oder falsch kolorierte Schulterklappen an Uniformen wurden moniert, technische Fehldarstellungen an Flakgeschützen korrigiert, man fühlte sich an der Soldatenehre gepackt und war bereit zu helfen.

Jaeger, dem jegliches Kunstfachgespräch ein Grauen war, ließ sich nur zu gern auf die Detaildebatten mit den Altgedienten ein, konnte er so doch schon wieder neuen Stoff für sein Spracharchiv sammeln, in dem militärische Fachbegriffe einen Sonderstatus besaßen.

Die meisten Besucher blieben jedoch irritiert zurück, denn diese Kunst war weder als eindeutig militaristisch noch als pazifistisch zu identifizieren, die brennende Welt, aus der Jaeger berichtete, die von Soldaten, Krüppelwesen und Perversen bewohnt wurde, versetzte die meisten Betrachter in einen unangenehmen, befleckten Gemütszustand, den sie auf keinen Fall gewillt waren, als Wohnzimmerdekor mit nach Hause zu tragen. Glücklicherweise waren Jaeger pekuniärer Erfolg und die Reaktionen der Kritik völlig egal, ihm ging es einzig und allein darum, in Berlin ausgestellt zu haben.

Wichtiger aber war es ihm, mit seinem Freund die Stadt zu erkunden, vor allem trieben sie sich die nächsten beiden Tage im Osten herum. Und so wurden mit einem alten Stadtplan aus den Dreißigerjahren die Straßen abgemessen, man besuchte das einstige Propagandaministerium, Görings Luftfahrtministerium und suchte den Eingang des Führerbunkers, alles filmisch auf Schwarz-Weiß festgehalten. An der Alten Wache wurde der Parademarsch der Wachablösung gefilmt, zwar kontrollierte danach ein Polizist die Pässe, ließ den beiden Volkskundlern aber ihr Filmmaterial.

Höhepunkt dieser Ostberlin-Exkursion war der Besuch des *Friedrichstadtpalastes*. Bei dem bunten Revueabend sprangen Hunde durch Reifen, Tänzerinnen präsentierten einfache Choreografien, nichts von alldem war modern, in allem schien die Zeit stehen geblieben. Auch die Zuschauer, die Damen in selbst geschneiderten Ausgehkleidern, viele Herren in Paradeuniform, schienen völlig aus der Zeit gefallen, zumindest vom Betrachtungsstandpunkt der beiden Zeitreisenden aus und sehr zu ihrem Gefallen. Jaeger und Pintschovius konnten sich nicht verkneifen, ihre Begeisterung bei jedem Revuepunkt zur Schau zu stellen, nach Gesangs- und Tanzeinlagen applaudierten sie euphorisch, sprangen bei einem geglückten Pudelsprung begeistert auf und nickten sich immer wieder anerkennend zu über diesen sensationell gelungenen Abend.

Die Sitznachbarn freilich hatten Lunte gerochen, und man beobachtete die beiden Eindringlinge naserümpfend. Wie sollte man mit diesen verkommenen Westirren umgehen, verhaften konnte man sie schlecht, schließlich rief ein Senior in eisgrauer Uniform von der Hinterbank: »Ruhe! Bei uns benimmt man sich, wenn man ins Theater geht!«

Zur perfekten Abrundung des Abends wurde am geparkten Wagen ein Strafzettel der »Deutschen Volkspolizei« vorgefunden, den Jaeger vorschlug, direkt auf einer nahe gelegenen Wache zu bezahlen. Nach dieser schönen Gutenachtbegegnung der Systeme begaben sich die Freunde heimwärts in den Westen. Und nach erfolgter Übernachtung heim ins Reich, nach Hamburg.

Die einzige Reaktion auf die erfolgte Ausstellung erschien ein paar Tage darauf in der *Welt*. Ein Journalist hatte einen empörten Artikel verfasst, von kriegsverherrlichenden Darstellungen schrieb er dort, von unkritischer Kriegsbericht-

erstattung und dass es eine Unverschämtheit sei, der »leid-
geprüften ehemaligen Hauptstadt« so etwas anzutun, was
sei das für ein Künstler, der ungestraft mit solcher Unkunst
den arglos kunstsuchenden Betrachter demütigen dürfe, verboten gehöre der eigentlich. In Lübberstedt am Küchentisch
freute sich Jaeger still beim Lesen der Gazette, mehr hatte er
nicht erwartet.

Die kommenden Monate standen ganz im Zeichen des
Meisters, seine erste Platte hatte trotz der kleinen Auflage zu
deutlichen Reaktionen geführt, und ein Herr Sternberg von
der Philips begann, Auftritte zu organisieren, zu denen Jaeger von Pintschovius als Fahrer und »Tourmanager« begleitet wurde. Der NDR, seit eh und je der deutsche Sender
mit der niedrigsten Risikobereitschaft, hatte die Aufnahmen
von Jaeger beim WDR lizenziert und ließ diese nun, nach ge-
glücktem rheinischen Testlauf, als Gastbeitrag in der *Kleinen
Dachkammermusik*, einem ebenfalls vom WDR importierten
Humorformat, laufen.

Es bildete sich ein erster Dunstkreis aus Bewunderern
um Jaeger, Menschen, die ihn im Radio gehört hatten, die
sich die Platte gekauft hatten oder denen sie von anderen
vorgespielt worden war, strömten in kleinen Scharen zu den
konspirativ wirkenden Auftritten, denn richtige Werbung
oder gar Propaganda waren Jaeger fremd und Sternberg zu
teuer.

Meist kamen die Anfragen bei Pintschovius im Helms-
Museum an: Man hätte gehört, der Vortragskünstler Heino
Jaeger würde dort arbeiten, ob man ihn zu einem Auftritt
bewegen könne, was von Pintschovius in der Regel erfreut
bejaht wurde. Die Gagen bewegten sich durchweg am un-
teren Rand des Zumutbaren, aber immerhin: Jaeger konnte
auftreten.

Dadurch verbreitete sich die Legende vom merkwürdigen Typen, der geniale Bühnenshows macht, mit improvisierten Texten und einer neuen Art von Humor, die sich von allem Alten stark abgrenzte – keine Heinz-Erhardt-Schmunzeleien, keine schmierigen Herrenwitze, keine Schenkelklopferei, keine Büttenreden, keine standardisiert abgefeuerten Pointen, sondern nur die nackte Realität, zugespitzt und teilweise bis zum vertrockneten Zerbrechen überzeichnet. Auch sein psychedelisch-surreales Improvisationstalent wurde gerühmt, denn der Meister ließ sich bei seinen Auftritten von spontanen Ideen verführen und trieb seine Figuren und Geschichten mitunter in völlig absurde Strudel des Wahnsinns, er tastete sich beim Sprechen immer weiter vor, lotete wie ein Höhlenforscher im Gebirge der Sprache blind die Gänge des Sagbaren aus, als Tiefenmaß einzig die Reaktionen seiner Zuschauer.

Diese konnten ihm beim Erschaffen der Kunst auf offener Bühne zusehen, denn meist erschien er zu seinen Auftritten nur mit einigen vagen Ideen, ein paar kleinen Skizzen und verließ sich ganz auf die Gunst des richtigen Moments. Man konnte nie wissen, wovon Jaeger sprechen würde oder in welche Richtung sich der Abend und das Dargebotene entwickelte, denn das war immer abhängig von den Umständen und der Verfassung Jaegers.

Hamburg wurde auf den Meister aufmerksam, und immer mehr Künstler aus der Hamburger Szene tauchten bei seinen Auftritten auf: Helga Feddersen, Knut Kiesewetter, Gottfried Böttger, Lonzo – der Teufelsgeiger, Ulf Krüger von Leinemann, Achim Reichel, Inga Rumpf und viele andere wurden zu Adepten und Eleven. Man wollte ihn kennenlernen und war meist erstaunt über das völlig uneitle Gebaren, das Jaeger nach den Auftritten an den Tag legte, über seine schüchterne Bescheidenheit, denn eigentlich waren dem Meister Ruhm und Bekanntheit völlig egal, auch das Geld bedeutete ihm wenig, er präsentierte sein Talent, weil es eben in ihm war. Und vielleicht, weil er seine Mauer auf diese Art durchbrechen konnte und all die Stimmen, Gestalten, Worte, Sätze, Bilder aus sich herauslassen konnte, die sonst im überfüllten Archiv seines Inneren eng auf eng gestapelt lagen und auf Durchlüftung warteten. Seine Auftritte waren also auch konvulsive Entladung und Befreiung von den Geistern, nach denen er gesucht hatte.

Die Kunde von Jaegers aufsteigendem Stern verbreitete sich bis in die Schweiz, und so erschien eines Tages über den Kontakt zu Jürgen von Tomëi ein junger Baseler Filmemacher, um einen Film über das malende Unikum zu drehen: Helmut Förnbacher. Mit einem kleinen Team tauchte er im Kelleratelier des Meisters auf, um ihn zu interviewen. Jaeger redete normalerweise nie über seine Bilder, aber Förnbacher erklärte er, dass er die deutschen Horrorstädte, die perverse Nachkriegsarchitektur, die großstädtischen Amortisierungsbauwerke und auch gleich das gesamte Bauhaus am liebsten anstecken und abbrennen würde, und da man ihm dies nicht gestatten würde, malte er eben diese Brände. Als Ruinen wären die Supermärkte und Hochhäuser, die Bürokomplexe und Flachbauten vermutlich besser zu ertragen denn als funktionierende Horte für Menschenwesen, man denke doch bitte nur an all die armen Geister, die in diesen seelenlosen Steinansammlungen verblühen würden.

Den Rest der Drehzeit verbrachten Jaeger und Pintschovius mit Förnbacher und seinem Team auf dem Truppenübungsgelände der britischen Armee in Rheinsehlen, wo Jaeger sich beim Abschreiten des Geländes in vollem Nazilederzeug filmen ließ, bis ihn die Military Police zur Raison rief. Der Film erschien einige Zeit später in der Schweiz, konnte dort aber selbstverständlich nicht sonderlich zur Festigung des Ruhmes von Jaeger beitragen (heute gilt er als dokumentarisches Glückswerk aus der Frühzeit des Meisters).

CAFÉ ADLER

Von all dem Glanz angezogen suchte nun auch Norbert Grupe wieder die Nähe Jaegers; da dieser nicht nachtragend war, ließ er die Avancen seines Freundes zu. Eines Nachts tauchte der Ex-Boxer mit einem ganzen Pulk von Kiezianern im Kelleratelier des Meisters auf. Der Modestil im Rotlicht mischte sich in jener Zeit auffällig mit dem der aufkommenden Blumenkinder: Grupe selbst trug einen kostbaren Pelzmantel und einen weitkrempigen schwarzen Hut mit einem Hutband aus Leopardenleder, unter dem sein langes blondes Haar in Fransen hervorlugte. In seiner Begleitung befanden sich Stefan Hentschel, stadtbekannter Lude und Gewaltmensch, ein Mann nur bestehend aus Muskeln und Samensträngen, knapp bekleidet in einem Frotteesportdress. Flankiert wurde er von zwei nach neuester Hippiemanier bekleideten Huren namens Jessy und Olga, die aussahen wie Bad Segeberger Indianerinnen mit hohen Schaftstiefeln und Haaren aus Viskose. Zu guter Letzt folgte Onkel, der augenscheinlich nicht hinter dem aufwendigen Bekleidungsstil seiner Freunde zurückstecken wollte und in einem hautengen Jeansoverall reüssierte.

Über Onkels Auftauchen freute sich Jaeger am meisten, freilich ohne dies den Boxprinzen spüren zu lassen. Die Gang perlte bereits angeturnt und lauthals parlierend in den Kellerraum, sie begutachteten die neuesten Werke des Meisters, der sich grade an einigen großformatigen »Ölwerken in Plaka« abarbeitete.

Onkel erkannte die Entwicklungen fachmännisch an. »Amigo, du kannst ja auch Farbe, das wusste ich gar nicht.«

Onkel blieb vor einem merkwürdigen Triptychon stehen, auf dem ein grellfeuriges Höllenszenario vor nächtlicher Kulisse zu bewundern war, Jaeger hatte in altmeisterlichem Stil seine Version eines Weltenbrandes inszeniert; bevölkert mit den Krüppeln, Soldaten, Homunkulussen und Zwitterwesen aus seinem Figurenkosmos ergab sich nun eine nicht mehr von der Hand zu weisende Verwandtschaft mit Hieronymus Bosch.

Stefan Hentschel, durch und durch Sportsmann und Sexualist, stand völlig ratlos vor diesen Gemälden. »Der kann ja richtig malen, das muss ich zugeben, malen kann er, ich weiß zwar nicht, was das alles soll, und es interessiert mich auch überhaupt nicht, aber malen kann der.«

Jessy und Olga eroberten die hinteren Räumlichkeiten auf der Suche nach Spirituosen.

Grupe, einen Joint in der Hand, nahm Jaeger in den Arm. »Heino, alte Brausebacke, von dir hört man ja viel zurzeit und von allen Seiten, du machst ja gerade richtig steil Karriere, oder? Zumindest hab ich gehört, dass deine Auftritte 'n voller Erfolg sind.«

Jaeger blickte zu Boden.

»Die Peitsche knallt immer am Ende! Ich wusste, dass aus dir noch mal was wird! Und mit der Malerei kommst du ja auch voran, wie man sieht. Jetzt müssen wir bloß dafür sorgen, dass du die Schinken auch loswirst, was?«

Jaeger nickte und zündete sich eine Zigarette an.

»Kennst du Bockhorn? Das Café *Adler* im Weidenstieg?«

Jaeger schüttelte den Kopf. »Hab nur mal davon gehört, is so 'n Szeneladen, oder?«

Grupe reichte Jaeger den Joint. »Nich nur Szene, da trifft

sich alles, was Rang und Namen hat. Bockhorn is 'n ausge-
flipptes Ferkel, der hängt überall Kunst hin, und die wird
bei ihm direkt von der Wand runtergekauft. Da wandern
alle möglichen Leute mit Kohle durch, der Augstein vom
Spiegel und Bürgermeister Klose, die gehen da alle hin. Die
steile Uschi Obermaier sowieso, verstehst? Ich schlage vor,
wir schnappen jetzt ein paar von deinen Kritzeleien und
rollen rüber ins *Adler*, und nach 'n paar geistigen Getränken
hängt Bockhorn dein Zeugs direktemang in die Auslage, à la
bonheur. Was meinst?«

Jaeger, mittlerweile durch die Inhalation des heiligen
Rauches in gelöster Stimmung, nickte willfährig. Zusammen
wanderten sie durch den Raum, um geeignete Kunst zu er-
wählen. Der Meister hatte seinen Grafikstil in den letzten
Monaten maximal verfeinert, seine Bleizeichnungen waren
zu perfekten surrealen Kompositionen geworden, die in ihrer Könnerschaft ihresgleichen suchten. Häufig zeichnete
Jaeger großflächige Landschaftsszenerien mit merkwürdigen
Architekturen aus fernen Zeiten. Durchströmt wurden diese
Gelände von Figuren, die vermeintlich alltägliche Handlungen vollzogen, auf den zweiten Blick aber gewann man den
Eindruck, dass ihre Handlungsimpulse automatisiert waren,
stumm und ausdruckslos wie aufgezogene Metallpüppchen
staksten diese Wesen durch eine fremde Welt.

Diese merkwürdigen Sujets waren wie immer durch den
Jaeger'schen Strich geprägt, als ob der Meister den Stift niemals absetzen würde, sondern das ganze Bild mit nur einer
Linie gemalt hätte. Die Sicherheit, die ihm sonst im Leben
fehlte, fand sich hier in einem einzigen entschlossenen Strahl
aus Blei.

Grupe war begeistert, ohne formulieren zu können, warum, Onkel gesellte sich dazu und nickte fachmännisch.

»Also, Amigo, ich kenn mich ja nicht wirklich aus, aber daran is was, das spür ich. Und deshalb, denk bitte an mich, wenn du im Brand bist und Geld brauchen solltest, ich kauf dir alles ab, was du sonst nicht loswirst!«

Jaeger nickte, klemmte vier großformatige Zeichnungen in eine Pappmappe und warf sich seinen Wehrmachtsmantel über. Vom Atelier bis zum Café *Adler* waren es zu Fuß nur ein paar Hundert Meter. Um Mitternacht fiel der gesamte Tross in angeregter Stimmung in das Szenelokal ein. Der Chef Dieter Bockhorn saß tatsächlich mit seiner Geliebten Uschi Obermaier in der Nähe des Eingangs am Tresen bei einer Flasche Champagner. Obermaier sah in ihrem leicht militärisch wirkenden Hippiedress verwegen und sehr sexy aus, Bockhorn entsprach in seinem Leinenanzug mit weit geöffnetem Oberhemd wie stets dem Abenteurer und Weltenwanderer. Grupe und Bockhorn begrüßten und umarmten sich wie alte Freunde, in kürzester Zeit standen für alle Eingetroffenen Getränke bereit.

Hentschel scannte den Laden nach Frauen ab, die er sich gefügig machen könnte, um sie auf dem Kiez »an die Wand zu stellen«, wie er sich auszudrücken pflegte. Er hatte in den letzten Jahren eine kometenhafte Karriere als Lude hingelegt, er war so viril, muskulös, brutal und hemmungslos, dass ihm nur die wenigsten Konkurrenten etwas entgegensetzen konnten. Er prahlte stets damit, dass für ihn mehr als dreißig Frauen anschaffen gingen, in Wahrheit waren es ein paar weniger, aber das wagte niemand richtigzustellen. Sein Blick flackerte nervös, seine Sprache war schnell und scharf, er redete fast nur Nachtjargon, die Sprache des Milieus, normales Hochdeutsch hatte er aus seinem Leben nahezu völlig verbannt.

»Du, also pass auf, ich bin mit Monika am Difteln, wir

salzen richtig die Würze, in dem Moment kommt der dürre Knut in den Schuppen und fängt an, mit ihr zu poussieren, ich sach dir, da is er aber richtig auf die Backen gefallen, der dämliche Seifenteddy, der Typ hatte 'ne Chance wie 'n Schneeball inner Sauna, hahaha!« Hentschel lachte brüllend.

Andere Männer in der Nähe traten unwillkürlich einen Schritt zurück, sein Testosterongestank war einfach zu massiv. Grupe neben ihm wirkte zwar nicht so gedrungen und prall, aber der stählerne Blick aus seinen eisblauen Augen, seine gebrochene Nase und die stets steife Oberlippe ließen jedes zartbesaitete Herz schockgefrieren. Er exte seinen Pineau, legte Jessy und Olga links und rechts den Arm um die Schultern, dann fing er völlig unerwartet an, ein Erich-Kästner-Gedicht zu zitieren:

> *Ich sitze nachts auf hohen Hockern,*
> *berufen, Herrn im Silberhaar*
> *moralisch etwas aufzulockern.*
> *Ich bin der Knotenpunkt der Bar.*
>
> *Sobald die Onkels Schnaps bestellen,*
> *rutsch ich daneben, lad mich ein*
> *und sage nur: »Ich heiße Ellen.*
> *Laßt dicke Männer um mich sein!«*
>
> *Man darf mich haargenau betrachten.*
> *Mein Oberteil ist schlecht verhüllt.*
> *Ich habe nur darauf zu achten,*
> *daß man die Gläser wieder füllt.*

Wer über zwanzig Mark verzehrt,
der darf mir in die Seiten greifen
und (falls er solcherlei begehrt)
mich in die bess're Hälfte kneifen.

Selbst wenn mich einer Hure riefe,
obwohl ich etwas Bess'res bin,
das ist hier alles inklusive
und in den Whiskys schon mit drin.

So sauf ich Schnaps im Kreis der Greise
und nenne dicke Bäuche Du
und höre, gegen kleine Preise,
der wachsenden Verkalkung zu.

Und manchmal fahr ich dann mit einem
der Jubelgreise ins Hotel.
Vergnügen macht es zwar mit keinem.
Es lohnt sich aber finanziell.

Die Runde um den Boxer jubelte, applaudierte und pfiff, Grupe verbeugte sich kurz und steif. Einige Leute im hinteren Teil des Ladens blickten verängstigt, aber Bockhorn hatte seine Rotlichtfreunde als Maître de Plaisir gut im Griff, unterhielt sie und ließ ständig erlesene Tropfen nachservieren, sodass die Stimmung auf hohem Niveau blieb. Mit Kennerblick begutachtete er nun die ihm vorgelegten Zeichnungen von Jaeger, legte sie immer wieder auf den Tisch vor sich, hob sie dann wieder an, um sie aus der Nähe betrachten zu können.

Uschi Obermaier hatte sich dazugesellt, Bockhorn reichte ihr die Blätter weiter.

»Riesig. Wirklich, so was hob i so no ned gsehn. Würd i sofort aufhängn.«

»Eindeutig überlegenes Material. Da kommt so schnell keiner ran, Horst Janssen ist dagegen Kunsthandwerk. Von wem ist das?« Bockhorn blickte Grupe fragend an.

»Na von Ihmchen hier, von Empton: von unserem Meister Jaeger.« Grupe nickte in Jaegers Richtung, dieser senkte schnell den Kopf, sodass die langen Haare das Gesicht verbargen.

Uschi Obermaier legte einen Arm um Jaegers Schulter. »Von dir is des? Wer bistn du, ha?«

»Ich sach doch, das ist unser Meister, Heino Jaeger heißt er, mein Haus- und Hofmaler, meist malt er Porträts von mir, aber manchmal erlaube ich ihm auch anderes.«

Jaeger lächelte gequält über den billigen Boxerwitz. Bockhorn prostete ihm zu.

»Die vier Stücke würde ich gerne bei mir hinhängen, am liebsten direkt da vorne an die Tür, da kommt jeder vorbei und sieht sie, in zwei Tagen hab ich die verkauft, ich nehme tausend für jedes, und fünfzig Prozent bleiben bei mir.« Bockhorn hielt Jaeger die Hand hin.

Für einen Moment war es ganz ruhig in der Runde, selbst die Kiezmänner waren aufmerksam geworden. Tausend Mark pro Zeichnung, was waren dann die Ölbilder wert? Und fünfzig Prozent für den Galeristen? Nur fürs Aufhängen? Leichter konnte man kein Geld verdienen. Jaeger selbst war ebenfalls überrascht, über die Höhe des Angebotes und die der Provision.

»Ich gehe sogar noch einen Schritt weiter: Ich zahl dir das Geld jetzt schon, volles Risiko!« Bockhorns Hand schwebte in der Stille immer noch zwischen ihnen, er legte den Kopf schief, als ob ihm langsam die Geduld ausginge.

Grupe mischte sich mit leiser Stimme ein: »Na, wenn das so ist, dann kauf ich gleich mal zwei Schinken, wer weiß, was die in fünf Jahren wert sind.« Grupe legte seine Hand auf Bockhorns.

Onkel wollte nicht zurückstehen. »Dann nehme ich die anderen beiden.« Er legte seine Hand auf Grupes.

Jaeger blickte verwirrt zwischen den Männern hin und her. Dann legte er seine Hand obendrauf.

Bockhorn pfiff über den Tresen: »Auf dieses schöne Geschäft eine Runde Pineau, meine Freunde!«

Die Kiezmänner zogen ihre Portemonnaies und verteilten großzügig Scheine an Jaeger, der die Hälfte direkt weiterreichte an Bockhorn.

Hentschel grinste vor sich hin. »Wozu arbeitet man da noch im Gewerbe? Du, ich glaub, ich werd auch Galerist!« Wiederum brüllte er auf über seinen Witz. »Ich werd Galerist, ihr könnt nach Hause gehen!« Prustend richtete er sich an Jessy und Olga, die gespielt mitlachten; wenn Hentschel getrunken hatte, wurde er noch unberechenbarer als sonst. Besser verhielt man sich ruhig, sonst konnte seine Stimmung blitzschnell umschlagen, dann explodierte er. Im Hintergrund schielten die Bürgerlichen aus den Augenwinkeln auf das Geschehen, hier wurde augenscheinlich ein Kiezdeal abgewickelt, man war leicht indigniert bis verängstigt, aber gleichzeitig war es auch spannend, das Café *Adler* eben, deswegen ging man ja dahin, um am »echten Leben« teilzuhaben, weil es hier so »unglaublich authentisch« zugeht.

Der Alkohol sprudelte in Strömen, und im Morgengrauen trugen die gut gelaunten Kiezmänner den kleinen, dünnen, völlig betrunkenen Maler zurück in sein Kelleratelier. Den größten Teil des Geldes hatten sie ihm bis dahin natürlich schon wieder abgenommen.

MUTTERKORN

Es war früher Abend, Wolli lag mit einem Bier in der Hand auf dem Bett und las in Stefan Zweigs *Die Welt von gestern*. Heino Jaeger war in letzter Zeit wieder häufiger zu Besuch bei Wolli, er genoss die libertäre Atmosphäre im Salon, meist verkroch er sich in irgendeine Ecke und beobachtete die Anwesenden, um sie zu zeichnen oder anderweitig in sich abzuspeichern. Heute saß er auf einem Sessel und zeichnete mit einem Buntstift auf einem Papierblock, die bemalten Blätter fielen zu seiner Rechten von der Sessellehne und stapelten sich schroff verkantet auf dem Flokati wie die Eisschollen auf einem Caspar-David-Friedrich-Gemälde.

Linda, seit einigen Monaten Wollis ständige Begleiterin, betrat die Wohnung, sie kam gerade von der Schicht aus dem *Palais d'Amour*, schmiss ihre Sachen neben Wolli aufs Bett und verschwand wortlos in der Dusche, tiefe Falten hatten sich in ihre Stirn gegraben. Nach ein paar Minuten erschien sie frisch geduscht und in einen zu weiten Herrenmorgenmantel gehüllt im Wohnzimmer, sie setzte sich an den Tisch und drehte sich einen Joint.

»Was is los, mein Schatz, gab's Ärger?« Wolli stand umständlich vom Bett auf, streckte sich und umarmte seine Geliebte.

»Nee, ich kann bloß ab und zu keine Kerle mehr sehen.«

»Was hast du denn auf einmal gegen Kerle?«

»Wolli, du weißt doch, wie das ist. Da kommen keine

Traumprinzen, da kommen eher triste Gesellen.« Linda nahm einen Zug von ihrem Joint, langsam entspannte sie sich. »Das sind häufig so hässliche Typen ... oder langweilige oder kaputte, die anderswo keine Chance haben, die keine hübsche Frau abkriegen, spindeldürre, krumme, kleine, fette, porige, ungelenke, glänzende, keuchende, sabbernde Kerle ...«

Linda nahm einen tiefen Zug.

»... und wie die riechen, unter den Achseln, am Bauch, aus den Ohren, und vor allem aus dem Schritt riechen die nach altem Schweiß, nach vergorener Butter, nach milchsaurem Essig, nach staubiger Haut und billiger Fettcreme! Und aus dem Mund nach faulen Zähnen und stockigem Speichel und nach schlechtem, altem Essen, nach Speck und Korn und Bier und grober Wurst, richtig verwirrende Gerüche sind das.«

Jaeger hatte aufgehört zu zeichnen und hörte Linda kerzengerade zu.

»Und waschen tun die sich auch nicht, weil die ja zu einer Hure gehen, das ist was anderes, als wenn sie ein echtes Rendezvous hätten, mit einer echten Frau, echte Frauen kennen diese Männer nicht, noch nicht mal ihre eigenen Frauen, wenn sie denn überhaupt welche haben, sind echte Frauen für die – das sind nur lebende Möbel. Und dann ziehen sie sich aus, bis auf die Socken, schmeißen ihre Klamotten aufn Haufen, maulfaul, verschämt, gierig und kriechen über uns, ungelenk, staksig, brutal, grob, grunzend, hechelnd, mit ihren stieren Blicken und ihren krummen, verwachsenen, verbogenen, pumpenden, rot glänzenden Schwänzen, die aussehen wie verwirrte Tiere, wie hässliche nackte einäugige Grottenolme, die sich unbedingt verstecken wollen, in irgendeinem Spalt, in irgendeiner Ritze. Wenn ihr nur wüsstet, wie absurd Schwänze sein können. Aber in mich kommt nie einer von denen rein, ich habe immer die Hände dazwischen, ich lass die alle auf Falle schieben.«

Jaeger grinste Linda an, dann begann er wieder zu zeichnen. Wolli goss ihr einen Cointreau ein.

»Und dann komm ich nach Hause, und da hängen schon wieder Kerle rum. Während ich drüben im Puff beim Anschaffen stehe, um das Geld zu verdienen, hängt ihr hier rum und trinkt und ›macht Kunst‹.«

Wolli setzte sich zu ihr. »Du hast recht. Ich hab darüber schon länger nachgedacht. Über die Arbeit und den Lohn und die Gleichberechtigung und all das. Und ich hab ’ne gute Idee.«

»Na dann erzähl mal.«

»Wir machen den ersten sozialistischen Puff der Welt auf.«

»Was soll das heißen? Sozialistischer Puff?«

»Wir teilen alles mit allen: Erst mal legen alle Frauen eine Einlage auf den Tisch, hab ich ja am Anfang, als ich die Etage gepachtet habe, auch gemacht, ’ne erste und einmalige Investition, damit die Grundkosten gedeckt sind, sagen wir mal zehn Mille. Und ab dem Moment teilen wir alles, was reinkommt, also die Miete und die Getränkeeinnahmen durch die Anzahl der Beteiligten. Das Geld von den Freiern bleibt natürlich bei den Frauen.«

»Aha.« Linda sah Wolli mit großen Augen an. »Und du meinst, dass du von dem, was übrig bleibt, leben kannst?«

»Vielleicht nicht so wie jetzt, aber ich hab mir alles durchgerechnet, es reicht aus.«

»Und was is, wenn Lotta in der Woche zehn Kunden macht und Trümmer-Marta nur zwei?«

»Dann kriegt sie auch nur ein Fünftel der Einnahmen, ist doch klar.«

»Schlag das den Frauen vor, mal sehen, was die dazu sagen. Ich vermute, dein Sozialismus interessiert die nicht die Bohne.«

Linda beobachtete Jaeger mit ausdrucksloser Miene beim Zeichnen. Langsam schien sie ihren Stress, den Alltag auf den Straßen von Sankt Pauli und im *Palais d'Amour*, die dumpfe Lust der Freier, die gutturalen Geräusche, die ordinären Gerüche, die groben Berührungen hinter sich zu lassen. »Das ist toll, was du da malst.«

Jaeger schwieg und zeichnete weiter.

Linda ließ sich auf dem Boden neben dem Sessel nieder. Sie reichte Heino den Joint und hob die Zeichnungen auf, um sie zu begutachten, vorsichtig ließ sie die Blätter durch ihre Finger gleiten, manchmal lachte sie auf.

»Wirklich, du kannst das so toll. So was macht sonst echt keiner, Heino. Woher hast du das?«

Jaeger hob den linken Zeigefinger und tippte sich damit beiläufig gegen die Stirn, ohne die Augen und die rechte Hand vom Blatt zu nehmen, dabei tätigte er einen Zug vom Joint und reichte ihn wieder an Linda.

»Wolli, schau mal, was Heino da malt, das is echt der Wahnsinn.«

Wolli trottete zu den beiden hinüber, wobei er eine Weinflasche zwischen den Fingern der linken Hand baumeln ließ. Er setzte sich auf die Lehne hinter Jaeger und sah ebenfalls eine Zeit lang zu.

»Mensch, das is aber echt geil, das muss ich sagen! Das könnte ich nicht, also die Fantasie hab ich auch, aber die Technik nicht.« Er nahm einen tiefen Schluck aus der Weinflasche und griff nach dem Joint. »Das sieht aus wie der Blick auf die Welt unter Drogen, was du da malst. Also ich mein wie auf Acid. Heino, hast du schon mal Acid genommen?«

Jaeger ließ die Hand mit dem Stift sinken und drehte sich zu Wolli um. »Acid? Was ist das?«

»Na LSD. Lysergsäurediethylamid. Mutterkorn. Die große Abfahrt.«

»Nee, noch nie, will ich, glaub ich, auch lieber nicht.«

»Wieso denn nicht? Das ist eine der größten Erfahrungen, die du im Leben machen kannst. Da begegnest du solchen Wesen, wie du sie zeichnest, wirklich.«

»Ich begegne denen auch so wirklich.«

»Vielleicht in deiner Fantasie, aber wenn du 'nen Trip nimmst, siehst du sie leibhaftig vor dir, das is 'ne zweite Wirklichkeit. Verstehst du?«

Linda drückte den Jointrest im Aschenbecher aus. »Wolli, lass ihn doch, wenn er nicht will, isses besser so. Er weiß, was gut für ihn ist.«

»Hast recht. Ich glaube eigentlich auch, dass das nix für unsern Heino ist.«

Jaeger beobachtete Linda von der Seite und ließ die Hand mit dem Stift aufs Papier sinken. »Vielleicht ja doch.«

Wolli grinste Linda an.

Linda verdrehte die Augen, sie bereute bereits, dass sie auf dieses Thema gekommen waren.

»Rein zufällig hab ich gerade sehr schöne Linsen hier, hab schon probiert, Yellow Sunshine, das is was ganz was Feines, die perfekte Pille.« Wolli sprang aufs Bett, griff unter das Kopfende und zog ein kleines indisches Beutelchen hervor und kippte den Inhalt in seine Hand, ein Häuflein orangefarbener Tabletten, drei davon ließ er aufs Bett fallen. »Also, hier wären unsere Billetts für die Reise, seid ihr dabei?«

Linda nahm Wolli die Tabletten aus der Hand. »Lass das, Wolli!«

Jaeger öffnete vorsichtig Lindas Hand, nahm eine der Pillen und schluckte sie wortlos hinunter. Wolli tat es ihm nach. Also schluckte Linda die letzte Pille.

»Und was passiert jetzt?«

»Abwarten, das dauert 'ne ganze Weile, bis das losgeht, bis dahin soll man sich entspannen, es sich angenehm machen.«

Wolli kochte eine große Kanne Jasmintee und entzündete einige Räucherstäbchen. Außerdem ließ er das Revox-Tonbandgerät mit dem Boléro von Ravel laufen. Aus einigen der Lampen drehte er die Birnen raus und entzündete Kerzen, die Wohnung strahlte eine nahezu festliche Atmosphäre aus. Jaeger hatte sich wieder in seinen Sessel verkrochen und zeichnete, er schien bereits nach kurzer Zeit vergessen zu haben, dass er eben einen Trip eingeworfen hatte. Wolli setzte sich dazu und begann ebenfalls zu zeichnen, wie immer benutzte er dafür seine Lupe. Linda saß mit geschlossenen Augen auf dem alten Perserteppich vor den mächtigen Grundig-Hi-Fi-Boxen und versuchte, sich von der langsam ansteigenden Musik forttragen zu lassen. Immer wenn das Stück zu Ende war, startete sie es von vorne, jedes Mal etwas lauter.

Nach einer halben Stunde bemerkte Wolli, wie Jaeger von seinen Blättern aufsah, er schien irritiert und fuhr mit seinem Blick den Raum ab, manchmal kräuselte ein spöttisches Lächeln seine Lippen, als ob die Anordnung der Einrichtung ihm lächerlich erschiene, dann wendete er sich wieder seinem Papier zu und zeichnete weiter. Wollis Wahrnehmung begann sich zu verändern, die Farben wirkten intensiver, das Zimmer schien sich leicht nach außen zu wölben, die Lichter strahlten Hitze aus, der Boden wirkte weich auf ihn, all das war ihm angenehm, er ließ sich auf dem Sofa nieder, um sich ganz seinen Wahrnehmungen zu widmen. Die Musik durchflutete die Wohnung ansteigend und hypnotisch, die repetitiven Klangmuster verketteten sich zu einem breiten, zwingenden Teppich aus Tönen, der sein Bewusstsein durchdrang.

Auf einmal stand Jaeger auf und durchmaß den Raum, erst langsam, dann immer zügiger, in konzentrischen Kreisen um den Esstisch herum. Sein Gesicht war hell, um nicht zu sagen bleich, abrupt blieb er stehen, nahm einen winzigen Schluck aus einer Teetasse, öffnete sein Hemd, wanderte weiter.

Wolli beobachtete ihn eine Weile. »Was ist los, Heino, alles in Ordnung bei dir?«

»Jaja, schön is es hier, nur sehr heiß, die Lichter sind so heiß, merkwürdige Atmosphäre, fast wie im Dschungel, oder?«

»Das ist der Trip, da musst du dich drauf einlassen, bloß keine Nervosität oder Panik, ganz locker bleiben, dann kriegt das alles 'nen ruhigen Flow, da musst du rein, verstehst du, schwimm mit dem Fluss.«

Jaeger sah sich nervös um und begann nun, den Raum zu inspizieren. Linda war aus ihrer Trance erwacht und verfolgte Jaeger wortlos mit ihrem Blick, er hob Gegenstände an, Schalen, Blumenvasen, Zeitungen, er bückte sich und blickte unter den Tisch, ließ sich schließlich auf die Knie nieder, um auf dem Boden herumzukrabbeln. Er steckte seinen Kopf unter das Sofa, unter die Kommode, unter den Geschirrschrank. »Das is hier irgendwo, das glimmt doch, ich riech das doch.«

Wolli warf Linda einen ratlosen Blick zu, diese erwiderte ihn leicht benommen. »Ich hab's dir ja gesagt, Wolli, lass ihn in Ruhe. Du hast nicht so ein sensibles Gehirn wie der Heino. Bei deinem Gehirn ist das egal, was da raufgekippt wird, dein

Gehirn ist aus Gusseisen, da kannst du Säure raufkippen, da passiert nix. Aber Heinos Gehirn ist aus Wachs.«

Linda wandte sich an Jaeger. »Heino, geht's dir schlecht, wie fühlst du dich, hast du Angst?«

»Ich fühl mich gut, ganz normal fühl ich mich.« Jaeger setzte sich unter den Tisch und trank einen Schluck Tee, plötzlich beobachtete er angewidert den Innenboden der Tasse. Er kroch auf eine Ecke des Raumes zu, achtete dabei penibel darauf, sich nur auf den Teppichen zu bewegen und kein Dielenholz zu berühren, vor einer Steckdose setzte er sich in den Schneidersitz und begann seinen Körper abzusuchen, steckte seine Hände in seine Taschen, suchte hektisch weiter und fand schließlich einen Kugelschreiber. Er drehte die beiden Hälften umständlich auseinander und legte die Mine flach auf die Fingerspitzen, Schweiß rann ihm von der Stirn. Dann streckte Jaeger sich bäuchlings auf dem Boden aus und robbte auf eine der Steckdosen zu. Mit der Mine werkelte er an den Löchern herum.

»Heino, was wird das? Was machst du da?«

»Das is da drinnen.«

»Was denn?« Wolli näherte sich besorgt, wobei er beim Gehen die Kommode und die Stühle berührte.

Linda tat es ihm nach, sie bückten sich zu Jaeger hinunter.

»Da drinnen ist Feuer. Ich muss das da rauskriegen, das ist gefährlich.«

»Heino, lass das bitte, das is wirklich gefährlich, wenn du da reinfummelst, kannst du draufgehen.« Wolli hatte Probleme, klar mit Jaeger zu sprechen, er wunderte sich darüber, dass er die Ernsthaftigkeit der Situation überhaupt noch beurteilen konnte. Abgesehen davon meinte auch er, hinter den kleinen Löchern der Steckdose Flammen zu sehen. Linda ging nun neben Jaeger auf alle viere. »Heino, ich seh auch was, tatsächlich.«

»Ich sag's doch, da is was!«

»Ja, aber lass doch bitte die Steckdose in Ruhe, da drinnen ist Strom.«

»Strom kann uns nichts mehr anhaben. Wir können Strom ableiten, durch unsere Finger.« Jaeger hielt den Zeigefinger der linken Hand gespreizt auf den Boden, das sollte vermutlich eine Blitzableiterfunktion darstellen. Wolli begann, Jaeger am rechten Arm zu ziehen, aber dieser wehrte sich aus Leibeskräften, hielt sich panisch an einem Tischbein fest, strampelte sich frei, blieb in Lauerstellung, nur wenige Zentimeter von den Löchern der Steckdose entfernt.

»Ich ruf Norbert an, der kann besser mit ihm reden.«

»Gute Idee, Linda, sag, er soll sich beeilen.«

Grupe kam schon kurze Zeit nach dem Telefonat in die Wohnung. Er nahm seinen großen Schlapphut vom Kopf, pfefferte ihn in die Ecke und ließ den Ledermantel mit dem dicken schwarzen Pelzkragen zu Boden sinken. Er musterte mit arrogantem Lächeln die Situation und zündete sich eine Zigarre an. »Was ist los, wo steckt der Ärgerpatient?«

»Da hinterm Sofa, aufm Boden, er jagt irgendwas.« Wolli saß mittlerweile schräg auf einem Stuhl hinter Jaeger und beobachtete dessen gefährliches Tun.

Linda lag auf dem Boden vor den Boxen, in ihren Augenhöhlen ruhten Orangen, auf die sie mit ihrem Lippenstift große Augen gemalt hatte, sie dirigierte stumm das nicht anwesende Orchester. Jaeger hatte die Mine des Kugelschreibers im Mund und versuchte, sie in das Loch der Steckdose zu stoßen, dabei gab er pustende Geräusche von sich. Grupe setzte sich auf einen Stuhl und erfreute sich an der Szenerie, dann griff er sich mit der rechten Hand eine auf dem Tisch stehende Weinflasche und leerte ihren Inhalt mit einem Schluck. Mit der Linken hielt er Jaegers Fuß umklammert, in dem Moment, als der es geschafft hatte, die Mine in das Loch der Steckdose zu bugsieren, zog Grupe ihn zurück, Funken stoben aus der Dose. Mit einem einzigen wuchtigen Zug und unter wahnsinnigem Kreischen rutschte Jaeger durch den Raum und fand sich panisch unter dem Sofatisch wieder. Wolli hatte das Gleichgewicht verloren und kugelte gurgelnd vor Lachen auf dem Boden herum, während die mächtige Musik Ravels immer weiter anschwoll.

Grupe fiel in das Lachen ein, dies war eine Szenerie ganz nach seinem Geschmack. Jaeger verkroch sich mit irrem Blick und Angstschweiß auf der Stirn unter den Saum der Sofatischdecke, während Linda die Orangen wie die Augen einer Schnecke mit den Händen in die Höhe hielt und mit wiegenden Hüften, einem Schleier über dem Gesicht, um den Tisch tanzte. Der Boléro marschierte stoisch seinem Höhepunkt entgegen, das Wüstenorchester schwoll an wie eine gewaltige wandernde Sanddüne, die durch den Raum schwappte, getragen von den fliegenden Streichern, den mächtigen Blechbläsern, den hohen Holzbläsern und dem ewig wiederkehrenden Perkussionsmuster, in dieses Crescendo mischte sich ein hohes Jaulen.

Mit einem gewaltigen Wirbel brach die Musik ab, nur Jaegers dünne, brechende Stimme blieb zurück, die einen nicht enden wollenden Ton ausstieß. Er hatte sich zu einem kleinen Bündel unter dem Sofatisch zusammengerollt, seine Augen schmale Schlitze; als er nicht mehr jaulen konnte, hechelte er nach Luft und hielt sich die Hände vor das angstverzerrte Gesicht.

Grupe ging zielstrebig in die Küche und besorgte Zitronenwasser, er zog Jaeger unter dem Tisch hervor, nahm ihn

fest in den Arm und gab es ihm zu trinken. »Du musst ausatmen, hörst? Ganz weit ausatmen! Und dann nimmst du
einen großen Schluck Wasser, Heino, hörst du?«

Jaeger tat mit kreidebleichem Gesicht wie ihm geheißen.
Grupe zog eine kleine weiße Tablette aus der Tasche und
bedeutete Jaeger sie zu schlucken, was dieser widerstandslos
tat.

Wolli mischte sich ein. »Was ist das?«

»Valium. Das wirkt schnell, wenn du drüber bist. Gleich
wird er müde, und dann können wir ihn schlafen legen.«

Jaeger war immer noch vollkommen verwirrt. Er ließ
sich von Grupe zu einem Bett im Nebenraum führen. Linda
und Wolli, die beide etwas aus ihrer Trance erwacht waren,
begleiteten ihn und setzten sich um das Bett herum. Grupe,
normalerweise durch und durch Gewaltmann, bekam für
einen Moment etwas fast Mütterliches, jede Überheblichkeit und Arroganz war von ihm gewichen. Nach etwa einer
Viertelstunde bekam der Meister ganz langsam wieder Farbe
im Gesicht, das konvulsivische Zucken seiner Gliedmaßen
nahm ab, nach einigen weiteren Minuten war er tatsächlich
eingeschlafen.

DER PHÖNIX AUS DER ASCHE

Nach diesem Erlebnis verkroch sich Jaeger wochenlang in seiner Wohnung. Etwas hatte sich in seinem Wesen verändert, sein Weltvertrauen war in Schieflage geraten. Ab und zu hatte er den Eindruck, als ob seine Sinneseindrücke nicht wirklich funktionierten, die Farben schienen ihm anders als sonst, die Proportionen, das Tempo der Bewegungen, der Geschmack und der Geruch von Dingen, alles war leicht verändert, wie überzogen mit einer luziden Schicht, die nur er wahrnehmen konnte. Vielleicht waren seine eh schon durchlässigen Filtersysteme in Mitleidenschaft geraten, vielleicht waren diese Effekte die sogenannten Flashbacks, von denen er gehört hatte, plötzliches Wiederaufflammen des Trips? Jedenfalls war sein komplettes System auf eine niederschwellige Art ins Wanken gekommen, er verließ die Wohnung nicht, vermied es, auf Menschen zu treffen, saß in wachsender Agonie zu Hause und wartete. Wartete darauf, dass sich das fiebrige Gefühl im Gehirn verzog.

Seine Gedankenschleifen, die Zweifel an sich und an der sogenannten Realität ließen ihn nicht los: Was ist das für ein völlig absurdes Dasein, das ich hier in einer völlig absurden Welt führe? Wer bin ich überhaupt? Woher weiß ich, dass ich wirklich bin? Was mache ich hier? Warum mache ich das, was ich mache? Was soll das alles? Diese Fragen kreuzten in engen Spiralen durch sein Bewusstsein, und immer wieder versuchte er, sie wie lästige Krähen zu vertreiben. Manchmal, wenn die Beklemmung in ihm zu massiv aufstieg, trank er Wein, schnell, stoßartig, das beruhigte, das glättete seine Nerven, das beseitigte die Effekte, dann konnte er kurz zeichnen und den Druck senken.

Pintschovius, der Jaeger immer wieder besuchte, machte sich Sorgen. Machte sich Vorwürfe, dass er Jaeger nicht vor der Einnahme der Pille hatte bewahren können. Machte Wolli und Linda Vorwürfe, die diese schuldbewusst über sich ergehen ließen. Nach etwa einem Monat hatte Pintschovius schließlich einen Grund, Jaeger zum Verlassen seiner Wohnung zu überreden: Das Panorama der Jahrtausende sollte in einer feierlichen Premiere der Harburger Weltöffentlichkeit präsentiert werden.

Dieser schöne Moment holte Jaeger zurück auf die Erde. Viele Menschen kamen an diesem Tag ins Museum, vor allem Kinder bestaunten Jaegers kleine Zeitmaschine, wanderten von Kubus zu Kubus, um sich die Veränderung ihrer Lebenswelt über die Jahrhunderte anzuschauen. Den Niedergang der Natur durch die Kultivierung des Menschen. Und den Niedergang der Kultur durch die kalte Gleichförmigkeit der Amortisierungsarchitektur. Viele der Kinder sprachen Jaeger an, wollten Erklärungen, und er genoss die Inanspruchnahme. Die Quelle des Weltzweifels in ihm versiegte, zumindest für den Moment.

In den darauffolgenden Wochen und Monaten bewegte sich die Welt auf Jaeger zu und machte ihm Avancen. Auftritte wurden angefragt, nicht nur in Hamburg, sondern im ganzen Land, in Köln, in München, sogar in Freiburg lud man ihn ein. In Mainz wurde er im Kleinkunsttheater Unterhaus von tosend applaudierendem Publikum gefeiert. Beim WDR in Köln wurde er in die Sendung *Nachtexpress* eingeladen und torpedierte das Sendeformat – bei der Anfahrt hatte er bereits mit Alkohol gearbeitet – durch völlig krude und unberechenbare Einmischungen in die Moderation und die Vorträge der anderen Künstler, bis diese unter Protest die Sendung verließen. Der Moderator allerdings war begeistert, so einen wie Jaeger hatte er noch nie vor dem Mikrofon gehabt.

Kurz darauf schlug man dem Meister eine Livesendung aus dem Kölner Funkhaus vor, Wolfgang Pahde, der Unterhaltungschef des WDR, versprach sich und seinem Lieblingskünstler viel von diesem Auftritt. Vorgesehen dafür war der große, klassische Sendesaal aus den Fünfzigerjahren, mit einer raumumfassenden Holztäfelung, die einen hervorragenden Sound versprach, ein Gebilde ganz nach Jaegers Geschmack. Jaeger aber, der sich nie verbiegen ließ, der nie einen Kompromiss für einen billigen Lacher gemacht hätte, blieb am Tag der Aufführung so eng an seinen Figuren, trug derart trockene und kleine Charaktere und Begebenheiten vor, dass das rheinische Frohnaturenpublikum vergebens auf die Pointe und das obligate Tata wartete. Mit völligem Unverständnis saßen da karnevalserprobte Senioren, schweigend und wartend, dass dieses zermürbende Ereignis endlich ein Ende finden würde, während Jaeger immer wieder auf die Saaluhr schaute und proklamierte, wie viele Minuten die Zuhörer noch auszuhalten hätten – und das alles live im Äther. Wolfgang Pahde ließ in der Regie verzweifelt den Kopf auf das Mischpult sinken.

Ungeachtet dieses Ausrutschers meldete sich einige Wochen später der Saarländische Rundfunk und bot Jaeger eine Radioserie an, eine Livesendung, für die er alle paar Wochen ins Saarland fahren sollte. Unglaublich, jubilierte Pintschovius, eine eigene Radiosendung, wer hätte das vor einem Jahr gedacht? Wie viele Menschen bekommen schon das Angebot zu einer eigenen Radiosendung?

Und langsam fasste Jaeger wieder Fuß. Er arbeitete viel, schon um nicht in die lästigen Gedankenspiralen zu verfallen. Er war so präsent, dass sogar der Fiskus auf ihn aufmerksam wurde. In immer neuen Schreiben forderte das Staatsorgan ihn dazu auf, seine Einnahmen offenzulegen, allein Jaeger reagierte natürlich nicht darauf. Bis eines Tages zwei Finanzprüfer morgens vor der Tür seines Kellerateliers standen und energisch Einlass begehrten. Der Meister, noch völlig verschlafen, das Haar lang und ungewaschen, in mit Farbe bekleckertem Bademantel, eine leichte Weinfahne aus dem Rachen schwenkend, ließ die beiden grau bekleideten, strengen Herren in seine Räumlichkeiten. Aufgrund seiner Lebensumstände war das Atelier noch vermüllter als sonst, in dem aufgewühlten Erdgraben sammelten sich Flaschen und Dosen, Mäuse huschten dazwischen entlang, überall standen angebrochene Farben, Eimer, Malwerkzeug, auf dem Boden lagen umgedrehte Tapetenrollen, auf die Jaeger in Ermangelung von Leinwänden malte, und in der Ecke glühte die ewige Kochplatte als Heizung. Schon nach kurzer Begutachtung hatten die Staatsdiener genug gesehen und verließen schockiert die Wohnung. Sie hatten das Gefühl, in ein mittelalterliches Refugium vorgedrungen zu sein, ihnen war nicht bewusst gewesen, »dass Menschen heute noch so leben müssen«.

Der Bericht der beiden Prüfer über die Lebensumstände des Malers muss bei den Behörden einen bleibenden Eindruck hinterlassen haben, denn fortan wurde Jaeger nicht weiter durch Drohpost behelligt. Als er schließlich telefonisch den Stand der Dinge zu seiner Steuerpflicht erfragen wollte, wurde mitleidvoll abgewiegelt. Jaeger war also bis auf Weiteres von der Steuerpflicht befreit, wie Pintschovius neidvoll zur Kenntnis nahm.

Die vielleicht bedeutsamste Einladung zu jener Zeit kam von Knut Kiesewetter. Kiesewetter war ein umtriebiger Musiker, plattdeutscher Liedermacher, Jazzsänger und Produzent, der mit vielen bekannten Interpreten Platten aufgenommen hatte und im Zentrum der deutschen Folkmusikszene stand. Kiesewetter war begeistert von der Andersartigkeit und Eigenständigkeit Jaegers und bot ihm an, auf seinem Fresenhof vor ausgesuchtem Publikum eine Liveplatte aufzunehmen. Pintschovius, dem neuplattdeutsche Heimattümelei ein absoluter Graus war, fuhr mit schlimmsten Befürchtungen nach Friesland und bereitete sich während der Fahrt darauf vor, mäßigend und missionierend auf den Volksbarden einwirken zu wollen, er würde auf jeden Fall verhindern, dass der Szenezampano den unschuldigen Lack der Kunst seines besten Freundes zerkratzte.

Die Sorgen waren, so musste Pintschovius bald nach Ankunft feststellen, unbegründet. Kiesewetter stellte sich als liebenswürdiger und aufmerksamer Gastgeber heraus, der ernsthaft Gutes für Heino Jaeger im Sinn hatte und durch seine Kontakte in die deutsche Kulturszene den Meister einem breiteren Publikum bekannt machen wollte. Er hatte an diesem Abend viele bekannte Künstler der norddeutschen Kulturlandschaft eingeladen, und so saßen in dem großen Gastraum um den gigantischen Kamin herum neben Henning Venske, Hannes Wader, Volker Lechtenbrink und Helga Feddersen noch diverse andere Kulturschaffende und natürlich die gesamte Dorfbevölkerung.

Jaeger war guter Dinge und hatte sich – entgegen seinen sonstigen Gepflogenheiten – gewissenhaft auf den Auftritt vorbereitet. Zwar war ihm die Anwesenheit sogenannter Prominenter nicht eben genehm, aber die anheimelnde Atmosphäre, die gespannte Zugewandtheit der Landbevölkerung, das ungezwungene Miteinander, all das führte dazu, dass die Saat aufging: Jaeger konnte völlig frei und locker agieren, jede Idee, jeder Charakter und jede Geschichte zogen das Publikum immer noch weiter in ihren Bann. Am Ende des Abends lagen die besten Liveaufnahmen vor, die bis dato von ihm gemacht worden waren.

Pintschovius fühlte sich nach den Irrungen der vorangegangenen Erlebnisse wie erlöst und konnte seinen Stolz kaum verbergen, Jaeger würde eine Liveplatte rausbringen, die aller Welt sein Genie beweisen könnte. Helga Feddersen, warme Seele des nordischen Humors, umgarnte Jaeger und hätte ihn am liebsten als Partner für ihre Theatershows gewonnen, was Pintschovius aber galant zu verhindern wusste, denn nun sollten aller Augen zunächst auf Heino Jaeger ruhen, jede Art von Wasserträgertum oder niederen Dienst am Ruhme eines anderen galt es zu vermeiden.

Vor allem aber war Jaeger das erste Mal dazu in der Lage, seinen Erfolg ganz und gar zu genießen. Wenn er sonst nach dem Auftritt den Laden meist allein durch den Hinterausgang verließ, so blieb er an diesem Abend ostentativ vor der Bühne stehen, umschlossen von der warmen, ihm ergebenen Menge. Man redete auf ihn ein, lobte ihn für das Dargebotene, jeder der Anwesenden wollte ihn gern einen Moment für sich haben, und Jaeger ließ sich ein Glas Wein nach dem anderen kredenzen, um die Beanspruchung zu überstehen. So viel wie an jenem Abend auf dem Fresenhof redete er sonst manchmal wochenlang nicht. In den frühen Morgenstunden trug man den vom Rebensaft sowie vom Sprachfluss Berauschten in sein Dachzimmer und stellte ihm sicherheitshalber einen Eimer neben das Bett. Der Meister brauchte Tage, um sich zu erholen.

STURZFLUG

Norbert Grupe drehte sich einen großen Joint mit dem grünen Türken und nahm einen tiefen Zug. Wirklich gutes Zeug, was er und seine beiden Kompagnons da heute Nacht an Koltermann verkaufen würden. Er sackte in den großen Sessel zurück, blickte aus dem Fenster des Luxusapartments über das nachtdunkle Köln und reichte den Joint an Koltermann weiter.

Zafer und Franz saßen auf dem Sofa und beobachteten aufmerksam ihren Kunden. Der nahm nun ebenfalls einen Zug, inhalierte, hielt die Luft zurück und verdrehte die Augen.

»Nicht zu viel versprochen, Norbert.« Koltermann strich sich die langen Haare aus dem Gesicht.

»Ich versprech nie zu viel, Apfelbacke. Oder hab ich jemals zu viel versprochen?« Die Frage ging in Richtung des Sofas, Grupes Freunde verneinten einhellig wie brave Schüler. »Und davon habe ich hier und heute fünf Kilo zum Anschmecken, Apfelbacke. Und wenn es dir und deinen Leuten gefällt, bekommst du nächste Woche in Hamburg die nächsten fünfundvierzig.«

»So soll es sein.« Koltermann öffnete die kleine Plastiksporttasche mit dem Bruce-Lee-Aufdruck und legte zehn Tausender auf den Tisch.

Grupe lehnte sich triumphierend in seinem Sessel zurück und nahm einen Schluck Batida de Cocô. Vom Flur her erklang ein knackendes Geräusch, dann sprang die Wohnungstür knallend auf, und sechs Kripobeamte und vier Zollfahnder stürmten mit gezogenen Waffen in den Raum.

»Was wollt ihr denn hier?« Grupes Blick wanderte konsterniert durch den Raum, in seinem Gehirn rasten die Gedanken, glühten die Synapsen. Dann drehte er sich mit erloschenem Gesichtsausdruck zu Koltermann. »Apfelbacke?«

Koltermann zuckte entschuldigend mit den Achseln. »Sorry, Norbert, is nur 'n Job, nimm's bitte nicht persönlich, privat hab ich nix gegen dich.«

Grupes Kompagnons erhoben sich und ließen sich widerstandslos festnehmen.

»Na, da kommt einem ja direkt der Konfirmationskaffee wieder hoch! Ich hab dir vertraut, Apfelbacke, ich hab dir das Zeug besorgt, das DU wolltest! Das möchte ich an dieser Stelle gleich zu Protokoll geben: Ich habe nur ausgeführt, was dieser Verräter da von mir verlangt hat!«

Den Zollfahndern waren Grupes Verteidigungsreden völlig egal, der eine klopfte seinem Kollegen Koltermann anerkennend auf die Schultern, zwei andere legten dem Boxer unbeteiligt die Handschellen an und führten ihn und seine Kompagnons ab, ins Untersuchungsgefängnis: schon wieder Köln Klingelpütz. Immer wieder Klingelpütz.

Und wie dann die Presse reagierte. Natürlich war die Meldung bereits am nächsten Tag draußen:

RAUSCHGIFT – EX-BOXER GESCHNAPPT!
Haschisch – »Boxprinz« Grupe festgenommen!
Verschwindet Boxer Grupe für 10 Jahre im Knast?

Alle Details der Festnahme waren genau beschrieben, jeder gesprochene Satz dokumentiert, irgendeiner von den Bullen steckte für diese Informationen Geld ein, vermutlich Koltermann. Die Demontage der Legende des Boxprinzen hatte begonnen.

Grupe wurde zu zwei Jahren und drei Monaten Knast verurteilt. Zum Glück hatte er an diesem Abend in Köln nur fünf Kilo auftreiben können, denn eigentlich wollte Koltermann viel mehr von ihm. 115 000 Mark hatte er ihm für fünfzig Kilo Haschisch versprochen. Ein klassisches Beispiel dafür, wie erst die Justiz eine Straftat und einen Täter erschafft.

Bei einem Haftbesuch kam Wilfried Schulz, der Pate von Sankt Pauli, auf die Idee, seinem Freund und Sportidol Norbert Grupe zu helfen, er bot ihm den Wiedereinstieg in den Ring an, einen großen Kampf in der Ernst-Merck-Halle in Hamburg, gegen einen starken Gegner: Charly Graf aus Frankfurt. Da könne keiner verlieren, da gebe es für alle Beteiligten einen satten Gewinn. Dagegen wäre die Kölner Drogenpatte Kleingeld. Grupe war zuerst skeptisch; als Schulz von »mindestens fünfzig Steinen« als Gage sprach, ließ er sich von der Idee begeistern. Man würde Revision einlegen, eine Kaution bezahlen, und Grupe würde zum Trainieren den Knast verlassen dürfen. Der eigentliche Kampf wurde für die Zeit festgelegt, in der Grupe sicher aus dem Knast entlassen wäre, unabhängig vom Ausgang der Revision.

Nach diesem Besuch kehrte Grupe selbstbewusst in seine Zelle zurück. Die schwarzen Träume, die Vergeblichkeitsgefühle, die Selbstzweifel, all das verdunstete langsam unter der sanften aufgehenden Sonne der Hoffnung. Eine neue Chance, wer hatte sie mehr verdient als er?

Dann kam auch noch der Kölner Filmemacher Dieter

Koch auf die Idee, einen Film über Grupe für den WDR zu drehen, der erste Film, in dem Grupe endlich die heiß ersehnte Hauptrolle spielen konnte: sich selbst. Wie viel Glück im Unglück kann man haben?

Der Gefängnisdirektor ließ alles bereitwillig zu. Grupe konnte im Knast trainieren, jeden Tag, auf dem Innenhof, sogar einen Sparringpartner bekam er. Das Fernsehteam durfte im Knast drehen, beim Training, in Grupes Zelle, im Besucherraum.

Grupe reichte Revision ein, und Wilfried Schulz zahlte ein paar Tausend Mark Kaution dafür, dass der Boxer aus dem Knast kam, um zu Hause trainieren zu können. Unten in der Ritze, zusammen mit seinem Sparringspartner Eckhard Dagge, dem neuen Stern am deutschen Boxhimmel. Und immer dabei: das Drehteam.

Grupe präsentierte sich so, wie er gesehen werden wollte: nicht nur als Mann der Gewalt, als Sexsubjekt, auch als Kunstliebhaber, auch als Denker. Man sah ihn nackt in seiner verwanzten Lotterbude mit einer Geliebten in einem fleckigen Bett, nackt beim lasziven Anziehen in einem Theaterfundus, dann in einer Diskothek, in einem Klub. Dabei redete er entweder sehr offen über sich und sein strauchelndes Leben oder er zitierte fließend aus dem Kopf erst Shakespeare und dann anarchistische Kästner-Reime über das Ende der herrschenden Klasse.

Der Film endete damit, wie Grupe mit drei Freunden einen Kutter für eine mehrjährige Weltreise kaufte und eigenhändig renovierte, man sah den Kahn zu hoffnungsfroher Musik die Elbe runterfahren, Richtung große, weite Welt, Richtung Freiheit.

Zu dieser Reise kam es nicht, denn die Revision wurde abgelehnt, und Grupe musste seine Reststrafe von neun Monaten absitzen. Im Knast trainierte er weiter, ab und zu kamen ihm dabei Zweifel: Er war nun schon deutlich über den Zenit eines Boxers hinaus, er war nicht unbedingt in Topform, eine weitere Niederlage wäre eine massive Demütigung, wollte er sich das wirklich antun? Auf der anderen Seite: War nicht auch Ali beim »Rumble in the Jungle« gegen George Foreman schon deutlich über dreißig gewesen? Und hatte Ali nicht weniger durch seine Kraft und Kondition, sondern eher durch seine Intelligenz gewonnen? So wollte Grupe es auch machen!

Als er nach seiner Entlassung mit den konkreten Vorbereitungen zum Kampf begann, als er bereits den ganzen Tag mit Dagge trainierte und Wilfried Schulz gerade damit beginnen wollte, massiv Werbung für den Kampf zu schalten, da stellte sich ein mächtiger Gegner in den Weg: Grupes ehemaliger Promoter Theo Wittenbrink. Der Mann, der ihn jahrelang aufgebaut und groß gemacht hatte, der ihn gleichzeitig auch ausgenommen hatte und gegen den er sich irgendwann zur Wehr gesetzt hatte. Genau dieser Mann war jetzt zum Präsidenten des Bundes der Deutschen Berufsboxer aufgestiegen und hatte sich vorgenommen, seinen ehemaligen Schützling zu bestrafen. Auf Verrat steht die Höchststrafe: »lebenslänglich«. Also verkündete Wittenbrink: »Solang ich der Präsident des BdB bin, betritt Norbert Grupe in diesem Land keinen Boxring mehr.«

Der Tag des Kampfes rückte immer näher, aber Wittenbrink ließ sich nicht erweichen, auch nicht durch intensive Gespräche mit seinem alten Kumpel Wilfried Schulz, er berief sich dabei auf den sogenannten Catcher-Paragrafen, nach dem ein Sportler in Deutschland nicht gleichzeitig boxen und catchen darf. Und Grupe hatte nach dem offiziellen Ende seiner Boxkarriere gecatcht. Also war er Catcher und kein Boxer, eindeutige Sache.

Noch am Tag vor dem Kampf versuchte Grupes Anwalt, gerichtlich gegen das Verbot vorzugehen: »Norbert Grupe muss unter allen Umständen das Boxen erlaubt werden, da dieses der einzige Weg für ihn ist, Geld zu verdienen!« Darauf Wittenbrinks Antwort über die Medien: »Soweit ich weiß, hat Grupe den durchaus ehrbaren Beruf des Schlachters erlernt. Warum fängt er dort nicht wieder an?«

Am Tag des Kampfes schließlich saß der Boxprinz also mit Wilfried Schulz neben dem Ring und sah dem Fight, den er selbst nicht kämpfen durfte, äußerlich entspannt zu. Aber innerlich kochte er, fühlte er sich betrogen, um den Kampf, die Gage, den Ruhm. Wenn die Zeit gekommen wäre, würde er Wittenbrink zahlen lassen.

Um zu Geld zu kommen, wendete sich Grupe tatsächlich wieder dem Catchen zu, dem Kampfsport, mit dem er in Amerika Anfang der Sechzigerjahre zusammen mit seinem Vater seine Karriere begonnen hatte. Im Juni nahm er am Catch Europa Cup 75 in Stuttgart teil. Für drei Wochen und satte sechzigtausend Mark hatte er sich per Vertrag die absolute Starrolle des Festivals zusichern lassen. Wer war schon so bekannt wie er, wer konnte so gut die Aufmerksamkeit des Publikums bündeln? Für den Veranstalter Achim Bergwald war der Deal mit dem Boxprinzen ein echter Coup, eben noch in Köln im Knast wegen Drogenhandels, eben noch auf allen Titelblättern, jetzt schon hier in Stuttgart auf seinen Brettern – das würde ein großes Publikum anlocken.

Vom ersten Tag an benahm sich Grupe auf dem Gelände in Stuttgart wie der King, er ließ die anderen Catcher, die ihm aufgrund von Körpermaß und Trainingslevel teilweise deutlich überlegen waren, eindeutig spüren, wer hier das Sagen hatte: er, der weltbekannte Boxer und Filmstar, wegen ihm würden die Leute kommen, alle anderen um ihn herum waren nur billige Jahrmarktskämpfer.

Auch im Ring benahm Grupe sich überheblich und arrogant, ab und zu, wenn ihm kein passender Griff für seinen Gegner einfiel, schlug er mit der Faust zu, boxte und verstieß damit gegen ein ungeschriebenes Catcher-Gesetz: keine echten Faustschläge! Niemals!

Die anderen Catcher hassten Grupe. Neideten ihm den Ruhm und vor allem seine Gage, die mehr als doppelt so hoch war wie die ihre.

Der Stärkste unter ihnen war Wolfgang Saturski, ein muskulöser Riese der etwa zwanzig Kilogramm mehr auf die Waage brachte als Grupe. Er hatte bis dato nicht gegen Grupe gecatcht und forderte ihn am fünften Tag des Cups in Grupes Kabine heraus. »Du bist doch 'n Hungerhaken, Grupe. Wenn wir catchen, ohne festgelegten Sieg, zermalme ich dich.«

»Oh, nun hab ich aber Angst. Da muss ich ja direkt aufpassen, dass ich nicht von deinem Babyspeck zu Tode gewalzt werde, oder?«

Saturski hatte darauf nichts zu erwidern, es war ihm aber auch egal, da er Grupe körperlich haushoch überlegen war. »Wir sehen uns morgen im Ring.«

Als Saturski sich umdrehen wollte, holte Grupe aus und schlug seinem Gegenüber einen mächtigen Schwinger mitten ins Gesicht. Auf diesen Moment schien Saturski nur gewartet zu haben, der Fleischriese griff sich blitzschnell den ehemaligen Boxer, nahm ihn mit dem gewaltigen linken Arm in den Schwitzkasten und schlug ihm mit der rechten Faust brutal ins Gesicht, bis Grupes Augen völlig verschwollen waren und das Blut aus den geplatzten Lippen spritzte. Dann packte er den bereits halb ohnmächtigen Mann bei den Füßen, drehte sich im Kreis und schleifte dessen Gesicht über den rauen Bretterboden. Zum Abschluss griff er sich einen Besenstiel und rammte ihn dem Leblosen mehrfach in den Bauch, um danach wiederum in Grupes blutverschmiertes Gesicht zu prügeln.

Der Boxprinz, völlig zermatscht, flehte nur noch leise: »Lass mich leben.« Saturski ließ das leblose Bündel fallen, schmierte mit nachlässiger Geste die Blutspritzer seiner Fäuste an Grupes Hose ab, spuckte auf sein Opfer und verließ lächelnd die Kabine.

Natürlich ließ Achim Bergwald den Boxprinzen sofort fallen, was sollte er noch mit diesem zerprügelten Wrack? Er kündigte alle Verträge, und noch am selben Tag lag Grupe mit seinem Bündel an Habseligkeiten vor der Tür. Vom König zum Bettelmann. Am späten Nachmittag wurde er von einem BMW mit Hamburger Nummernschild abgeholt. Die Gesichter der anderen Kämpfer verschwanden sofort hinter dem Zaun des Catchgeländes, eine Kugel von Grupes Freunden wollte sich keiner einfangen.

Die nächsten Wochen verkroch sich Grupe in seiner Wohnung auf Sankt Pauli. Er wollte niemanden sehen, zu groß war die Scham. Über den geplatzten Haschdeal. Über den geplatzten Boxkampf. Über die geplatzte Catcherkarriere. Alles kaputt. Es dauerte lange, bis die Blessuren und Verfärbungen abheilten, seine in der Mitte zerteilte Oberlippe, die ein wenig den Eindruck einer Hasenscharte vermittelte, sollte als Andenken an Saturski ein Leben lang bleiben.

Nur Wolli ließ Grupe ein paarmal in seine Wohnung, aber die Aufmunterungsversuche, das Aufbauende, was Wolli früher so gut bei Grupe hatte einsetzen können, wirkte nicht mehr, seine Karriere als Sportler war vorbei.

SPIEGEL-PARTY

Hubert Fichte war an einem warmen Herbstabend mit Fritz Raddatz, dem Leiter des Feuilletons der Wochenzeitung *Die Zeit*, in Wollis Salon in der großen Freiheit aufgetaucht. Raddatz, ein exzentrischer Schwuler mit getönter Hornbrille und Vollbart, in feinen Zwirn gekleidet, sah sich interessiert um, denn Fichte hatte ihm schon viel von Wolli und seiner Welt berichtet.

Linda lag auf einem Sofa und rauchte einen Joint, neben ihr saßen Heino Jaeger, sein Freund Michael Mau und René Durand, der Chef des Sextheaters *Salambo*, in ein Gespräch vertieft. In der Küche standen zwei Freundinnen von Linda, Barfrauen aus dem *Klein-Paris*, jetzt privat in Hippieklamotten, und kochten Punsch. Wolli begrüßte Raddatz, den er natürlich als Journalisten aus der Zeitung kannte, formvollendet und lud die beiden Männer an einen Tisch in der Mitte des Raumes. Durand, Jaeger, Mau und Linda setzten sich spontan dazu, und Wolli stellte vor. Relativ schnell ging es um Kunst, freie Sexualität und die Revolution.

Raddatz wandte sich an Durand: »Aber, wenn ich fragen darf, was führen Sie denn da auf in Ihrem Theater? Ich meine, auf der Bühne ficken ist ja noch keine Kunst.«

Durand erwiderte mit französischem Akzent: »Wir machen bei uns ein Multimediashow, die das ausspricht, was die Appenings sublimieren, versteh'n Sie, Monsieur? Wir verbinden das Körperliche mit den Politischen und die Kunst.«

Fichte mischte sich ein: »Im Grunde möchten Becker und Vostell und Lil Picard doch auch nur ficken. Stattdessen machen sie eine ›neue Ästhetik‹. Wolli und René machen Fickshows, aber wollen im Grunde die Kunst. Renés Programm im *Salambo* geht weiter als alles, was man sonst auf der Welt gerade sehen kann. Die sexuelle Befreiung durch Multimedia und Pop geschieht nicht in New York oder Paris oder Peking, sie geschieht auf der Großen Freiheit!«

Raddatz zündete sich eine Zigarette an und nahm einen Schluck Rotwein, während er die Blätter interessiert betrachtete, die Jaeger und Mau eines nach dem anderen mit schnellen Skizzen füllten. »Nun, das kann ich natürlich von hier aus nicht beurteilen. Aber ich bin beeindruckt von diesem Ort und unserer Zusammenkunft, mir scheint, hier wird die Welt noch mal ganz anders verhandelt als drüben in Winterhude.«

Durand witterte die Chance, einen mächtigen Journalisten in sein Etablissement locken zu können. »Dann müssten Sie erst mal unsere Show sehen, Monsieur! Isch lade Sie und der ganze Runde gerne zu uns ein. Wenn Sie mögen, gleisch jetzt.«

»Ich werde der Einladung nachkommen, Herr Durand, versprochen, nur heute geht's nicht, ich muss noch zu einer Party bei den etwas feineren Leuten. Falls jemand mitkommen möchte, Sie sind natürlich ebenfalls herzlich eingeladen.«

Wenig später machten sich Raddatz, Fichte, Linda, Jaeger und Wolli auf zu der Feierlichkeit am Leinpfad, Hamburgs teuerster Straße. An der großen weißen Villa Hegewisch waren Bürgersteig und die Straßenseite zum Fleet völlig mit Luxusautos zugeparkt. Im Vorgarten stand Champagnervolk zwischen Gartenlaternen: Peter Rühmkorf, Marion Gräfin Dönhoff, Freimut Duve, Heinrich Maria Ledig-Rowohlt, Horst Janssen, viele aufgedonnerte Damen. Raddatz grüßte mit Kusshand nach allen Seiten, Fichte hielt sich zurück, ihm war dieses Benehmen vor seinen Kiezfreunden augenscheinlich unangenehm, er wollte nicht dazugehören. Drinnen kam Hexi Hegewisch, die Gastgeberin, in legerem Ballkleid und einer fast schon sichtbaren Parfümwolke herangerauscht. »Ach, Fritz, Fritzchen, wie schön, das ist ja ganz toll, du, alle sind da, heute kommt wirklich alles zusammen …«

Sie würdigte Raddatz' Begleiter keines Blickes, weniger aus Arroganz denn aus Unkenntnis, sie konnte ja nicht alle kennen, die hier rumliefen. Sie rauschte weiter zum nächsten Ankömmling, schließlich war heute das gesamte linksliberale Hamburger Medienestablishment zu erwarten. Marcel Reich-Ranicki durchstöberte das riesige Wohnzimmer mit den französischen Fin-de-Siècle-Möbeln und verschwendete keinen Blick an die beeindruckende Kunstsammlung, die die Hausherrin mit dem Geld ihres Bananenreeder-Gatten zusammengetragen und an den Wänden verteilt hatte.

»Hier itht aber auch gar nitht los«, murmelte er angeödet immer wieder in sich hinein.

Jaeger entdeckte auf einer Anrichte eine kleine Ansammlung von Flaschen mit Hochprozentigem und inspizierte diese.

Klaus Rainer Röhl, Ex-Mann von Ulrike Meinhof, versuchte, ein Gespräch mit Reich-Ranicki in Gang zu bringen: »Zwei Drittel der Menschheit hungert, haben Sie darüber schon mal nachgedacht?«

Aus dem Hintergrund flötete Hexi in Opernsängerinnentonlage in den Raum: »Der Hammel ist angerichtet! Freunde! Der Hammel ist angerichtet!«

Woraufhin Reich-Ranicki Raddatz am Ärmel nahm und

ihn in Richtung Garten und Hammel zog. »Mein lieber Frith, nun erthählen Sie doch mal auth Ihrem Feuilleton-Stübchen, was gibth eth denn grade zu verhandeln?«

Unterdessen schwappten drei dicke alte Männer im Smoking durch die Tür und ließen sich mit Tellern voller Hummer vor einem großen Hundertwasser-Gemälde auf den Boden sinken. Der Älteste, der zu schwach in den Knien war, ließ sich an der Wand mit dem Gemälde hinabrutschen, sodass Farbschraffuren auf der Leinwand und seiner Abendgarderobe zurückblieben, er widmete diesem Fakt nicht die mindeste Aufmerksamkeit.

»Das sind der Philosoph Ernst Bloch, der Maler Paul Wunderlich und der Literaturpapst Hans Mayer, wichtiger geht's nicht mehr«, teilte Fichte seinen Begleitern leise mit.

Die drei Alten begannen, mit Zangen ihre Hummer zu knacken und die Schalen, nachdem sie sie ausgelutscht hatten, hinter sich an die Wand und das Gemälde zu klatschen, bis der Hundertwasser fettig glänzte. Mayer zog eine Champagnerflasche aus der Smokingtasche und spülte nach.

Wolli grinste Linda, Jaeger und Fichte an. »So leben also die großen Marxisten, sagenhaft! Wir hätten Onkelchen mitnehmen sollen, fürs Mausen!«

»Wie meinst du das?«

»Na, was der hier rausgeschleppt hätte! Ich schätze, in etwa einer halben Stunde würde hier an den Wänden kein einziges Bild mehr hängen. Und Schmuck und Portemonnaies hätte er auch gleich noch abgeräumt.«

Auf einem Sofa lag unter einer Spitzentischdecke eine dickliche, wursthafte Gestalt, die sich beim Aufrichten als Rudolf Augstein herausstellte, er war bereits völlig betrunken.

Der Zeichner Horst Janssen ließ sich neben ihn auf das

Sofa fallen, er hatte eine Flasche Wodka in der Hand, die Augstein neidisch beäugte. »Das is von mir, und das is von mir, und das auch, alles, alles von mir, kann ja auch keiner sonst zeichnen.«

Janssen sah verschlissen aus, fett, ungepflegt, sabberig, er zeigte mit der Wodkaflasche auf einige Bilder an den Wänden. Augstein überlegte, ob er dem Maler die Flasche entreißen könnte, kam aber davon ab, weil Janssen stärker als er war.

»Is alles von mir, hörst du?«

Jaeger setzte sich an die Anrichte und begann, zwischen den Flaschen zu zeichnen. Augstein versuchte, seinen Kopf in Richtung Janssen zu drehen, was ihm aber nicht wirklich gelang.

»Sowieso, genau, völlig klar.« Augsteins Zunge schwamm in seinem Mund wie ein Stück Holz in einem Fettsee.

Hexi betrat mit ihrem Mann, dem Reeder und Bananenhändler Klaus Hegewisch, das Zimmer. Nach einem kurzen Blick in die Runde postulierte der: »Hexi, deine Gäste langweilen sich, sie haben keine Wünsche.«

Fichte blickte Wolli an. Die Gastgeber ließen sich neben Augstein auf zwei Schemeln nieder, aber der *Spiegel*-Herausgeber war zu keinem sinnvollen Gespräch fähig. Fichte schenkte Wolli ein Getränk aus einem wahnsinnig teuer aussehenden Kristallgefäß ein und flüsterte dazu: »Bezeichnend! Normalerweise heißt es ja: wunschlos glücklich, aber hier ist man: wunschlos gelangweilt.«

Eine weitere Gruppe alter reicher Menschen betrat den Raum, man hatte sich augenscheinlich am Hammel gesättigt und wollte nun mit einem Schlückchen Champagner den Monet und den Picasso an der Wohnzimmerwand fachmännisch aburteilen.

Von einem plötzlichen Energieimpuls getrieben fuhr Augstein für einige Zentimeter aus seiner Liegeposition in die Höhe und krähte: »Die Fette da, die will ich ficken!«

Dann sackte er schwach zurück aufs Sofa, Janssen neben ihm nickte verständnislos, und Hexi kicherte hysterisch. Die beleibte Dame, die gemeint war, sah sich um, überlegte für eine Sekunde, ob sie den Ausruf eventuell als Kompliment werten könnte, immerhin hatte der *Spiegel*-Chef auf sie persönlich gezeigt, dann aber zog sie ihren Mann mit verstörtem Blick aus dem Raum.

Fichte bemerkte, dass es Wolli langsam zu gefallen anfing. Heino Jaeger probierte sich durch sämtliche Schnapsflaschen, seine Zeichnungen wurden von Gläschen zu Gläschen ungelenker.

Fichte versuchte, den peinlichen Besuch zu einem Abschluss zu bringen, und wandte sich an Wolli: »Wenn du nichts dagegen hast, würde ich jetzt doch lieber wieder zurück in deinen Salon fahren, die Stricher und Huren stehen mir näher als diese Leute hier.«

Linda pflichtete ihm bei: »Von mir aus können wir auch gehen. Ich habe bis jetzt niemanden gesehen, mit dem ich auch nur einen einzigen Satz wechseln müsste.«

Man schlängelte sich unbeachtet durch die Menge aus der Villa und beschloss, zu Fuß zurück zum Kiez zu laufen. Unter einer Laterne an der Alster vor der amerikanischen Botschaft hielt Wolli die kleine Gruppe an, öffnete seinen Mantel und zog ein kleines Bild in goldenem Rahmen aus dem Hemd. Es war das naive Bildnis eines roten Hahnes auf einem schwarzen abgestorbenen Ast, ein schönes und ausdrucksstarkes Gemälde. Linda konnte sich ein Lachen nicht verkneifen. »Was ist das?«

»Das ist ein Generalic. Ungarische psychedelische Bauernmalerei. Ich sammel den doch, zu Hause hängt noch mehr davon.«

Linda umarmte Wolli. »Ah, ja stimmt, jetzt erkenn ich's.«

Heino öffnete ebenfalls seinen Mantel. »Dann möchte ich nicht zurückstehen.«

Er zog einen großen Kristallflakon mit feinstem Himbeerschnaps aus dem Innenfutter. Aus der rechten Tasche seines Ledermantels fischte er eine Handvoll winziger Kristallschnapsgläser. Angeregt stieß man auf die kleine Expropriation dieses Besitzes an.

Wolli ergriff das Wort: »Liebe Freunde, ich möchte diesen schönen Moment zum Anlass nehmen, um euch zu verkünden, dass Linda und ich nach Indien reisen werden. Nachdem unser sehr geschätzter Hubert nun mittlerweile die Kulturen der indigenen Völker Lateinamerikas zu seinem Forschungsobjekt gemacht hat, möchte ich mich der Erkundung der indischen Lebensart zuwenden. Mit anderen Worten: Ich bin des tristen Deutschland und auch Hamburg grade gründlich müde. In einigen Wochen werden wir verschwinden, wer weiß, vielleicht entdecken wir eine neue Heimat. Stellt euch das mal vor: einen Sankt Pauli Aschram in Indien! Wär das nicht dufte? Wenn dem so sein sollte, holen wir euch alle nach!«

Wolli hob erneut sein Gläschen und prostete der Runde unter allgemeinem Beifall zu. Die Lichter der Innenstadt spiegelten sich blinkend auf der glatten schwarzen Alster, und für einen Moment erschien Wolli Hamburg wieder so schön und verführerisch wie in dem Moment, als er die Stadt kennengelernt hatte. Der beste Moment also für einen Abschied.

DER JAEGER UND
SEIN MEISTER

Jaeger und Pintschovius hatten sich in letzter Zeit seltener gesehen, was mit Jaegers Reisen, Auftritten, Einladungen und Aufenthalten auf Sankt Pauli zu tun hatte. Ab und zu besuchte Pintschovius seinen alten Freund in der Margaretenstraße, aber da dieser kein Telefon besaß, traf er ihn nicht immer an.

Eines Tages hörte Pintschovius draußen bei sich auf dem Land in Ohlendorf vom Hof her lautes Geknatter, es war Jaeger, der sich ein brandneues rotes Moped mit viel Chrom gekauft hatte. Stolz saß er darauf in seinem Wehrmachtsmantel mit feldgrauer Skimütze auf dem Kopf, gekrönt von einem Stahlhelm, alles in allem eine bizarre Erscheinung. Pintschovius freute sich sehr über den Besuch seines alten Freundes, die beiden machten sogleich einen ausgedehnten Spaziergang durch das Dorf, in das Pintschovius vor wenigen Monaten mit seiner Frau gezogen war. Jaeger erzählte, dass er mittlerweile gutes Geld mit seinem Job als Entertainer verdienen würde, Hanns Dieter Hüsch hätte ihn zu mehreren Shows im Saarland eingeladen, das wäre so gut angekommen, dass er nun eine eigene Reihe für den Radiosender Europawelle Saar aufnehmen würde, er würde dort ständig im Radio gespielt werden, und diverse andere deutsche Sender hätten diese Serie lizenzieren wollen.

Pintschovius freute sich andächtig lauschend mit seinem

251

Freund, während er langsam schreitend eine Zigarette nach der anderen rauchte. Endlich ging die Rechnung auf, Jaeger würde für sein Talent und Können belohnt werden, er würde keine billigen Arbeiten und tristen Jobs mehr ausführen müssen, sondern ein erfolgreiches Künstlerleben führen dürfen.

Bei Kaufmann Makoben an der Ecke legten die beiden einen kurzen Halt ein, weil Jaeger sich etwas aus dem Geschäft holen wollte. Pintschovius blieb vor der Tür stehen und rauchte eine weitere Zigarette, als sein Blick durch die Scheibe in den Laden fiel, stellten sich ihm die Nackenhaare auf. Jaeger stand vor dem Verkaufstresen und ließ sich von Kaufmann Makoben sämtliche Flachmänner mit Jägermeister öffnen und in eine kleine Plastiktüte kippen, die Jaeger mit beiden Händen aufhielt. Großzügig legte dieser am Ende einen Fünfzigmarkschein auf den Tresen, den Makoben mit servilen Kopfbewegungen annahm. Gut gelaunt verließ Jaeger das Geschäft und gesellte sich wieder zu Pintschovius.

»Was ist das denn für eine Idee?«

»Ich hab mir ein wenig Labsal geholt, Manna, Ambrosia, wir haben Wochenende, ich habe viel gearbeitet, nun ist Zeit zur Entspannung, nicht wahr?« Er grinste Pintschovius an, biss mit den Zähnen eine kleine Ecke des Beutels ab und ließ den dürren braunen Strahl direkt in seinen Mund laufen.

Pintschovius lief es kalt den Rücken runter, Jägermeister, das klebrige Zuckerwasser des Teufels, dieser Brandbeschleuniger der Seele war eigentlich den Niederen in der sozialen Getränkehierarchie vorbehalten, das tranken sonst nur Leute, die Haus, Hof und innere Haltung verloren hatten – und nun sein bester Freund. Dann auch noch das irisierende Flackern der Namen: Heino Jaeger, der Meister, auf Jägermeister – eine dunkle Verheißung. Aber was konnte Pintschovius tun, warnend auf seinen Freund einreden, ihn von der Abgeschmacktheit und dem Risiko seiner Handlung überzeugen? Sinnlos, das wurde ihm sofort klar.

Jaegers Laune stieg alldieweil beim Weitergehen stetig an, ab und zu klemmte er die Plastikzitze mit den Fingern ab und legte so eine kleine Nuckelpause ein, in der er reden konnte. »Pintschovius, mein guter alter Freund, ich muss Ihnen etwas gestehen.«

Die beiden blieben stehen.

»Ich bin verliebt. Und ich trage mich mit dem Gedanken zu heiraten!«

Pintschovius konnte das Gehörte zunächst nicht glauben. Wie kam Jaeger auf diese Idee? War das seinem Zustand geschuldet? Wer würde ihn haben wollen? »Wer ist denn die Glückliche?«

Jaeger zuzelte kurz an seiner Tüte. »Die süße Gerlinde! Aus dem Helms-Museum!«

Jaegers Blicke blieben gespannt auf Pintschovius' Zügen hängen.

Dieser war wie vom Blitz getroffen. Gerlinde war eine Praktikantin aus dem Helms-Museum, die sich aufgrund ihres guten Aussehens und ihrer offenen und frohen Art großer Beliebtheit erfreute, auch Pintschovius' Herz schlug heimlich für die junge Frau, wenn er auch nie gewagt hätte, ihr das zu gestehen.

»Gerlinde, da wäre ich nicht draufgekommen …«, stammelte er.

»Ja, und sie liebt mich auch.«

In Pintschovius' Herz tat es einen Stich. »Woher wissen Sie das denn?«

»Ich habe sie zwar noch nicht direkt deswegen angesprochen, aber neulich hat sie mir ein eindeutiges Zeichen gegeben, da wusste ich, unsere Zeit ist gekommen.«

Pintschovius war nach wie vor fassungslos. Jaeger saugte an seiner Tüte.

»Und was war das für ein Zeichen?«

»Ich habe sie zufällig im Flur des Helms-Museums getroffen. Und in Gedanken habe ich mich gefragt, ob sie mich zum Mann will. Genau in dem Moment hat sie mir zugenickt, einfach so, im Vorbeigehen. Da war mir klar: Sie hat meine Gedanken empfangen. Aber sie möchte es auch noch geheim halten, deswegen reden wir nicht darüber. Ich bitte also auch Sie, das Geheimnis vorerst für sich zu behalten.«

Pintschovius war sprachlos, seine Gedanken aber überschlugen sich: War das ein weiterer verrückter Witz seines Freundes? Wann würde er ihn auflösen? Oder war Jaeger auf dem Weg in eine andere Sphäre? Wurde er langsam, aber sicher wahnsinnig? All die Aufregung um ihn, all die Reisen, die neuen und eventuell falschen Freunde, der Erfolg und vor allem: der Alkohol, all das zusammen schien seinen zerbrechlichen Geist zu erodieren.

»Entschuldigung, jetzt mal ganz im Ernst: Könnte es nicht auch sein, dass Sie sich diese Liebesbekundung eingebildet haben?«

Jaeger lächelte Pintschovius mit einem geheimnisvollen Blick an und schüttelte den Kopf.

In den kommenden Monaten fuhr Jaeger häufig mit dem Zug nach Saarbrücken zum Saarländischen Rundfunk. Am Bahnhof holte ihn sein Redakteur Karl-Heinz Schmieding ab und fuhr ihn zum Sender. Dort breitete Jaeger seine Notizen aus und stellte Schmieding seine Ideen für Gespräche vor. Das Sendeformat hatte den Titel *Fragen Sie Doktor Jaeger* und war eine Persiflage auf die populäre NDR-Sendung *Was wollen Sie wissen?* mit Doktor Erwin Marcus. Jaeger hatte diese und diverse andere Fachsendungen im Radio so oft und aufmerksam inhaliert, dass er eine nahezu unendliche Schar von Anrufern mit merkwürdigen Problemen und Fragen aus sich heraus abrufen konnte.

Schmieding und Jaeger gingen also die Skizzen durch und wählten die besten davon aus. Am zweiten Tag wurden die Gespräche aufgenommen, dazu sprach Jaeger erst die Spur der Anrufer ein und ließ nach den Fragen jeweils Lücken. Dann sprach er die Spur mit den Antworten ein. Gleich die ersten Aufnahmen brachten einige echte Klassiker (wie die legendäre »Passkontrolle«) hervor, die so gekonnt und komisch waren, dass nach der ersten Ausstrahlung tatsächlich diverse deutsche Radiosender um die Lizenzen buhlten. Am späten Nachmittag des zweiten Tages fuhr Schmieding Jaeger dann zurück zum Bahnhof und setzte ihn in den Zug nach Hamburg.

Es gab auch Liveaufzeichnungen mit Hanns Dieter Hüsch im Saarland. Bei diesen Abenden gab Jaeger verschiedene Charaktere zum Besten, sprang ohne jede Ankündigung in die Rollen, das machte er so glaubhaft, dass die Zuschauer manchmal völlig verstört waren und nicht unterscheiden konnten, ob sie es gerade mit einer Persiflage oder einem tatsächlichen Zeitzeugen zu tun hatten.

An einem dieser Abende schlug Jaeger Hüsch vor, seinen Part mit dem Auftritt eines sehr schlechten Karnevalmoderators zu beginnen. Das Problem war bloß, dass das Publikum die Satire mal wieder nicht von der Realität unterscheiden konnte, dass die Menschen bei jedem schlechten Witz aus vollem Hals lachten und sich mit sinkendem Niveau gar nicht mehr einkriegen konnten. Witze von der Machart wie »Wenn die Frauen verblühen, verduften die Männer« führten zu wieherndem Gejohle und donnerndem Applaus. Jaeger blickte Hüsch nur achselzuckend an: Wenn die Leute unbedingt lachen wollen, kann man sie nicht aufhalten.

Mit dem Fortschreiten der Sendungsreihe kam es immer häufiger zu Problemen. Manchmal tauchte Jaeger einfach nicht zum verabredeten Zeitpunkt beim Sender in Saarbrücken auf. Da er kein Telefon hatte, konnte man auch nicht nachfragen, denn der Kontakt und die gesamte Planung verliefen ausschließlich brieflich. Nach einem dieser verfehlten Treffen schrieb Schmieding Jaeger einen genervten Brief, wo er denn geblieben sei, man habe lange auf ihn gewartet, Mitarbeiter hätten sich für diese Aufnahmen zwei Arbeitstage geblockt, wie er sich das in Zukunft vorstellen würde. Die Antwort darauf kam postwendend: Jaeger schrieb, dass er zwar in Saarbrücken angekommen sei, aber am Bahnhof ein Werbeplakat mit dem Aufdruck »Fahren Sie nach Paris!« gesehen habe und dieser Aufforderung sofort Folge geleistet habe. Es tue ihm wirklich leid und komme nicht mehr vor. Und in Paris sei übrigens auch gar nichts Besonderes los gewesen, er sei also auf leere Versprechungen reingefallen.

Bei einer anderen Gelegenheit erwartete Schmieding Jaeger am Bahnhof, aber dieser traf nicht ein. Genervt fuhr der Redakteur zurück zum Sender. Einige Stunden später allerdings bekam er einen Anruf von der Bahnhofspolizei aus Augsburg, ein merkwürdiger Mann sei dort am Bahnhof aufgegriffen worden, völlig betrunken, er behauptete, er sei ein »Doktor Jaeger« und hätte eine wichtige Sendung beim Saarländischen Rundfunk abzuliefern, ob denn das seine Richtigkeit habe oder nur wirres Pennergefasel sei? Jaeger wurde sofort zur Bahn eskortiert und ins Saarland gefahren, sodass die Sendung am nächsten Tag mit einem sichtlich derangierten Darsteller und einem völlig entnervten Redakteur aufgezeichnet werden konnte.

In Hamburg zog Jaeger nachts häufig durch die Gegend, eine diffuse Unruhe hatte ihn ergriffen, immer wieder landete er im *Salambo* am Tresen von René Durands Frau Renate, die stets ein offenes Ohr und Bier für den durstigen Meister übrig hatte. Dann saß er da und zeichnete, die artifiziellen Fickereien auf der Bühne, die alten Männer im Publikum, zeichnete sie, wie er sie sah, als mäandernde Homunkulusse und müde brennende Strünke der Geilheit, verwachsen und zerborsten. Renate bewunderte sein Talent und bot an, ihn als ihren Toulouse-Lautrec anzustellen, als Hofmaler solle er das gesamte Theater mit irrwitzigen Erotismen ausmalen, Lohn: Alkohol. Jaeger nahm natürlich dankend an. Das *Salambo* hätte sein Lebenswerk werden können, aber letztlich saß er dann doch lieber am Tresen oder an einem der kleinen Ecktische und zeichnete auf Papier, Renate nahm die Blätter zur Bezahlung als Parallelwährung genauso gerne wie Geld entgegen.

Eines Tages bekam Pintschovius einen Anruf von Gerlinde, der von Heino Jaeger verehrten Praktikantin aus dem Helms-Museum. Sie berichtete aufgeregt davon, dass Jaeger nachts vor ihrem Haus in Harburg aufgetaucht sei, er habe dort die ganze Nacht wie ein Denkmal regungslos verharrt und auf ihr Fenster gestarrt. Pintschovius möge bitte etwas tun, sie habe Angst vor diesem Mann, das nächste Mal würde sie die Polizei rufen. Pintschovius versuchte, die junge Frau zu beschwichtigen, sein Freund sei absolut harmlos, nichts Böses könne jemals von ihm ausgehen, doch sie blieb beunruhigt. Pintschovius versprach, Jaeger bei der nächsten Gelegenheit zur Rede zu stellen.

Noch bevor es zu dem Gespräch kommen konnte, rief Gerlinde bereits am nächsten Nachmittag erneut an. Jaeger stünde schon wieder an derselben Stelle, jetzt bereits tagsüber, Pintschovius möge doch bitte sofort kommen. Er sprang in seinen Käfer und fuhr nach Harburg. An besagter Adresse stand an jenem heißen Sommertag tatsächlich der völlig verschwitzte Heino Jaeger in voller Ausstattung, mit Wehrmachtsmantel und Filzhaube, und starrte auf das Fenster seiner Angebeteten. Pintschovius lud den etwas verwirrt Wirkenden in den Käfer und fuhr mit ihm Richtung seines Hauses in Ohlendorf.

»Was denken Sie sich eigentlich? Sie können doch nicht einfach so junge Damen belästigen. Die Leute in dem Haus machen sich Sorgen, verstehen Sie? Die wissen doch gar nicht, wer Sie sind. Wenn Sie Probleme haben, dann lassen Sie uns beide darüber sprechen.«

»Probleme?« Jaeger kicherte in sich hinein.

»Na ja, das ist ja nicht normal, was Sie da machen. Oder werben Sie immer so um Ihre Freundinnen?«

Jaeger schwieg eine Weile trotzig, während Pintschovius weiter auf ihn einredete, dann unterbrach er ihn: »Ich werde bald heiraten. Hören Sie? Demnächst werde ich heiraten. Und nun fahren Sie mich bitte nach Hause, ich muss arbeiten.«

Pintschovius spürte, dass er die Widerstände seines Freundes nicht ohne Weiteres durchbrechen konnte, im Gegenteil, etwas in ihrer Leitung hatte sich verändert, ihre Kommunikation, die sonst immer so selbstverständlich und blind funktioniert hatte, war anders geworden, die Vibrationen waren nicht mehr im Einklang, die Schablonen nicht mehr deckungsgleich. An welchem Punkt waren sie voneinander abgerückt, was war der Auslöser, fragte sich Pintschovius, während Jaeger in Hamburg schweigend den Wagen verließ und in seine Wohnung schlurfte. Wie könnte man das wieder geraderücken? Hatte er einen Fehler gemacht, etwas nicht beachtet oder bedacht, war er seinem Freund zu nahe getreten, oder war er im Gegenteil zu unaufmerksam gewesen für dessen Bedürfnisse und Veränderungen? Wenn Jaeger mit ihm nicht mehr offen redete, mit wem dann?

An den nächsten beiden Tagen schien sich Jaeger zurückgehalten zu haben, aber am dritten Tag rief Gerlinde wieder bei Pintschovius an und klagte, Jaeger habe ihr einen Brief geschickt, einen förmlichen Heiratsantrag, in dem er ankündigte, mit ihr in eine eigene Wohnung ziehen zu wollen, um eine Familie zu gründen, mit Kindern und allem Drum und Dran. Das Ganze war aber nicht als Frage gehalten, sondern eher eine Feststellung – all das in einem merkwürdigen, völlig aus der Zeit gefallenen Sprachstil, steif und beamtisch, also typisch für Jaeger. Für Gerlinde aber eher beängstigend, sie kannte seine humoristischen Vorlieben ja nicht.

Noch am selben Abend fuhr Pintschovius zu Jaeger, um ihn zur Rede zu stellen, aber er traf ihn nicht zu Hause an. Schließlich fand er ihn nach längerer Suche im *Salambo* am Ecktisch neben dem Tresen. Auf dem Tisch vor ihm lag ein Stapel fantastischer Skizzen, umgürtet von diversen leer getrunkenen Gläsern und Flaschen. Jaeger ließ sich, nachdem Pintschovius die Rechnung mit drei Skizzen bei Renate Durand beglichen hatte, widerstandslos von seinem Freund nach Hause begleiten, sprach aber kaum, er war schon zu sehr in sich selbst gekippt und zu keinem sinnvollen Dialog mehr willens oder in der Lage.

Pintschovius machte sich ernsthafte Sorgen, was sollte er mit Jaeger anfangen, ihn mit zu sich nach Hause nehmen? Sich bei ihm einquartieren? Ihn in ein Krankenhaus bringen? Erst einmal zog er Jaeger aus und bugsierte ihn in das völlig vernachlässigte Bett. Die Wohnung sah noch heruntergekommener aus als zuvor; um zur Wohnungstür zu gelangen, watete er durch ein Meer aus Müll und Kunst, das um seine Knöchel brandete.

Er beschloss, seinen alten Freund nun häufig zu besuchen, auf ihn zu achten, nach ihm zu schauen, mit ihm zu sprechen, um den Prozess, in den dieser geraten war, zu stoppen oder aber wenigstens abzufedern.

Aber in der folgenden Nacht rief ihn Gerlinde erneut an, dieses Mal war sie völlig aus dem Häuschen, sie weinte und wirkte einem Nervenzusammenbruch nahe. Jaeger habe auf einmal nachts vor ihrem Bett gestanden, sie sei aufgewacht durch ein leises schmatzendes Geräusch und habe die Augen geöffnet, und da habe sie ihn gesehen, direkt neben ihrem Bett, stumm und steif habe er sie angeblickt und an so einer merkwürdigen Plastiktüte gesaugt, sie habe sich nicht bewegen können, noch nicht mal schreien konnte sie – und er habe sich herabgebückt und sie gestreichelt, sie sei vollkommen gelähmt gewesen. Auf einmal habe sie wieder Kraft gehabt und sei aufgesprungen und habe ihre Eltern gerufen und ihren Bruder, sie seien in ihr Zimmer gestürmt, und man habe den Verwirrten gegriffen und aus dem Haus gebracht und alle Türen dreimal abgeschlossen. Und anzeigen würde sie ihn nun auch, der sei doch verrückt, der gehöre doch weggesperrt, der Wahnsinnige.

Als Pintschovius sich auf die Suche nach Jaeger machte, konnte er ihn nirgendwo finden, weder in der Nähe von Gerlindes Haus noch in seiner Wohnung, noch im *Salambo*.

Erst ein paar Tage später tauchte er wieder auf, rief aus einer Telefonzelle bei Pintschovius an und schien völlig klar und normal zu sein. Er teilte seinem Freund mit, dass er eine neue Wohnung gefunden habe, in der Martin-Luther-Straße in der Hamburger Neustadt direkt beim Michel, eine schöne, saubere Wohnung im zweiten Stock, mit viel Licht und Platz, jetzt würde ein neues Leben beginnen.

Pintschovius war zunächst verwirrt, konnte sich den Seelenwandel seines Freundes nicht erklären, aber schließlich, nach längerem Gespräch, fasste er wieder Hoffnung.

WOLLI INDIENFAHRER

W olli Köhler war nach langer Reise aus Indien zurückgekehrt. Über Wochen lag er im Tropeninstitut auf Sankt
Pauli mit Amöbenruhr. Die Ärzte konnten sich zu diesem
Zeitpunkt einfach nicht erklären, woher die merkwürdigen
Symptome rührten, das flackernde Fieber, die offenen Stellen an den Beinen. Anfangs durfte Wolli – außer seiner Frau
Linda, die beiden hatten noch vor der Indienreise geheiratet –
keinen Besuch empfangen, las Gandhis Autobiografie, Reden
von Buddha, eine Abhandlung über die Hindu-Mythologie.

Später ließ die Stationsvorsteherin dann auch Freunde
vor, und einer nach dem anderen trudelte bei Wolli ein.
Hubert Fichte nutzte die Möglichkeit, um mit Wolli ein langes Interview zu führen, das mittlerweile dritte seit 1969. Es
hatte ja bereits Wollis *Interviews aus dem Palais d'Amour* als
Veröffentlichung gegeben. Diese Gespräche sollten mit weiteren Interviews mit Sexarbeiterinnen aus Sankt Pauli auf-
gemacht wie ein Roman beim S. Fischer Verlag erscheinen,
obwohl der ganze Text aus Dialogen bestand: die erste um-
fassende, völlig offene und ehrliche Darstellung aus dem
Rotlichtmilieu, aus einem verborgenen und verpönten Ge-
sellschaftsbereichs, schonungslos und klar erzählt von den
Protagonisten selbst. Und Fichte hatte bereits eine Titelidee:
Wolli Indienfahrer! Auf dem Cover des fünfhundertseitigen
Buches ein Kinderfoto von Wolli, das dieser Fichte einmal
gezeigt hatte. Also eigentlich eine Autobiografie von Wolli,
festgehalten von Hubert Fichte.

Wolli freute sich ungemein über diese Idee, über das Interesse seines weltklugen Freundes und erzählte viele Stunden. Nachdem er bei den letzten beiden Interviews bereits lang und ausführlich über Sankt Pauli gesprochen hatte, über sein Leben dort, über die Mechanismen des Kiezes, die Prostitution, die Machtverteilung, ging es nun um das Älterwerden, um den eventuellen Abschied vom Kiez, um Spiritualität und um Indien.

Wolli hatte sich auf dieser Reise verändert, das bemerkte Linda, das bemerkte auch Fichte, er war ruhiger geworden, aufmerksamer, aber auch energiegeladener, das Gestresste und Stumpfe, das er sich in den letzten Jahren auf der Großen Freiheit zugelegt hatte, das Gehetzte und Abgewetzte waren fast völlig verschwunden, dahinter war ein anderer Wolli zutage getreten, der älter war, aber gleichzeitig jünger schien, tiefer, lebenslustiger, ein Suchender und, wie er selbst feststellte – ein Erweckter.

Zehn Wochen zuvor war er losgefahren, zusammen mit Linda, seinem Kompagnon Stummi und dessen Frau Carla. Eigentlich wollte Wolli gar nicht nach Indien, er kannte Indien nicht, was sollte er dort, Entwicklungshilfe leisten? Aber Stummi hatte ihn überredet, günstiger kommst du nicht ins Paradies als bei dieser Reise, Wolli! Ein paar traumhafte, aber langweilige Wochen hatten sie auf einer Charterreise in Bombay, Ceylon, auf den Lakadiven und in Goa auf Booten und an weißen Stränden von westlichen Hotels verbracht.

Irgendwann hatten Linda und er in Goa ihr Fünfsternehotel verlassen und waren in ein kleines indisches Hotel eingecheckt, eines, das nicht zweihundertzwanzig Rupien am Tag kostete, sondern fünfzehn, also vielleicht zehn Deutsche Mark. Sie waren aus ihrer Komfortzone ausgebrochen und hatten sich unter die Menschen des Landes gemischt. Von dem Augenblick an war bei Wolli ein Schalter umgelegt, war sein Interesse an Indien geweckt. Als Linda, Stummi und Carla den gebuchten Rückflug nach Deutschland antraten, da war er einfach dageblieben, allein, um das Land zu erkunden. Das echte Indien, zu Fuß, nur bekleidet mit einer kurzen Hose, einem T-Shirt, ein paar Sandalen und einem kleinen Beutel über der Schulter, gefüllt mit dem Allernötigsten. Er war einfach losgewandert, über die staubigen Straßen von Goa, immer an der Küste entlang Richtung Süden, war mit überfüllten Bussen gefahren und in klappernden Zügen, bei denen er sich wunderte, wie sie sich überhaupt auf den Schienen halten konnten.

Fichte staunte nicht schlecht und legte ein Band nach dem anderen in sein Revox-Tonband ein. Während dieser Gespräche trudelten auch alle anderen Freunde Wollis irgendwann ein, begrüßten den Zurückgekehrten voller Freude und setzten sich an sein Bett, um den Berichten zu lauschen. Jaeger und Pintschovius, Norbert Grupe, Onkel, Stummi und Carla, Michael und Leonore Mau, René und Renate Durand, Domenica und viele der Huren, die in Wollis Etage eingemietet waren. Er berichtete von Indien, von dem merkwürdigen Chaos, das verwirrend, andersartig, mannigfaltig, brutal und spirituell inspirierend für ihn gewesen war.

»Abends hab ich immer eine Bleibe bei einfachen Leuten gefunden, die mich in ihre Familien aufnahmen, und obwohl wir uns nur mit Händen und Füßen verständigen konnten, waren die Begegnungen dennoch äußerst freundschaftlich und liebevoll. Die Menschen dort sind so anders, so bescheiden und zurückgenommen und dennoch so offen und neugierig, wir haben zwar kein einziges Wort voneinander verstanden, aber ich hatte am Ende meines Besuches immer das Gefühl, sie zu kennen. Wir trafen uns als Fremde und trennten uns als Freunde. Jeden Tag. Manchmal bin ich auch ein Stück mit der Bahn gefahren, kostet da ja nichts, oder ein Lastwagen hat mich mitgenommen, umsonst, hinten auf der Pritsche, in einem Tornado aus Staub, durch die Steppen und den Dschungel. Und manchmal bin ich auch länger geblieben, in einem Wildlife Resort bei den wilden Tieren oder in einem Kloster, um zu lernen.«

»Hast du Aufzeichnungen gemacht?« Fichte, ganz Forscher und Ethnologe, wollte alles ganz genau wissen.

»Natürlich, hab jeden Tag geschrieben, alles genau festgehalten!« Wolli zog ein dickes grünes Heft aus seiner Tasche, die Seiten waren eng auf eng handschriftlich gefüllt.

»Ich kann euch viel berichten über die Inder, über die wilden Tiere und die ungeahnten Pflanzen, aber am wichtigsten war für mich, festzustellen, was aus einem selbst wird. Man verändert sich, wenn man dort ist. Ganz langsam, erst bemerkt man es nicht, aber dann, irgendwann fällt die Last von einem ab, die europäische Last oder die westliche oder die deutsche, die tickende Uhr, dieses ganze Funktionieren, die ganzen Abhängigkeiten und Verpflichtungen, die ganze Verantwortung, die Sorgen, die Termine, die Lügen und Nöte und Sicherheiten und Unfreiheiten, die verdampfen in Zeitlupe, erst aus dem Kopf und dann später auch aus dem Körper, man taucht ganz ein in dieses wunderbare Chaos, in dem nichts berechenbar ist, in dem einem immer und überall alles passieren kann, nur nicht das, was du erwartest. Es ist wie ein großes groteskes göttliches Theaterstück, wenn du dich darauf einlässt, drehen sich dein Geist und deine Seele in eine unbekannte Richtung.«

»Kannst du das an einem Beispiel beschreiben?« Fichte fummelte an den Bändern herum.

»Es gibt viele Beispiele für das Unerwartete. Du gehst eine

ganz normale Straße in einer größeren Stadt entlang, eine Straße mit Wohnhäusern, Tankstellen, Autos, Büros und Geschäften, du biegst um eine Ecke, und vor dir steht ein riesengroßer knallgelber Elefant, der dich antrompetet. Da reibst du dir dann erst mal kurz die Augen.«

Linda lachte auf.

»Besser ist noch, was du in der Natur erleben kannst. In Assam, ganz oben im Nordosten von Indien, bin ich ins Hinterland gewandert, das ist teilweise noch völlig unberührt, ich hatte das Gefühl, vor mir war noch nie ein Westler da, keinerlei Zivilisation, keine Steinbauten, keine Straßen, Autos, Schienen, Züge, Stromleitungen, nichts. Und ich klettere da so durch den Wald, auf einmal steht ein kleiner wilder Mann vor mir, ein grotesker Zwerg, halb nackt, halb mit Fell mit Bändern dran bekleidet, mit blauer Farbe angemalt, und überall in den schwarzen Haaren stecken Vogelfedern. Er sieht mich und erschrickt wahnsinnig, zeigt auf mich, winkt und fängt laut an zu schreien, ich glaub, der hat mich für einen Gott oder so was gehalten. Aber ich hab mich auch so erschreckt und hab auch geschrien, lauthals und komische Gesten gemacht. Und so stehen da zwei fremde Männer im Wald und gestikulieren und schreien sich an, minutenlang. Und auf einmal mussten wir beide lachen, ich weiß auch nicht warum, wahrscheinlich war ihm genau wie mir aufgefallen, wie grotesk die ganze Szenerie war.

Ich bin dann mit zu seinem Stamm, den Kharias, einem Nomadenstamm. Das sind kleine, scheue, fast nackte, blähbäuchige, krummbeinige Leute, freundlich und völlig zurückgeblieben. Die leben ausschließlich von Wurzeln und wohnen in Höhlen und Grotten. Mit Geld konnten sie nichts anfangen, das haben sie gleich weggeschmissen. Aber Bananen und Salz haben sie genommen, und die Frauen knieten aus Dank vor mir mit dem Gesicht auf der Erde. Dieser Stamm ist nur noch sehr klein und wird vermutlich in den nächsten Jahren verschwinden, zumindest, wenn die sogenannte Zivilisation weiter vordringt, denn die lässt für so merkwürdige Leute keinen Platz.« Wolli trank einen Schluck Wasser.

»Aber interessant ist auch die Auslegung von Zivilisation dort oben. In einem kleinen Dorf in Orissa gab es einen Verkehrspolizisten. Und weil es in dem Dorf keinen Verkehr und keine Autos gab, lag er den ganzen Tag in seiner zerlumpten Uniform auf einem dreckigen Tisch rum und hat gepennt. Wenn dann doch mal ein Auto kam, sprang er auf und machte ein Höllentheater, mit Winken, Stoppen, Trillerpfeife, Weiterwinken, Anschreien. So, als würde er auf einer großen Kreuzung von Bombay den Verkehr regeln. War das Auto dann weg, stand er noch eine Weile ganz erregt rum, als ob der Verkehr gleich weitergehen würde. Dann hat er sich wieder auf seinen Tisch gelegt und ist eingepennt.«

Onkel lachte und zündete sich am Fenster eine Zigarette an. »O.k., ist ja alles schön und gut mit der Natur und den Ureinwohnern. Aber was is mit Alkohol? Und Drogen? Und freier Liebe? Ich meine, in Goa finden doch so Orgien statt, oder nicht?«

Wolli warf Onkel ein gnädiges Lächeln zu. »All das hat mich in Indien überhaupt nicht interessiert. Ich wollte ja nicht da weitermachen, wo ich hier aufgehört habe. Ich wollte etwas Neues entdecken. In der Welt, aber vor allem in mir. Und das ist mir gelungen.«

Onkel war enttäuscht, das klang alles völlig sinnlos und langweilig. »Also Entschuldigung, aber da bleibe ich lieber in Hamburg, da weiß ich, was ich habe.«

»Ich habe Hamburg auch mal sehr geliebt, Hamburg hat mich befreit von meiner Vergangenheit. Aber wie bei jeder Geliebten verfliegt die Verliebtheit irgendwann. Noch vor fünf Jahren hatte ich – wenn ich mal 'n paar Wochen weg war und zurückkam nach Sankt Pauli – Tränen in den Augen, und wenn ich die Reeperbahn mit dem Taxi runtergefahren bin, haben sich mir die Haare auf den Armen aufgestellt. Und dann bin ich rein in die Läden und hab all die Freunde und Bekannten und die tollen Frauen getroffen und hab mich sofort mit denen versenkt. Aber das hat sich eben mittlerweile verändert, ich bin nicht mehr so heiß auf den Strudel, jetzt ist die Reeperbahn für mich eben eine ganz normale Straße wie alle anderen.«

»Wie erklärst du dir das? Hat sich Hamburg verändert, oder bist du älter geworden?« Fichte beugte sich interessiert nach vorne.

»Ich weiß nicht, ich glaube, man gewöhnt sich alle Dinge irgendwann ab, die keinen wirklichen Wert in sich selbst haben. Im Gegensatz zum Beispiel zur Kunst oder zur Liebe zu einem Menschen. Wenn das Geheimnis einer Stadt erlischt, dann bleibt da eben nur eine Stadt. Wenn ihr mal so alt wie ich seid, dann versteht ihr das auch.«

Fichte reichte Wolli einen Teller mit Obst.

»Weißt du eigentlich, dass du 'ne richtige Welle losgetreten hast? Alle wollen jetzt nach Indien. Ich kenne mindestens fünf Freunde, die demnächst losfahren wollen. Bockhorn und Uschi Obermaier zum Beispiel haben sich jetzt grade 'nen Lastwagen gekauft und bauen den um.«

»Schön für sie. Die werden alle schöne Reisen und entspannte Urlaube erleben. Aber ob die es ernst meinen, wage ich zu bezweifeln. Ich dagegen werde nach Indien ziehen, vermutlich für immer. Ich habe ein anderes Leben kennengelernt. Ich muss nur die Frage klären, ob mich meine große Liebe begleitet.«

Wolli lächelte Linda verschmitzt an, sie stand auf, umarmte und küsste ihn. Heino Jaeger saß neben Wollis Krankenbett, hörte die ganze Zeit sehr aufmerksam zu und zeichnete seinen Freund auf immer neuen Skizzenblättern. Als wollte er jedes Detail an ihm auswendig lernen und für immer in sich verwahren.

FERNSEHEN

Nachdem Heino Jaeger im Radio so gut ankam, sollte nun seine Karriere als Bildschirmstar beginnen, als der neue Stern am Humorhimmel des deutschen Unterhaltungs-TV. Hatte sich zumindest der umtriebige Manfred Sexauer ausgedacht, Moderator diverser Sendungen beim Saarländischen Rundfunk und mit Uschi Nerke zusammen Gastgeber des *Musikladen*, der innovativsten deutschen Popmusik-Fernsehshow.

»Wir bauen den ganz groß auf! Der wird das Gesicht des jungen deutschen Humors!«, hatte Sexauer in Saarbrücken zu Karl-Heinz Schmieding gesagt.

»Na wenn du meinst, viel Spaß!« Schmieding wollte auf keinen Fall dazwischenstehen, wenn sich für Jaeger eine Chance bot. Aber er kannte auch Jaegers Schrulligkeiten und Unzuverlässigkeiten.

»Jung is der allerdings nicht mehr, der ist ja schon fast vierzig.«

»Das is egal, lange Haare hat er schon mal, das wirkt jugendlich, den Rest schminken wir zurecht. Der ist anders, frech, witzig, das wollen die jungen Leute sehen, nicht mehr diesen Blauen-Bock-Humor.«

Schmieding hielt sich zurück. Vielleicht würde Jaeger liefern, vielleicht würde er die Chance erkennen und sich zusammenreißen. Schmieding wünschte es ihm, denn er mochte und bewunderte Jaeger aufrichtig.

Auch Pintschovius sprach seinem Freund gut zu, sah er

doch in diesem Angebot die Möglichkeit, dass Jaeger auf andere Gedanken komme, dass er sich professionalisieren könnte und dadurch schlichtweg keine Zeit mehr hätte, sich mit dem Trinken und der Selbstverflüssigung zu befassen.

Im Gespräch dazu blieb Jaeger ganz ruhig und entspannt, er war nicht sonderlich aufgeregt, er nahm es gleichmütig hin wie ein weiteres durchziehendes Wetter seines Lebens. Nach einigen vorbereitenden Treffen und Verhandlungen einigte man sich darauf, dass es einen ersten Testauftritt im *Musikladen* geben sollte, nach diesem Auftritt wollte man die weitere Zusammenarbeit dann festigen.

Am Tag der Aufzeichnung fuhr Pintschovius Jaeger mit seinem Käfer nach Bremen. Auf der Fahrt redete Pintschovius vor lauter Nervosität durchgehend auf Jaeger ein, malte dessen erfolgreichen Aufstieg als Fernsehentertainer in den grellsten Farben an das Käferdach, während der Meister neben ihm saß und gelassen das Geschwafel seines Freundes über sich ergehen ließ. Schließlich fuhren sie, zur Erleichterung Jaegers, vor dem Studio 3 von Radio Bremen in Bremen Osterholz vor. Sie wurden von einem Studioassistenten direkt zum großen Chef der Sendung, Mike Leckebusch, dem Erfinder des *Beat Club* und des *Musikladen* (der ersten beiden Jugendmusiksendungen des deutschen Fernsehens), geführt.

Leckebusch stand im Zentrum vom Studio 3 auf der Bühne zwischen Lichttraversen und gab donnernde Anweisungen, das gesamte Studio, all die Mitarbeiter, Kabelträger, Beleuchter, Putzfrauen, Skriptgirls, Tonmenschen, Masken und Kostümleute reagierten auf seine Befehle wie die eilfertigen Figuren eines Marionettentheaters. Leckebusch war ein Popgott im blauen Cordensemble mit weit geöffnetem Hemd, langem dunklem Vollbart, die ebenfalls langen Haare wie einen Deckel über die Glatze gelegt, durch seine getönte Verlaufssonnenbrille musterte er das Paar, das auf ihn zulief, kühlen Blickes. Während Pintschovius vor Ehrfurcht fast erstarrte, weil er wusste, welche Macht dieser Mann über die bundesdeutsche Jugend hatte, verhielt sich Jaeger freundlich und eher gleichgültig. Er gab Leckebusch die Hand und hörte ihm während des folgenden Eröffnungspalavers zu, während er sich im Studio umsah. Leckebusch erklärte in kurzen salbungsvollen Worten den Werdegang und die Wichtigkeit seiner Sendungen, vermutlich um sein Gegenüber dankbar und devot zu stimmen, um definitiv klarzumachen, wer hier das Sagen hatte. Jaeger nickte und stieß ab und zu ein unbeeindrucktes »Aha« hervor, ansonsten blieb er freundlich und zurückhaltend.

Pintschovius raunte ihm zu: »Benimm dich bloß, das hier ist eine einmalige Chance, hörst du?«

Jaeger nickte kurz.

»Wenn du das heute gut machst, wenn die Zuschauer dich mögen, dann kannst du das immer wieder machen. Vermassel das nicht absichtlich.«

Jaeger nickte wieder, aber er wirkte gleichgültig. Pintschovius zischte ihn noch einmal von der Seite an. »Das bist du deinem Talent schuldig!«

Uschi Nerke und Manfred Sexauer betraten das Studio, Sexauer kam sogleich auf Jaeger zugeeilt.

»Heino, wie schön, dass es geklappt hat, wir freuen uns alle schon so! Das wird ein ganz großes Ding heute, ein ganz ein großes Ding, hahaha!«

Leckebusch wanderte zur Seite ab und widmete sich weiter seinen militärischen Anweisungen. Jaeger wurde in die Maske geführt und dort einer Komplettumgestaltung unterzogen. Sein langes, wie immer relativ ungepflegtes Haar

wurde gewaschen und geföhnt, sodass sich seine schulter-
langen Locken zum ersten Mal in ihrer vollen Pracht präsen-
tieren konnten. In der Kostümabteilung testete man diverse
Kombinationen aus, Jaeger ließ das ganze Prozedere willfährig über sich ergehen. Schließlich entschieden sich seine
Beraterinnen für ein offen getragenes Blümchenhemd mit
dunkler Weste und weinroter Cordhose. Pintschovius nickte
seinem Freund anerkennend zu, so schick hatte dieser noch
nie ausgesehen, wenn ihm auch auf unterschwellige Weise
etwas Tantenhaftes anhaftete, vielleicht deshalb, weil Jaeger
das erste Mal in seinem Leben herausgeputzt und gepflegt
aussah.

Als Nächstes wurde das Studio inspiziert und alle Abläufe
besprochen, Jaeger blieb ruhig und aufmerksam und prägte
sich die Anweisungen gut ein. Je weiter die Vorbereitungen
gediehen waren, desto mehr schien die gesamte Maschine-
rie mit Alkohol geschmiert zu werden, überall standen Getränke herum, waren kleine Tische mit Sekt, Weingläsern
und Bierflaschen aufgebaut. Alle Beteiligten tranken wie
selbstverständlich, nur Jaeger nicht, was Pintschovius beruhigt wahrnahm. Schließlich, nachdem das Saalpublikum
Einlass gefunden hatte, wurde aufgezeichnet.

Die Sendung lief routiniert moderiert von Nerke und
Sexauer wie am Schnürchen ab, hochkarätige Künstler wie
Mungo Jerry, David Cassidy, Lionel Hampton mit seinem
Orchester, Lesley Duncan und die musikalischen Humoris-
ten Schobert & Black traten auf, vom Saalpublikum mehr
oder weniger frenetisch umjubelt. Als Jaeger mit seinem
Vortrag an der Reihe war, lieferte er gekonnt ab, er trug die
bereits legendäre *Passkontrolle* vor, spielte das ganze Stück,
das er fürs Radio in zwei Rollen voraufgezeichnet hatte,
nun live in einer Doppelrolle. Der Vortrag kam beim ju-

gendlichen Klatschvolk gut an, es wurde gelacht und applaudiert.

Nur im anschließenden Gespräch mit Manfred Sexauer wies Jaeger den Moderator in seine Grenzen, blieb maulfaul, ließ sich nichts Persönliches entlocken, kurz: Der Fernsehmann perlte am Meister ab wie Wasser an einer Teflonpfanne. Pintschovius saß im Publikum und biss sich auf die Fingernägel: Eine bessere Chance auf den sogenannten »großen Durchbruch« würde Jaeger nie wieder bekommen, dieses Mal musste es einfach klappen.

Nach der Sendung saßen Jaeger und Pintschovius beide schweigend in der Garderobe. Dies würde vorläufig der einzige Auftritt Jaegers im Fernsehen bleiben, das war beiden klar. Nicht nur, weil der *Musikladen* Jaeger vermutlich nicht wieder einladen würde, sondern weil Jaeger nicht wieder in den *Musikladen* gehen würde.

Pintschovius brach das Schweigen: »Also, die *Passkontrolle* lief gut, ich hab bloß nicht verstanden, warum du danach nichts gesagt hast, du hättest doch noch was rausholen können, hättest doch 'n paar witzige Anekdoten erzählen können …«

»Warum sollte ich? Man hat mich für meinen Vortrag eingeladen, den hab ich abgeliefert, warum muss ich danach noch über mich privat reden?«

»Weil das dazugehört, wenn man nach oben will. Weil das Publikum dich kennenlernen will. Du musst denen sympathisch werden, du musst ein Familienmitglied von denen werden, damit die immer einschalten, wenn du zu sehen bist, verstehst du? Schaut mal, kommt mal alle schnell, unser Heino ist im Fernsehen!«

»Ich will aber gar nicht zu deren Familie gehören.«

Pintschovius sackte in sich zusammen und nahm einen

großen Schluck aus einer Weißweinflasche. All diese Hoffnungen auf Jaegers Karriere und seinen großen Durchbruch, begriff er, das waren einzig die Hoffnungen der Schüler des Meisters, aber nicht die des Meisters selbst. Denn der brauchte weder Ruhm noch Geld.

REISE INS NICHTS

Jaeger und Pintschovius hatten sich wochenlang nicht gesehen, nach dem Ausflug ins Fernsehen gab es erst mal eine längere private Sendepause. Pintschovius war enttäuscht gewesen, hatte er doch so viel Kraft und Vorarbeit in die Karriere seines Freundes investiert, so viel gewagt und gehofft, all das hätte er sich eigentlich sparen können, wenn Jaeger ihm gleich davon abgeraten hätte, dachte sich zumindest Pintschovius. Soll er doch sehen, wo er bleibt. Soll er doch sein merkwürdiges Schrumpelleben weiterführen, ohne Ziel und ohne Richtung. Wird er schon sehen, was dabei rauskommt. Irgendwann wird er wieder angeschissen kommen, aber dann werde ich weder Zeit noch Lust haben. Hab ja selbst auch noch was zu tun. Wer bin ich denn? Undank ist der Welt Lohn.

Gleichzeitig machte Pintschovius sich Sorgen. Dass Jaeger wieder ins Trinken abglitt. Dass er wieder vor Gerlindes Haus und Bett landen würde. Und danach bei der Polizei oder schlimmer noch: in der Psychiatrie. Das wäre das Schlimmste, dort würden sie ihn zerstören, das würde der Meister nicht überleben. Pintschovius versuchte, nicht mehr daran zu denken, sich seinen Freund zumindest für eine Weile aus dem Kopf zu schlagen.

Eines Abends aber rief Jaeger an. »Lieber Freund, ich wollte mich abmelden, ich verlasse das Land.«

»Wie meinen Sie das? Was soll das heißen?«

»Ich verlasse dieses Land. Ich ziehe nach Thailand. Ich

brauche Abwechslung, Veränderung, ich ertrage Deutschland nicht mehr. Das Wetter, die Tristesse, das traurige Leben hier, das muss sich alles ändern. Wolli und Linda und Uschi und Bockhorn gehen nach Indien, und ich gehe eben nach Thailand. Da ist es immer warm. Da braucht man kaum Geld. Die Menschen sind freundlich, und die Künste werden verehrt. Das soll mein Zuhause sein. Hab ich mir gedacht.«

»Aber wovon wollen Sie leben, wie soll das gehen?«

»Ich habe in letzter Zeit gut verdient, durch die Bilder und durchs Radio. Vom Ersparten werde ich in Thailand eine Zeit lang sehr bequem leben können. Lang genug, bis mir etwas einfällt. Vielleicht werde ich ja Dorfmaler und porträtiere thailändische Familien.«

Jaeger wirkte völlig überzeugt. Pintschovius wusste nicht, was er darauf entgegnen sollte, er schwieg eine Zeit. Dann begriff er, dass er auf diese Entscheidung weder Einfluss nehmen konnte noch sollte. Dass Jaeger seine eigene Reise unternehmen würde, ab jetzt ohne ihn.

Unerwartet durchfuhr Pintschovius ein Gefühl der Erleichterung. »O.k., dann wollen wir diese letzte Nacht gemeinsam durchmachen!«

Noch einmal besuchten die beiden Freunde die alten Orte, setzten sich oben auf den Stintfang über den Landungsbrücken und überblickten von dort aus die Elbe, zogen über die Reeperbahn, machten einen Abstecher zur Heilsarmee und in Kneipen wie *Gretel & Alfons*, um Mitternacht landeten sie in Wollis Salon in der Großen Freiheit Nr. 11. Wolli war begeistert von Jaegers Idee und trommelte sofort per Telefon den kleinen Kreis der Freunde um den Meister zusammen, um ihn gebührend zu verabschieden. Tatsächlich erreichte er die meisten, und sie kamen auch gleich: Michael Mau und

Hubert Fichte fuhren mit dem Taxi vor, Onkel fand den Box-prinzen im *Klein-Paris*, unter Wollis Salon und brachte ihn mit. Linda sang ein Abschiedslied für Heino, Wolli spendierte ein paar Flaschen Champagner.

Als die Korken knallten, hielt Wolli eine kurze Abschiedsrede: »Auf unseren Freund und Meister Heino Jaeger, den Maler mit den Röntgenaugen, der durch jede Wand blicken kann und durch jeden Schädelknochen, in die geheimsten Schlünde, Kammern und Kriechböden, die wir in uns tragen. Dessen Geist genauer spürt, woher die Seelenwinde wehen, als jeder noch so profunde Seelenklempner, dessen Auge genauer Maß nimmt und dessen Hand zielstrebiger den Strich zieht, als die besten Architekten es könnten, wenn es darum geht, das Haus des Lebens abzubilden. Während wir die Zeit vertändelt und in kurzlebigen Worten vor uns hin geschwafelt haben, hast du für die Ewigkeit gezeichnet und Zeugnis abgelegt über unsere Zeit und unsere Freundschaft. Und wenn du jetzt wirklich für immer gehst, wollen wir deiner auch für immer gedenken, aber eigentlich hoffen wir, dass du eines Tages wiederkehrst. Lieber Freund Heino.«

Alle stießen mit ihren Gläsern auf den Meister an, der wie ein Kolonialreisender korrekt im Tropenanzug gekleidet in der Mitte seiner Freunde stand. Für einen kurzen Moment herrschte absolute Stille.

Im Morgengrauen fuhren allesamt mit zwei Taxen zum Flughafen. Jeder verabschiedete sich einzeln noch einmal vom Meister. Als Letzter stand Pintschovius in der Reihe. Ihm fiel nichts mehr ein, was er noch hätte sagen können, jedes Wort erschien ihm banal, also umarmte er seinen alten Freund, auch um die Tränen in seinen Augen zu verbergen. Jaeger klopfte ihm auf den Rücken, lächelte kurz, packte seinen kleinen Koffer und ging Richtung Passkontrolle. Er drehte sich noch einmal um und zwinkerte Pintschovius zu. Passkontrolle!

Von der Aussichtsplattform aus sahen die Zurückgebliebenen dem Jet zu, wie er abhob und langsam im unendlichen Blau des Himmels verschwand.

FINI

EPILOG

Pintschovius' Kaffee war kalt geworden, er stellte die Tasse neben seinem Sessel auf dem übervollen Tischchen ab.

»Ja, wie ist es denn weitergegangen mit dem Meister? Das kann doch nicht alles gewesen sein, oder?«

»Nein, aber den zweiten Teil erzähle ich dir ein anderes Mal. Ich brauche jetzt ein wenig Zeit, um mich zu sammeln und alles wieder in die richtige Reihenfolge zu bringen, mein Archiv ist bereits ein bisschen verstaubt, weißt du?«

Es war kalt geworden kurz vor Weihnachten, der Winter umfing mit eisiger Faust Pintschovius' Haus, die Lüneburger Heide und den Norden des Landes. Als ich mit dem Klapprad gegen den stechenden Wind zum Regionalbahnhof fuhr, ging mir die letzte Reise Heino Jaegers durch den Kopf. Dieses Wagnis, mit dem alten Leben, mit der Heimat zu brechen und etwas völlig Neues zu wagen, nötigte mir Respekt ab, hatte ich doch selbst oft genug in all den dunklen, tristen, klammfeuchten norddeutschen Wintern darüber nachgedacht, das Alte hinter mir zu lassen und einen Sprung in die Welt und ins Unbekannte zu wagen. Ich brauche Wärme und vor allem Licht, die Endorphinproduktion in meinem Körper geht im Januar gegen null, die Dunkelheit zieht vom Himmel in mein Herz und Hirn und nimmt mir jede Lebensfreude. Aber hinter den Alpen gibt es das Licht, jeden Tag fällt es dort umsonst und kiloweise vom Himmel, warum sollte ich weitere Stunden vor der idiotischen Tageslichtlampe von Elektro Conrad verbringen? Und ich wäre nicht der erste Abtrünnige, so viele vor mir hatten es auch getan, zum Beispiel die Toskana-Fraktion in den Siebzigern. Die waren zwar nicht nach Indien, Indonesien oder Afrika geraten, aber alles ist besser, als in Deutschland zu verenden.

Meine Eltern hatten es auch gewagt, waren nach Guatemala übergesiedelt, zwar nur für ein Jahr, aber immerhin, waren dort in ein Bergdorf gezogen und hatten mit den Indios eine Webkooperative und eine Schule aufgebaut. Leistungen fürs Karma. Sie hatten sich beide vom Egozentrismus gelöst und sich dem Altruismus verschrieben, der Selbstlosigkeit, hatten nicht nach dem eigenen Heil und Vorteil gesucht, sondern ihr Glück im Heil der anderen gefunden, dafür würde ich sie immer bewundern.

Mein Bruder und ich hatten sie dort besucht, hoch oben in dem kleinen Andendorf Zunil, hatten mit ihnen zusammen für ein paar Wochen in einem kleinen Steinhaus mit nur einem Zimmer gewohnt. An Heiligabend wurden wir von den Indios von Lehmhütte zu Lehmhütte geführt, überall gab es selbst gemachten Schnaps aus dreckigen Flaschen. Meine Mutter trank nichts aus Angst vor Bakterien. Ich hatte am Geschmack des Schnapses erkannt, das darin keine Bakterien überleben konnten, die Wirkung war darüber hinaus hervorragend.

Das erste Mal in unserem Leben saßen wir als Erwachsene in der Familie über lange Zeit zusammen und unterhielten uns vorbehaltlos, kein Fernseher lief, keine Bekannten oder Freunde konnten uns ablenken. Die geistigen Getränke lockerten auch die Zunge unseres sonst eher schweigsamen Vaters, und so erzählten wir uns unsere Familiengeschichte aus vier verschiedenen Blickwinkeln und mit fast allen Geheimnissen, die die anderen nicht kannten. Mutter und Vater erläuterten die Sorgen, die sie sich über uns als Kinder gemacht hatten und ihre Ängste über die eigene Unfähigkeit, uns richtig zu erziehen. Und wir erwiderten darauf alle Schandtaten, die wir begangen hatten, um zu beweisen das ihre Erziehung nicht funktioniert hatte, wir dennoch klare Menschen geworden seien. Wie wir Mutters Portemonnaie leer geklaut hatten, um an die heiß ersehnten Süßigkeiten des Dorfhökers zu kommen. Welche Waffen wir uns gebaut hatten, um die Jungs im Unterdorf damit zu beeindrucken oder nötigenfalls körperlich zu ahnden. Wann das alles mit dem Rauchen und Trinken angefangen hatte. All die kleinen Dummheiten und Gemeinheiten, die man als Jugendlicher begeht, alle Irrungen und Wirrungen konnten jetzt unter allgemeinem Gelächter gebeichtet werden. Vater und Mutter wiederum konterten mit ihren Schandtaten, die den unseren in nichts nachstanden.

Letztendlich strichen wir das Laken zwischen uns allen damit glatt, wir sagten uns alles, was wir uns immer schon mal sagen wollten und das – vermutlich durch die andersartigen Bedingungen um uns herum – ohne Ressentiments und Streitereien. So wuchsen wir als Familie auf eine neue Art zusammen, wir wurden, wenn man so will, Freunde.

Und während ich mit dem Klapprad am Bahnhof von Buchholz ankam, mich in der eisigen Kälte auf eine Bank setzte und auf den Zug wartete, musste ich weiter an Mutter denken, daran, wie sie mit ihrem Krebs umgegangen war, Jahre vor meinem Vater. Wie sie kurz nach dem Millennium ihren letzten Sommer über gelitten hatte und dennoch unbedingt bis Weihnachten durchhalten wollte, um im Kreise der Familie zu sein und ihr liebstes Fest zu feiern. Wie sie dann an Heiligabend ins Krankenhaus eingeliefert werden musste, weil sie solche Schmerzen hatte. Das große alte Bauernhaus war mit einer millimeterdicken Schicht aus Eis überzogen, es kam mir so vor, als hätte sich alle Dunkelheit und Kälte der Welt auf unser Haus gelegt, um ihm das Leben auszutreiben. Wir folgten dem Krankenwagen in Zeitlupe, die Straßen waren menschenleer und so glatt, dass wir nur zwanzig Stundenkilometer fahren konnten. Im Krankenhaus konstatierte man dann, was wir alle verdrängt hatten und nicht glauben wollten: Sie wird sterben, jetzt, sehr bald. Die Ärzte gaben ihr die richtigen Medikamente, sodass sie keine Schmerzen mehr hatte, ihre Panik abflaute und sie langsam zur Ruhe fand.

Am späten Morgen des zweiten Weihnachtstages, wir standen im engsten Familienkreis um ihr Bett, wachte sie aus ihrer Trance auf, blickte uns noch einmal kurz an und flüsterte: »Ihr – sollt – nicht – weinen.« Dann wurde sie sehr ruhig, und ein paar Minuten später hauchte sie ganz leise mit einem letzten Atmer ihr Leben aus.

Als wir am darauffolgenden Nachmittag zusammen nach Hause fuhren, im Bus meines Vaters, mit geröteten Augen und erfrorenen Herzen, da brach auf einmal die unendliche Wolkendecke über uns auf, und zum ersten Mal seit Wochen schien die Sonne auf uns herab. Als wir auf den Hof kamen, schmolz das Eis, das das Haus so lange umklammert hatte, und floss in der Mittagssonne wie ein Zuckerguss aus Tränen an den Steinen herab.

Ich schwöre, genau so war's.

Mein Dank geht an Joska Pintschovius und und Iris Schoof, an Günter Zint, Christian Meurer, Tine Wagner, Marion Siebert, und Peggy Parnass, die mir mit Geduld und Erinnerung die Zeit der Endsechziger und Frühsiebziger und die Welt Heinos und seines Umfeldes erläuterten. Weiterhin danke ich meiner Familie und vor allem Dorothea, die Vater ein Stück seines Lebens zurückgab. Und ich danke den Damen und Herren vom Verlag für ihre vertrauensvolle Zuarbeit.

QUELLEN

Bandel, Jan-Frederik: *Hubert Fichte, Hotel Garni, Doppelzimmer,* Hubert-Fichte-Studien Bd. 2, Rimbaud Verlag, Aachen 2004

Fichte, Hubert:

Die Palette, Fischer Taschenbuch, Frankfurt 2005

Wolli Indienfahrer, Fischer Taschenbuch, Frankfurt 1983

Hamburg, Hauptbahnhof: Register, Fischer Taschenbuch, Frankfurt 1993

Interviews aus dem Palais d'Amour, Rowohlt, Reinbek 1972

Grupe, Norbert: *Im Aktuellen Sportstudio bei Rainer Günzler*: https://www.youtube.com/watch?v=6SLwoVZeauc (Letzter Aufruf am 28.05.2021)

Hölderlin, Friedrich: »Hyperion«, in: *Sämtliche Gedichte und Hyperion in einem Band*, herausgegeben von Jochen Schmidt, Insel, Frankfurt 1999

Jaeger, Heino:

Lebensberatungspraxis Dr. Jaeger (Ausschnitte aus der Radiosendung »Fragen Sie Dr. Jaeger«), Kein-und-Aber-Records, Zürich 1998

Alkoholprobleme in Dänemark (Ausschnitte aus der Radiosendung »Das aktuelle Jaegermagazin«), Kein-und-Aber-Records, Zürich 2000

Wie sieht's bei euch aus?, Kein-und-Aber-Records, Zürich 2007

Sie brauchen gar nicht so zu gucken. Kein-und-Aber-Records, Zürich 2010

Kästner, Erich: »Eine Anmierdame stößt Bescheid«, in: *Gesang zwischen den Stühlen*, Gedichte, Atrium, Hamburg 2017

Kroske, Gerd:

Der Boxprinz, Realistfilm 2002

Wollis Paradies, Realistfilm 2007

Heino Jaeger – look before you kuck, Realistfilm 2012

Schäfer, Georg mit Bildern von Nan Cuz: *Im Reiche des Mescal – eine indianische Legende*, Schüneman, Bremen 1968

INHALT

Ein Mann sucht
die Freiheit auf St. Pauli

St. Pauli, 1960: Ein Sehnsuchtsort für Gegenkultur,
Kunst, Drogen und freie Sexualität. Als es Wolli
Köhler nach Hamburg verschlägt, ist die Welt der
Nachkriegsjahre eng und spießig. Der junge Mann aus
dem Nirgendwo sucht nach Abenteuer und Freiheit.
Und steigt auf zur außergewöhnlichsten Kiezlegende
in der Geschichte St. Paulis. Rocko Schamoni erzählt
die frühen Jahre von Wolfgang »Wolli« Köhler
als Entwicklungsroman eines Antihelden.